本书为海南省哲学社会科学规划课题（思政专项）：
新时代高校思想政治理论课的认同教育范式研究
（hnsz2019-17）的研究成果

高校思想政治理论课的认同教育范式研究

GAOXIAO
SIXIANG ZHENGZHI
LILUNKE DE RENTONG JIAOYU
FANSHI YANJIU

张　妍　◎著

知识产权出版社
全国百佳图书出版单位
—北京—

图书在版编目（CIP）数据

高校思想政治理论课的认同教育范式研究/张妍著. —北京：知识产权出版社，2022.12

ISBN 978-7-5130-8561-8

Ⅰ.①高… Ⅱ.①张… Ⅲ.①高等学校—思想政治教育—教学研究—中国 Ⅳ.①G641

中国版本图书馆 CIP 数据核字（2022）第 254598 号

责任编辑：兰　涛　　**责任校对**：潘凤越

封面设计：春天书装　　**责任印制**：孙婷婷

高校思想政治理论课的认同教育范式研究

张　妍　著

出版发行：知识产权出版社有限责任公司　　**网　址**：http://www.ipph.cn

社　址：北京市海淀区气象路 50 号院　　**邮　编**：100081

责编电话：010-82000860 转 8325　　**责编邮箱**：lantao@cnipr.com

发行电话：010-82000860 转 8101/8102　　**发行传真**：010-82000893/82005070/82000270

印　刷：北京建宏印刷有限公司　　**经　销**：新华书店、各大网上书店及相关专业书店

开　本：720mm×1000mm　1/16　　**印　张**：16.75

版　次：2022 年 12 月第 1 版　　**印　次**：2022 年 12 月第 1 次印刷

字　数：260 千字　　**定　价**：88.00 元

ISBN 978-7-5130-8561-8

摘 要

高校思想政治理论课是党和国家落实立德树人根本任务的关键课程，是对大学生开展思想政治教育的主渠道。引导当代大学生全面领会并深刻认同马克思主义，既是高校思想政治理论课教学的首要目标，也是加强高校思想政治工作，巩固以马克思主义为指导的意识形态建设的必然要求，更是全面建设社会主义现代化国家的重要保证。当前，在全国高校思想政治理论课教学改革如火如荼的背景下，只有回归课程本质，用认同教育的视域对高校思想政治理论课教学进行审视，才能正本清源，解决高校思想政治理论课教师"教"的认同教育目标与大学生"学"的一般教育结果错位的现实问题。

人的成长和发展离不开教育，塑造人对物质世界和精神世界的认同更离不开教育。认同是一种强大的内生力量，是主体在与客体有效"互动"的前提下，基于自身与客体的"同一性"，而对客体产生的归属性认知、强烈的情感依附和相应的行为方式。认同的本质是主体对客体在价值肯定和身份确认的基础上凝结而成的"归属感"，只有将认知认同、情感认同和行为认同相结合，才是完整意义上的认同。认同教育是教育者为了塑造教育对象对某一事物的认同，按照认同的本质和认同培育、生成、持续、强化的基本规律而开展的教育活动。认同教育受利益因素、情感因素和环境因素的影响，三者形成了认同教育影响因素之间的"共振"。

高校思想政治理论课以培养大学生马克思主义认同为教学目标，以激发大学生与马克思主义的"双向归属"为重点教学内容，以"认知认同—情感认同—行为认同"为教学方法论逻辑，以大学生对马克思主义认同度的变化为教学评价标准，其本质就是面向当代大学生开展的马克思主义认同教育课程。因此，解决高校思想政治理论课教学问题的钥匙在于认同教育，洞悉高校思想政治理论课教学问题本质的研究视域也应该是认同教育。

从中华人民共和国成立以来，高校思想政治理论课历经七十多年的发展，在“85 方案”“98 方案”“05 方案”和新时代的改革创新中实现了系统升级和全面转型。但是，在认同教育的视域下，高校思想政治理论课教学在“应然”与“实然”之间却呈现出两种截然不同的场景，甚至产生了教学形式的“热闹”与“冷清”、教学内容的“熟悉”与“疏离”、教学效果的“强调”与“弱化”、教学评价的“高开”与“低走”等悖论。这些问题的产生受教师的能力素质、教学内容的呈现、教学方法的选用、教学环境的营造和教学效果的评价等多方面因素的共同作用与影响。

基于高校思想政治理论课教学的认同教育本质，应该在理论与实践两个维度上，为高校思想政治理论课教学问题的解决和教学实效性的提升建立理论逻辑、构建实践范式。在理论上，应尊重并利用认同教育通过“互动”求同识异的规律，通过价值满足激发“归属感”的规律，通过各种影响因素的“共振”明确身份的规律，通过实践固化认同成果的规律，认清并秉持“教师主导、学生主体”的原则、政治原则、一体化原则、协同原则、比较原则、共情原则、实践原则；在实践上，在对“什么样的人讲高校思想政治理论课更容易被认同”“讲什么内容更容易被认同”“怎么讲更容易被认同”“在什么环境下讲更容易被认同”“教学实效性该如何评价”等问题的思考和回答中，围绕教师队伍、教学内容、教学方法、教学环境和教学评价等方面，探索构建新时代高校思想政治理论课的认同教育新范式。

目 录

绪　论

一、研究背景

2019 年 3 月 18 日，对全国思想政治理论课教师来说，无疑是具有重大意义的历史性时刻。党中央组织召开会议专题研究思想政治理论课问题，这在中华人民共和国成立以来尚属首次。会议的召开至少明确了以下三个问题。第一，思想政治理论课至关重要，亟需高度重视；第二，思想政治理论课存在一定问题，亟待有效解决；第三，解决思想政治理论课的现实问题，亟须顶层设计和系统构建。

近年来，学习、研究高校思想政治理论课问题长热不衰，在高校思想政治理论课教学改革不断深化的背景下，高校思想政治理论课教学在现实场域下仍然存在一定的问题。深入研究高校思想政治理论课教学问题的前提是要对问题本身加以厘清和界定。

第一，需对本书提及的“高校思想政治理论课”加以界定。我国的高校思想政治理论课分为博士阶段、硕士阶段、本科阶段和专科阶段四类。现行博士、硕士研究生的思想政治理论课按照“2010 方案”（教社科〔2010〕2 号）执行，本科生、专科生的思想政治理论课则是按照“05 方案”的规定执行，具体如表绪 -1。

表绪 -1　目前我国高校思想政治理论课的课程设置

<table>
<tr><th>学段</th><th>必修课程</th><th>选修课程</th></tr>
<tr><td>博士阶段</td><td>中国马克思主义与当代</td><td>马克思主义经典著作选读</td></tr>
<tr><td>硕士阶段</td><td>中国特色社会主义理论与实践研究</td><td>自然辩证法概论或马克思主义与社会科学方法论</td></tr>
<tr><td rowspan="6">本科阶段</td><td>习近平新时代中国特色社会主义思想概论</td><td rowspan="6">当代世界经济与政治</td></tr>
<tr><td>马克思主义基本原理</td></tr>
<tr><td>毛泽东思想和中国特色社会主义理论体系概论</td></tr>
<tr><td>中国近现代史纲要</td></tr>
<tr><td>思想道德与法治</td></tr>
<tr><td>形势与政策</td></tr>
<tr><td rowspan="3">专科阶段</td><td>毛泽东思想和中国特色社会主义理论体系概论</td><td rowspan="3"></td></tr>
<tr><td>思想道德与法治</td></tr>
<tr><td>形势与政策</td></tr>
</table>

注："习近平新时代中国特色社会主义思想概论"课2019年秋在全国重点马克思主义学院以及北京、天津、上海、黑龙江等试点地区开课，自2022年秋季学期起纳入全国高校本科生教学计划。

可见，高校思想政治理论课不同学段的课程设置也不尽相同。出于研究的针对性和实效性考虑，本书中的"高校思想政治理论课"特指我国全日制普通高等学校本科生的思想政治理论课程体系，博士、硕士和专科的课程不作为本书的重点，以便更好地实现对课程问题的聚焦。

第二，需要对研究对象进行界定。高校思想政治理论课问题是一个庞大的问题系统，纵向来看，高校思想政治理论课存在与前后学段的衔接问题，即思想政治理论课的幼儿园、小学、中学、大学一体化问题；横向来看，高校思想政治理论课存在与其他非思政课程的协同问题，即思政课程与课程思政的同向同行问题；从构成要素来看，高校思想政治理论课又可以分解为课程体系、教材体系、教学体系、评价体系、教师队伍等，每一个要素都有值得深入研究的问题。正因为高校思想政治理论课问题系统的庞大与复杂，为避免流于形式，本书将研究对象聚焦在高校思想政治理论课教学上，针对高校思想政治理论课的教学问题展开分析和探讨。

第三，在完成了课程聚焦、对象聚焦的基础上，关键环节便是对问题的聚焦。不可否认的是，高校思想政治理论课教学确实存在一定问题，这些问题到底是什么呢？如何分析这些问题呢？对高校思想政治理论课教学问题的破解，还需从“教”与“学”两个方面加以剖析：一方面，在全国高校思想政治理论课轰轰烈烈的教学改革热潮下，广大思政课教师不断发挥积极性、主动性和创造性，涌现出“翻转课堂”、慕课、雨课堂等大量崭新的教学成果，教学形式也是五花八门，除传统的课堂教学外，不仅有国情社情调研、政策理论宣讲、志愿服务活动等各类实践教学活动，也有微电影创作、情景剧比赛、演讲比赛、红色基地参观等情境教学活动，还有线上公开课、网络互动讨论等线上教学活动。教师为了“教”好高校思想政治理论课，可谓绞尽脑汁。另一方面，从学生“学”的角度来看，由于高校思想政治理论课是公共必修课，课程学习效果直接关系到学生能否顺利毕业，所以，大学生普遍提高了对高校思想政治理论课重要性的认识，通过积极参与教师组织的教学活动，绝大部分大学生都能顺利通过考试，其中不乏成绩优异者。因此，表面上看，高校思想政治理论课教学中的“教”与“学”是同步同频、相互促进的，但问题远不止这么简单。

如何评价高校思想政治理论课教学的实效性呢？以什么为评价标准呢？老师尽职尽责有实效，还是学生考试分数高有实效呢？是不断改革教学手段有实效，还是达到教学目标有实效呢？这是一个众说纷纭、颇具争议的问题。2021 年，教育部印发包含 A＊类（核心指标）9 项、A 类（重点指标）14 项、B 类（基本指标）18 项的《高等学校思想政治理论课建设标准》。[①] 全国高校思想政治理论课在统一的课程建设标准的指导下，教学实效性也不断增强。但是，与轰轰烈烈的高校思想政治理论课教学改革相伴的是在大学生中长期存在的课程定位不清、重视不足、关注不够、“60 分万岁”等消极被动的心理；与教师认真组织教学活动、课堂气氛热烈、大学生考试成绩相伴随的是大学生对马克思主义冷漠和疏离的现实场景。由此可见，高校思想政治理论课“教学相长”的理想状态并未真正实现。

---

① 教育部关于印发《高等学校思想政治理论课建设标准》的通知［EB/OL］.（2015－09－16）［2015－12－19］. http：//www. moe. gov. cn/srcsite/A13/moe_772/201509/t20150923_210168. html.

然而，问题的症结就在于，高校思想政治理论课不同于其他课程，它不仅承载着教育的一般功能，还具有与其他课程不同的特殊性。“高等学校思想政治理论课承担着对大学生进行系统的马克思主义理论教育的任务，是对大学生进行思想政治教育的主渠道。”① 从这一定位中可以看出，高校思想政治理论课肩负为中华民族伟大复兴培养建设者和接班人的神圣使命，其教学效果对党和国家的前途命运、社会的长治久安和每一位学生的成长和发展都具有至关重要的作用。因此，对于高校思想政治理论课的教学实效性，“我们并不能简单地把它归结为教育现象，并用教育规律来穷尽它；也不能简单地把它纳入政治宣传，并用政治意识形态运作的规律来穷尽它”②。高校思想政治理论课教学的主要任务是对大学生进行马克思主义理论教育，因此，大学生只有从内心深处认同马克思主义，高校思想政治理论课教学才可以称为具有实效性。既然如此，高校思想政治理论课教学的实效性就不应该以课堂有多热闹、大学生卷面考多少分来衡量，而是要看高校思想政治理论课的教学内容是否赢得了大学生的心，是否获得大学生真正的认同。评价高校思想政治理论课教学是否具有实效性，也应该从大学生马克思主义认同度的变化中寻找。

当代大学生在学习了高校思想政治理论课之后，是否就对教学内容产生了认同呢？不可否认，教育部每年都会在大学生群体中开展思想政治状况抽样调查，调查结果总体而言是积极健康、向上向好的。但人的内心世界和思想意识实在难以量化，口头与书面的测量结果一定程度上也无法准确体现人的思想和行为的全貌，向上向好的数据在现实的场域下也许是另外一番景象。如在高校思想政治理论课的课堂上、在政治理论学习中、在党员会议上、在宣传标语中，马克思主义被高度重视和频繁使用，但在当代大学生的日常生活中，马克思主义却难觅踪迹、鲜被提及；如当代大学生很难找到自身利益与马克思主义之间的“同一性”或“连接点”，因此，不容易对马克思主义产生深厚的感情；如从小接受马克思主义教育的大学

---

① 教育部思想政治工作司组．加强和改进大学生思想政治教育重要文献选编（1978—2014）[M]．北京：知识产权出版社，2015：293.

② 刘建军．全面把握思想政治理论课建设的基本规律 [J]．思想教育研究，2017（4）：58.

生普遍对马克思主义的思想、观点和方法能够熟练掌握，甚至倒背如流，却难以将“青年马克思主义者”“马克思主义拥护者”等身份作为自己的主要身份加以珍惜和维护；如实践性是马克思主义的鲜明特征，而多数大学生在日常生活中对马克思主义却是学而不用，或是不知道怎么去用……对大学生来说，马克思主义如同一位“熟悉的陌生人”，让他们敬而远之。这些现象显然与高校思想政治理论课教学要达到的大学生马克思主义认同的目标不相符，因此成为高校思想政治理论课教学问题的症结所在。

概言之，高校思想政治理论课教学的核心问题是教师讲授的教学内容在一定程度上没能或者不容易直抵大学生心灵深处，获取大学生全方位的认同。这就导致大学生只把高校思想政治理论课当作一种知识来学习，当作一项任务来完成，难以对其产生深厚感情，也不知如何将其运用于生活实践。高校思想政治理论课教师“教”的认同教育目标与大学生“学”的一般教育结果出现了错位。

第四，发现问题、分析问题的目的是有效解决问题。解决上述高校思想政治理论课教学问题需要一个能够洞悉问题本质的研究视域和一套理论与实践相结合的路径。“问题是时代的声音，人心是最大的政治。”这一重要命题饱含理论深意和现实关切。问题源于实践，学者们对问题的研究和问题的解决又反向助推了实践的深入发展，与之相伴的是不断涌现新问题，如此循环往复。所以说，问题是时代进步的呐喊。而人心的归属或背离，不仅是决定党和国家前途命运的重要因素，也将主导社会发展的方向和进程，正所谓“水能载舟，亦能覆舟”，人心向背关乎生死存亡，因此被称为“最大的政治”。如何做到“万众一心”呢？要本着解决人民群众现实问题的原则，倾听民众呼声，纾解民众疾苦，满足民众需求，从而获取民众的认同。所以，凝聚人心关键在于获取认同。破解高校思想政治理论课问题的关键，就是认同问题。

认同是一个心理学、社会学、哲学等多学科交互融合的概念，也是近些年学界炙手可热的研究焦点。高校思想政治理论课教学从本质上来看，是对当代大学生进行马克思主义认同教育。认同教育不同于知识性教育，学生只要学会就行；也不同于技能教育，学生只要掌握技能就行。认同教育是关乎归属、关乎站位、关乎立场的，重点在于“为谁培养人”，它决定人心的归属或是背离。试想，倘若当代大学生不能认同马克思主义的基本立场与观点，便不能接纳马克思主义理论，更不能在实践中成为一名马克思主义者；倘若大学生对马克思主义的认同书本化、概念化，缺乏情感的支撑，便不能将马克思主义入脑、入心、入行动；倘若大学生非但不认同马克思主义，反而对资本主义意识形态或是封建迷信产生认同，则与高校思想政治理论课的教学目标背道而驰。

认同问题不仅包含定性的问题，即如何培育认同、如何生成认同的问题，也包括定量的问题，即认同持续时间的长短和认同程度的深浅，也就是认同的持续和强化问题。事实上，当代大学生马克思主义认同的诸多问题都是认同发展阶段上的现实问题：大学生在日常生活空间与马克思主义缺乏有效“互动”，不利于大学生马克思主义认同的培育；大学生对马克思主义的“归属感”不强，干扰大学生马克思主义认同的生成；大学生的“马克思主义支持者”“青年马克思主义者”身份不明确，妨碍大学生马克思主义认同的持续；大学生运用马克思主义指导实践的能力不足，影响大学生马克思主义认同的强化。

马克思主义作为中国共产党的指导思想和当代中国意识形态，理应为大众认同。马克思主义大众化本身就包含马克思主义与大众双方互“化”的过程：一方面，用马克思主义来武装大众头脑，让大众普遍了解马克思主义、认同马克思主义、践行马克思主义，即马克思主义“化”大众；另一方面，用大众特有的方式来塑造马克思主义，让马克思主义既亲和又接地气，鲜活地存在于大众的日常生活空间，即大众“化”马克思主义。在大众马克思主义认同中，必然包含大学生马克思主义认同的内容，而大学生马克思主义认同的培育、生成、持续和强化的各个环节，都离不开高校对大学生开展的马克思主义认同教育，尤其离不开高校思想政治理论课这一主渠道。

如此看来，认同教育似乎既是洞悉高校思想政治理论课教学本质的重要研究视域，也是解决高校思想政治理论课教学问题的一把钥匙。高校思想政治理论课有没有真正按照大学生马克思主义认同教育的规律和原则来开展教学活动呢？如果有的话，这些认同教育的规律、原则和实践路径是什么呢？如果没有，我们又将如何把认同教育融入高校思想政治理论课教学中去呢？基于对上述问题的思考以及对前辈学者的研究成果的借鉴和分析，本书提出的理论假设为：当前高校思想政治理论课教学之所以存在问题，在一定意义上而言是因为没有遵循认同教育的规律和原则。马克思主义本身是一个叙事恢宏、内涵深邃的庞大的理论系统，认同又是一个多学科交互的复杂问题，高校思想政治理论课教学包罗万象的问题之源就在于忽略了认同教育这一本质，在于没有从认同教育的角度分析和解决现实问题，在于没能理论化、系统化地构建起一套大学生马克思主义认同教育的理论逻辑和实践范式。

以 2019 年 3 月 18 日召开的学校思想政治理论课教师座谈会为标志，新时代高校思想政治理论课迎来了创新发展的春天。这必将成为本书的理论根基和基本遵循。

二、研究目的和意义

（一）研究目的

本书力求紧扣高校思想政治理论课教学问题，用认同教育的视域洞悉问题的本质，构建理论体系，解决实际问题。本书的目的有以下三个方面。一是为高校思想政治理论课教学研究提供新视域，二是为认同教育的理论构建做出一定的尝试，三是为当前高校思想政治理论课教学的一些实际问题的解决提供帮助。

为此，本书将结合大量的文献分析，对认同问题进行概念厘清和本质分析，特别是对认同教育的主要规律和基本原则进行深度探究；结合问卷和访谈等田野调查，对高校思想政治理论课教学问题进行查摆和分析；结合问题，探索构建全面科学、行之有效的高校思想政治理论课教学理论逻辑和实践路径。

（二）研究意义

新时代的到来必定伴随一场广泛、深刻的变革，就高校思想政治理论课教学而言，面对新时代指明的新方向、带来的新挑战，审时度势地进行范式转型，探索认同教育视域下高校思想政治理论课教学的理论逻辑和实践路径，势在必行且至关重要。

1. 理论意义

第一，本书有利于推动高校思想政治理论课相关研究走向深入和细化，实现从宏观理论研究向微观实证研究，从教学过程、教学方法等单一要素研究向全面系统的教学理念、教学范式研究，从针对某一门课程的研究向高校思想政治理论课本质和机理研究的转向。

第二，本书有利于丰富认同和认同教育的理论成果，在系统梳理国内外相关研究成果的基础上，分析和论证认同教育的内涵、功能、目标、影响因素、主要规律和基本原则，初步构建起认同教育的理论体系，一定程度上弥补学界对认同教育研究的不足。

第三，本书有利于开阔对大学生认同问题研究的视野，为“大学生国家认同”“大学生民族认同”“大学生习近平新时代中国特色社会主义思想认同”等相关问题研究提供一定的借鉴与参考。

第四，本书有利于促进学术融合与交流，推进高校思想政治理论课教学研究，乃至学校思想政治工作研究，从单一学科研究向心理学、社会学、哲学等多学科、多视角融合研究的转向。

2. 实践意义

理论源于实践，也将回到实践中去检验它的科学性。之所以选择“认同教育视域下高校思想政治理论课教学问题研究”这一课题，不仅是因为高校思想政治理论课的特殊地位和重要作用，更是出于解决大学生马克思主义认同问题的现实需要。让全体大学生学习、理解并深刻认同马克思主义，既是高校思想政治理论课教学的首要目标，也是加强高校思想政治工作，巩固以马克思主义为指导的社会意识形态建设的根本保证。

第一，本书是对新时代高校思想政治教育工作新使命的积极回应。教育是培养人的社会实践活动，高校思想政治教育的效果直接关系“为谁培养人”，也就是我们培养的时代新人的政治站位和思想归属问题。而高校思想政治理论课又是立德树人的“主渠道”，因此，抓好这一“主渠道”是做好新时代高校思想政治教育工作的前提。高校思想政治理论课教学能否切实有效地发挥好其政治功能，将成为关乎新时代高校思想政治工作成败的举足轻重的一环。

第二，本书有利于推进马克思主义大众化，巩固和增强以马克思主义为指导的意识形态建设。中西方思想文化相互激荡、意识形态领域的斗争异常复杂的时代背景，对大学生的政治信仰、价值观念和思维方式等都产生了深刻影响。通过高校思想政治理论课教学，培育大学生马克思主义认同，既是马克思主义大众化的必然要求，也是当前加强意识形态建设的不二选择。

第三，本书将为高校思想政治理论课教学一些实际问题的解决提供帮助。本书的最终目标是用认同教育的视域，构建起有助于解决高校思想政治理论课教学问题的理论逻辑和实践路径，为大学生马克思主义认同从无到有、从隐性认同到显性认同、从一般性认同到更加深入和持久地认同，构建科学有效的认同教育范式，助力当前高校思想政治理论课教学实践难题的解决。

三、国内外研究现状

“认同是人们意义与经验的来源”①，是一种强大的内生力量。中外学者们对认同问题的研究由认同的概念、本质、特征到认同的影响因素、现实问题、实现路径，由国家认同、民族认同，到文化认同、意识形态认同，由以不同民族、不同区域、不同社会阶层为主体的认同问题到以党员领导干部、教师、大学生等为重点主体的认同问题，视角多元、成果丰

① 曼纽尔·卡斯特．认同的力量［M］．曹荣湘，译．北京：社会科学文献出版社，2006：5.

硕、不胜枚举，且研究热度持续不减。关于“认同”的各类研究成果层出不穷，在表明中外学者们的社会关切的同时，也从侧面印证了“认同危机”这一现实难题的存在，凸显了开展认同教育的必要性和紧迫性。

国内外学者对认同问题、认同教育问题和高校思想政治理论课教学问题的相关研究成果，为本书提供了丰富的理论素材。由于“认同”一词起源于西方，并且国外有丰硕的研究成果，本书在文献梳理工作中也是从国外文献开始，再到国内文献，探究国内外相关研究的广度、深度和已取得的成果，寻找有待进一步研究的问题。

（一）国外研究现状

1. 国外对“认同”的相关研究

“认同”一词是西方传入的舶来品。国外学者对认同问题的研究经历了长期的历史嬗变，在心理学、社会学、哲学等不同学科领域中都有丰硕的研究成果。

一是心理学领域的“认同”问题。

最早将认同引入学术研究领域的是奥地利著名心理学家西格蒙德·弗洛伊德（Sigmund Freud）。在弗洛伊德的早期研究中，曾经使用 identification、incorporation、internalization 等不同的词来表示病理性的认同，主要是癔症性认同和梦认同。① 弗洛伊德认为，认同类似模仿，是一个人在某些方面从心理上成为，或者变成另外一个人，意思接近同化。他举例说，对于儿童而言，父母或老师往往是其模仿的对象，儿童会不自觉地效仿他们的语言或品行，这就是认同在起作用。随着儿童交往对象的扩大，认同对象也会扩大，通过不断模仿他人的言行举止，吸收和内化他人的思想观点，使自己与他人、与群体的思想观点不断趋向一致。② 作为认同理论的先驱，弗洛伊德的次级本能理论和结构理论，虽然并未达到完全成熟，却为后人的研究留下了宝贵的财富。

---

① Sigmund Freud. Studies in Hysteria [M]. London: Penguin Books Ltd., 2004.

② Sigmund Freud. The Interpretation of Dreams [M]. New York: Random House Inc., 1994.

美国社会心理学家乔治·H. 米德（George Herbert Mead）是符号互动理论的奠基人。他认为，互动是主体自我意识的真正基础，而作为主体的人在社会生活中的互动，一般围绕着与内心世界、与他人和与外部世界三个维度展开。因此，人有时会是主体的人，有时会是客体的人，从而就出现了作为主语的“I”和作为宾语的“me”之分，一个是自己眼中的“我”，一个是别人眼中的“我”。“‘主我’既召唤‘客我’，又对‘客我’作出响应，它们共同构成一个出现在社会经验中的人。”① 这一理论后来发展成为自我认同和社会认同的理论渊源。

埃里克·H. 埃里克森（Erik H. Erikson）是弗洛伊德的学生，他对认同的概念进行了更加深入的揭示，他的理论核心在于“同一性”（Identity）。他把人的生命周期分为八个阶段，每个阶段都有特殊的心理任务。其中，从十一二岁到十七八岁是青春期，青春期的任务就是确认“自我同一性”，即对“我是谁”“我是个什么样的人”“我想成为什么样的人”等问题的稳定的意识。对这些问题的思考，如果“主我”跟“客我”不一致，就会出现角色混乱，产生认同危机。埃里克森的发展渐成说强调了人在发展过程中自我与社会环境的相互作用。②

二是社会学领域的“认同”问题。

心理学领域的认同问题研究成果为其他学科的研究奠定了理论基础。在社会学领域中，把认同划分为自我认同与社会认同两大类的是英国社会学家安东尼·吉登斯（Anthony Giddens）。他的著作《现代性与自我认同：晚期现代中的自我与社会》重点考察了自我认同问题。“自我并非一个被外在影响所决定的被动实体。在人类形成自我认同的过程中，不管他们行动的特定背景如何具有地方特性，每个个体都会对那些在后果和启示上均带有全球性的社会影响有着直接的促进和增强作用。”③ 法国社会学家埃米

① 乔治·H. 米德. 心灵、自我与社会 [M]. 赵月瑟，译. 上海：上海译文出版社，2008：160.

② 埃里克·H. 埃里克森. 同一性：青少年与危机 [M]. 孙名之，译. 北京：中央编译出版社，2015：4.

③ 安东尼·吉登斯. 现代性与自我认同：晚期现代中的自我与社会 [M]. 夏璐，译. 北京：中国人民大学出版社，2016：2.

尔·杜尔凯姆（又名涂尔干）在认同理论中的贡献在于他从社会群体意识的角度分析认同问题，他认为："社会成员平均具有的信仰和感情的综合，构成了他们自身明确的生活体系，我们可以称之为集体意识或者共同意识。"① 涂尔干对群体认同意识的研究，初步揭示了认同对于"共同体"构建的强大的现实功能和意义。美国著名学者塞缪尔·亨廷顿在《文明的冲突与世界秩序的重建》和《谁是美国人?：美国国民特性面临的挑战》两部著作中都对认同有深刻的论述。亨廷顿认为，对美国而言，民族属性、人种属性、文化属性和政治属性是美国国家认同的重要内容。② 对于现代国家来说，构建国家认同最大的挑战是种族、宗教、移民问题和各种跨国力量，尤其是在身份归属迷失、信仰崩塌的现代性焦虑中，要化解认同危机，必须重塑国家认同。

三是哲学领域的"认同"问题。

在哲学领域中，认同反映的是人们对价值问题的思考，即人对自我的认识，以及对自我生存状态有没有意义的追问。苏格拉底的名言"认识你自己"，也可以说是对"我是谁"的认同问题的思考。康德将人的认识分为"感性""知性""理性"三个环节，他认为，感性的先天形式是时间和空间，知性的先天形式是因果性等十二个范畴，理性则要求人对本体（自在之物）有所认识，而这显然已经在人的认识的有限范围之外，于是就会出现难以自解的矛盾。③ 黑格尔则认为，绝对精神是一种独立存在的逻辑思维，自然界和人类社会的一切都是绝对精神的外在表现。自认识是认识的最高形态。而费尔巴哈认为，人是自然界的产物，自然界为人的思维提供素材。"自然界是不依赖任何哲学而存在的；它是我们人类（本身就是自然界的产物）赖以生长的基础。"④ 哲学家们的这些观点虽未直接谈

---

① 埃米尔·涂尔干．社会分工论［M］．渠东，译．北京：生活·读书·新知三联书店，2000：42.

② 塞缪尔·亨廷顿．谁是美国人?：美国国民特性面临的挑战［M］．程克雄，译．北京：新华出版社，2010.

③ 罗素．西方哲学史及其与从古代到现代的政治、社会情况的联系：下卷［M］．马元德，译．北京：商务印书馆，1976：265－287.

④ 马克思恩格斯文集：第4卷［M］．北京：人民出版社，2009：275.

及“认同”，却都与认同理论的“同一性”“身份”“归属感”等主要观点不谋而合。国外认同问题研究不得不提的是著有《自我的根源：现代认同的形成》的加拿大哲学家查尔斯·泰勒（Charles Taylor），他从对“现代性”的理解出发，描绘出一幅复杂而又丰富的现代认同的图景，其对西方文化中自我认同观念发展的梳理，深刻影响了西方思想界。①

由于研究领域各不相同，研究视角各有侧重，国外学者们给出的认同的概念也是五花八门。如希尔多逊（Theodorson）认为，认同是“一种同化与内化的社会心理过程，它是将他人或群体的价值、标准、期望与社会角色，内化于个人行为和自我概念之中”②。而在查尔斯·泰勒看来，认同的形成是由于自我对善恶的不同认识，即“自我的根源”③。

2. 国外对“认同教育”的相关研究

由于种族、民族、宗教信仰和价值观念的多样化，对西方国家而言，最为重要的问题就是塑造共同的价值观，以增进人们的归属感。美国采用了民族整合的认同教育方式，在尊重民族和种族多样性的基础上，教育民众认同共同的“美利坚民族”。许多移民国家也大力实施多元文化认同教育，如加拿大、澳大利亚等国首先对各民族文化予以尊重和承认，进而提倡共同的国家观念。所以，西方学者在对认同教育问题的研究中，普遍倾向把意识形态认同教育、政治认同教育、价值观认同教育等作为研究重点。

“二战”后，美国社会学家丹尼尔·贝尔（Daniel Bell）等人提出的“意识形态终结论”一度在西方国家盛行。除丹尼尔·贝尔的《意识形态的终结》外，相关著作还有美国前总统尼克松的《1999：不战而胜》、卡尔·曼海姆的《意识形态与乌托邦》、弗朗西斯·福山的《历史的终结及最后之人》、塞缪尔·亨廷顿的《文明的冲突与世界秩序的重建》等。这

① 查尔斯·泰勒. 自我的根源：现代认同的形成［M］. 韩震，等译. 南京：译林出版社，2012.

② 李继利. 汉族、藏族和回族大学生族群认同与群际归因的跨文化研究［D］. 兰州：西北师范大学硕士学位论文，2002：3.

③ 同①。

实质上是西方国家为了实现其政治目的，故意将意识形态隐身到国家、宗教、党派、组织、文化中，向全世界大肆宣扬意识形态已终结。德国哲学、社会学家哈贝马斯认为，民众普遍认可国家的政治秩序，就是政治合法性的体现。[①] 美国学者鲁恂·派伊阐述了认同危机理论，认为“认同性危机是现代国家建构过程中第一个，也是‘最根本的危机’”[②]，他从对个别发展中国家的案例进行分析，论证了政治认同面临的多重危机。丹尼尔·贝尔则认为，西方国家之所以出现政治认同危机，从根本上来说，是资本主义文化衰退和信仰缺失的结果。[③]

基于上述观点，认同教育的重要性在国外学界也被反复提及。在教育体系上，国外认同教育一般是通过整合学校、家庭、教会等社会力量完成的，与中国的认同教育主要通过学校的阶段性教育来完成具有明显不同；在教育方式上，国外认同教育多采用隐性教育的方式将认同“软化”，如美国爱国主义教育往往不是采用照本宣科的课堂教学方式，而是将其“隐藏”于品格教育之中。这种渐进式的、耳濡目染的认同教育方式给人自然、亲近的感觉，教育效果也比较好。此外，国外认同教育还注重利用传统节日和纪念活动的仪式感强化民众对主流价值观念的认同。

在资本主义制度下，尽管学者们在对上述问题的研究中大多打着价值中立的旗号，但思想本质上是为资产阶级服务的，这就决定了国外对认同和认同教育问题的相关研究成果只能在理论分析和比较时为本书提供借鉴和参考，绝不能生搬硬套。

（二）国内研究现状

1. 国内对“认同”的相关研究

受多重因素影响，中国学界对认同理论及其相关问题的研究晚于西

① 尤尔根·哈贝马斯．交往与社会进化［M］．张博树，译．重庆：重庆出版社，1989：184.

② 鲁恂·派伊．政治发展面面观［M］．任晓，王元，译．天津：天津人民出版社，2009：81.

③ 丹尼尔·贝尔．资本主义文化矛盾［M］．赵一凡，等译．北京：生活·读书·新知三联书店，1989：67.

方。20世纪80年代，我国开始出现关于认同的理论文章。中国知网上显示，主题为“认同”的文章最早出现在1983年。20世纪90年代起，国内认同问题研究的各类成果不断涌现，且在数量上呈现井喷之势。这表明中国学者们的社会关切的同时，也从侧面印证了认同危机这一现实难题的存在，凸显了认同问题研究的必要性和紧迫性。仅2019年一年，在中国知网上主题为“认同”的学术论文就达7 149篇，且研究视角五花八门。

在《社会心理学》中，“认同是维系人格与社会及文化之间互动的内在力量，从而是维系人格统一性和一贯性的内在力量，因此，这个概念又用来表示主体性、归属感”①。《社会心理学词典》将认同定义为人的心理活动的同化的过程，即将一个人的某种心理移入给另一个人。② 而《辞海》对认同下的定义是：“认同，即‘认定’，在心理学上指认识与感情的一致性。认为经过认同，形成人的自我概念。在社会学上泛指个人与他人有共同的想法。在人们的交往活动过程中，被他人的感情和经验同化，或者自己的感情和经验足以同化他人，彼此产生内心的默契。分为有意和无意两种。”③

国内学者们对认同问题的研究热度不减，各类著作和论文层出不穷、视角各异，由认同的概念、本质和特征到认同的现实问题和实践路径，由对民族、国家等不同客体的认同问题，到以不同区域、不同行业为主体的认同问题。典型的学术著作有郑晓云的《文化认同论》、孟繁华的《传媒与文化领导权：当代中国的文化生产与文化认同》、梁丽萍的《中国的宗教心理：宗教认同的理论分析与实证研究》、张静的《身份认同研究》、刘辉的《认同理论》、王成兵的《现代性语境中的当代认同危机——在人学的视野中》、方旭光的《政治认同的逻辑》等。典型的学术论文有田海平的《国家之德在认同之道——对中国价值观进行道德解释的意义》和《论认同之德——核心价值观的价值方式和精神实质》、梁树发的《马克思主义者身份认同与马克思主义发展主体意识自觉》、何博的《认同的本质

① 沙莲香．社会心理学［M］．北京：中国人民大学出版社，2002：4.
② 费穗宇，张潘仕．社会心理学辞典［M］．石家庄：河北人民出版社，1988：45.
③ 夏征农．辞海［M］．上海：上海辞书出版社，1989：433.

及其层次性》和《西南边疆少数民族马克思主义认同问题分析与培育路径》、吴玉军的《思想政治教育中的价值认同问题》等。

2. 国内对“认同教育”的相关研究

国内学者关于“认同教育”问题的研究主要围绕以下三个方面展开。

一是针对特定主体的认同问题开展的认同教育研究。在现有的关于认同教育的研究中，在当代中国青年群体中，尤其是大学生群体成为极为特殊而重要的主体。杜兰晓认为，“弘扬传统文化是增强大学生国家认同的基础，正视西方文化是增强大学生国家认同的关键，强化主流文化是增强大学生国家认同的核心”①。聂立清针对青少年群体，探讨了意识形态认同的意义和意识形态认同的战略选择。② 近年来，学者们越来越倾向于将认同主体精分和细化，使研究成果更具有针对性。如针对大学生党员③、学生干部④等大学生骨干的马克思主义认同问题研究，针对少数民族大学生⑤的特殊族群的大学生马克思主义认同问题研究，针对新疆维吾尔自治区⑥、西藏自治区⑦等不同地域的大学生马克思主义认同问题研究以及针对“90后”⑧ 等特定年龄段的大学生马克思主义认同问题研究。

二是针对认同的特定客体开展的认同教育研究。曾水兵、檀传宝关注的是国家认同教育这一关系国家核心利益的问题。他们在《国家认同教育

① 杜兰晓．当代中国大学生国家认同教育的路径探析：基于文化自信的视角［J］．思想教育研究，2012（12）：99.

② 聂立清．构建青少年主流意识形态认同的战略选择［J］．思想教育研究，2009（6）：38－41.

③ 柏欣．加强大学生党员马克思主义认同教育的探讨［J］．教育教学论坛，2017（27）：43－45.

④ 吴维维．高校学生干部政治认同现状及培育路径研究：基于浙江省五所高校问卷调查［D］．金华：浙江师范大学硕士学位论文，2017.

⑤ 刘海英．加强少数民族大学生对社会主义核心价值观的认同［J］．教育与职业，2014（32）：72－73.

⑥ 何慧星，等．新疆高校民汉学生“五观”教育认同感研究［J］．当代青年研究，2008（5）：42－44.

⑦ 杨周相．民族院校马克思主义理论的培育功能和途径探析：以西藏高校的马克思主义信仰教育为例［J］．文教资料，2015（1）：52－54.

⑧ 马福运，杨晓倩．“90后”大学生主流意识形态认同现状研究：基于河南省10所高校的调查［J］．思想教育研究，2017（11）：115－118.

的若干问题反思》一文中指出，“抽象说理式国家认同教育所体现的强制性越来越与全球化的时代背景相背离，与今天思想活跃、价值认同多元化的青少年一代不相适应”。① 他们提出的对话式的叙事话语在认同教育的理论体系构建中具有重要的借鉴意义。关于政治认同教育，朱勤文、杜海坤认为，“高等教育应进一步强化政治认同教育的目标导向，丰富和完善教育内容体系，提升政治认同的教育实效”。② 蒋家胜、邓礼娟通过问卷调查与分析，提出大学生社会主义核心价值体系认同教育的原则③，富有理论新意。陈月霄将中国特色社会主义理论作为大学生认同教育的客体来研究，发现并找到了大学生思想认识与中国特色社会主义理论体系之间的矛盾，提出了有针对性的实践路径。④ 另有许多学者将认同教育的研究客体锁定在了社会主义核心价值观上，其中一篇具有代表性的文章是陈颜、张志坚、陈金龙的《民族高校大学生社会主义核心价值观认同教育模式研究》，这篇文章除分析民族高校大学生社会主义核心价值观的认同现状外，还构建了一套含教育内容、教育方式、教育者结构在内的认同教育的系统模式。⑤

三是针对不同视域的认同教育问题研究。刘玫、邓瑾认为政治认同研究范式的视角应该从“物本”向“人本”转换，将知识性教育转变为对话式教育。⑥ 陈芳的研究角度更为新颖，她从比较教育研究的角度发现“比较教育研究从诞生之日起就与‘认同’问题结下不解之缘”，全球化时代确立自我身份的正确途径是要开展“脉络化”研究。⑦ 吴玉军、吴玉玲通

---

① 曾水兵，檀传宝．国家认同教育的若干问题反思［J］．中国教育学刊，2013（10）：32.

② 朱勤文，杜海坤．试论大学生政治认同的形成机制及教育对策［J］．中国高教研究，2014（8）：93.

③ 蒋家胜，邓礼娟．论大学生社会主义核心价值体系的认同教育［J］．中国报业，2011（6）：115 – 116.

④ 陈月霄．大学生中国特色社会主义理论认同教育的机理审视与路径选择［J］．思想理论教育导刊，2014（4）：125 – 128.

⑤ 陈颜，张志坚，陈金龙．民族高校大学生社会主义核心价值观认同教育模式研究［J］．西南民族大学学报（人文社会科学版），2013（10）：215 – 219.

⑥ 刘玫，邓瑾．从“物本”到“人本”：政治认同教育研究范式视角的转换［J］．教育评论，2017（10）：8.

⑦ 陈芳．比较教育研究：自我与他者之间的认同向度［J］．天津市教科院学报，2009（2）：17 – 19.

过比较新加坡政府在国家认同教育方面的先进经验，为中国的国家认同教育提供借鉴与启发。① 郑洁、陈一樟认为，网络环境下需要以个人教育、认同内容、认同保障、认同途径、认同机制等为重点，加强对大学生的意识形态认同教育。② 有关这一类型认同教育研究的杰出代表有欧阳常青、苏德两位老师的《学校教育视阈中的国家认同教育》，文章选择从学校教育的视角看国家认同教育，不仅对国家认同教育的现实问题分析得精辟透彻，而且提出了和谐共进的双赢设计、微观具体的价值取向、积极真实的情感体验等在国家认同教育问题上的一些新思维。③

3. 国内对认同教育与高校思想政治理论课教学之间关系的研究

学界关于高校思想政治理论课的研究成果颇丰。截至 2020 年 12 月底，中国知网上检索主题“高校思想政治理论课”并包含主题“教学”，可检索到各类学术成果 15 495 条，其中发表在 CSSCI 来源期刊上的学术论文有 1 827 篇。既有针对高校思想政治理论课某一门课程的研究，也有对整个课程体系进行研究的；既有研究课程体系、教材体系、教学体系的，也有研究三者相互转化的；既有研究教学要素、教学过程、教学方法的，也有研究教学范式、教学实效性、教学评价的。学者们对高校思想政治理论课教学问题的研究重点包括以下四个方面。

（1）高校思想政治理论课的教学实效性问题。程太生提出要将社会主义核心价值体系与“05 方案”高校思想政治理论课程的内容进行有机对接和深入融合，开展认知、认同和以学生为本的教育。④ 胡刚认为，“要加强课程内容的时代性和大众化、创新教学方式方法等，以增强大学生对社会

① 吴玉军，吴玉玲．新加坡青少年国家认同教育及其启示［J］．外国中小学教育，2008（7）：47－49.

② 郑洁，陈一樟．网络环境下大学生主流意识形态认同现状与路径［J］．高校辅导员，2017（3）：7－12.

③ 欧阳常青，苏德．学校教育视阈中的国家认同教育［J］．民族教育研究，2012（5）：10－14.

④ 程太生．社会主义核心价值体系教学实效性研究［J］．山西高等学校社会科学学报，2010（6）：68－69.

主义核心价值体系的认同，从而提高思想政治理论课的教学实效性”。[①] 刘娜将社会主义核心价值观有效融入思想政治理论课教学体系，提出了坚持精细化培养、个性化对待、人文化关怀等很多具有首创精神的路径与方法。[②]

（2）高校思想政治理论课教学与信息技术的融合问题。沈壮海认为，把思想政治教育搬上各类平台只能算作“结合”而非“融合”，“思想政治教育与信息技术融合更需要思想政治教育内容的真正‘融入’”。[③] 蔡泉永倡导推进马克思主义大众化与新媒体融合，促进马克思主义走进新媒体受众的心理，直至认同马克思主义。[④] 李梁的博士学位论文和多篇文章是这一问题研究成果的杰出代表，他提出“向技术学习”与“用技术学习”两种技术观的思考[⑤]，引发了学者们的深思。

（3）高校思想政治理论课的教学范式问题。赵国友梳理、总结了“05方案”实施以来高校思想政治理论课教育教学的新范式，包括课程构建、教学研究模式、师资队伍建设、教育教学评价、学科话语等方面，强调这些新范式的重大意义。[⑥] 卢锋也认为高校思想政治理论课要提升教学实效性，只有转换现有的教学范式。“教育叙事研究是思想政治理论课教学研究范式的重要转向，思想政治理论课教育叙事研究能够提升高校思想政治理论课的教学水平。”[⑦]

（4）高校思想政治理论课的教学评价问题。骆郁廷老师在著作《高校思想政治理论课程论》中，从高校思想政治理论课评价的特殊性、评价主

---

① 胡刚．加强高校思想政治理论课教育教学实效性的探讨：以社会主义核心价值体系认同为视角［J］．湖北理工学院学报（人文社会科学版），2014（4）：78.

② 刘娜．社会主义核心价值观融入民族院校思想政治理论课的意义、方法、路径［J］．山西高等学校社会科学学报，2018（10）：44－48.

③ 沈壮海，史君．推动思想政治教育与信息技术的高度融合［J］．国家教育行政学院学报，2017（1）：17.

④ 蔡泉永．新媒体环境下我国主流意识形态安全研究［D］．南昌：南昌大学博士学位论文，2016：165.

⑤ 李梁．信息技术与思想政治理论课教学融合的若干问题辨析［J］．思想理论教育，2017（2）：69－73.

⑥ 赵国友．高校思想政治理论课教育教学新范式的建构及其意义［J］．思想政治教育研究，2013（3）：50－54.

⑦ 卢锋．教育叙事研究：高校思想政治理论课教学研究范式之转换［J］．常熟理工学院学报（教育科学），2010（12）：86－88.

体、评价客体、评价标准和评价方法五个方面系统构建了评价体系。[①] 这对学界相关研究产生重大参考意义。武东生老师认为，哲学社科类课程教学评价要区分哪些课程内容对学生可以产生直接影响，哪些课程内容的影响只能从日后的生活实践中来考察。[②]

此外，国内学者针对高校思想政治理论课教师队伍建设、教学模式、教学方法、实践教学和网络教学等方面也不乏优秀的研究成果。

尽管学界关于高校思想政治理论课教学的研究成果丰硕，但从认同教育的视域看高校思想政治理论课教学问题的文章却极其稀缺。截至2020年12月，在中国知网上检索主题“高校思想政治理论课”并含主题“认同”，可得到318条结果；进一步精确检索关键词为“高校思想政治理论课”并含关键词“认同教育”的仅有2条结果。但在此类文章中也不乏值得借鉴的佳作，如李东才、潘晔的文章，分析了价值认同的内涵及其对高校思想政治理论课的意义。[③] 胡晓敏则论述了大学生对党的认同教育与高校思想政治教育融合的必要性与可行性。[④] 吴细玲、曾令超认为，“教育主体应创新思想政治理论课的教学内容、教学方式和实践教学，实现大学生对社会主义核心价值体系的认知认同、情感认同和行为认同”。[⑤] 陈文林针对高校思想政治理论课中的“思想道德修养与法律基础”课，阐述了核心价值观认同教育与“思想道德修养与法律基础”课育人功能的高度耦合，认为情感认同、理论认同和实践认同，将成为在“思想道德修养与法律基础”课中开展社会主义核心价值观认同教育的目标。[⑥]

---

① 骆郁廷．高校思想政治理论课程论［M］．武汉：武汉大学出版社，2006.

② 武东生．思想政治理论课教学改革过程中应思考的若干问题［J］．清华大学学报，2005（增1刊）：11－13.

③ 李东才，潘晔．价值认同视域下提升高校思想政治理论课教育实效性研究［J］．学校党建与思想教育，2014（5）：58－60.

④ 胡晓敏．全面从严治党条件下大学生政党认同教育与高校思想政治教育的融合研究［J］．改革与开放，2018（17）：63－66.

⑤ 吴细玲，曾令超．思想政治理论课与大学生对社会主义核心价值体系的认同［J］．思想政治教育研究，2009（4）：75.

⑥ 陈文林．思想政治理论课程中的核心价值认同：以“思想道德修养与法律基础”课为例［J］．西安政治学院学报，2016（4）：43－47，103.

（三）现有研究的局限

1. 对大学生马克思主义认同问题的研究亟待深化

2018 年，第一批“00 后”迎来成人礼，随着他们步入大学校园，全国高校大学生群体，尤其是本科生，已经基本上被“95 后”和“00 后”的青年占领。生长在 21 世纪的当代大学生有强烈的自我意识、网络化的生活习惯、个性化的标签，他们对马克思主义也有自己的价值判断。尤其是在当今世界百年未有之大变局下，光怪陆离的社会现象和纷繁复杂的社会思潮让大学生的精神世界动荡摇摆，无所依傍，于是就出现了当代大学生与马克思主义之间的“互动”缺失，对马克思主义的“归属感”不强，对“马克思主义支持者”“青年马克思主义者”的身份不明确，以及运用马克思主义来指导实践的能力和水平弱化等情况。作为肩负民族复兴大任的时代新人，当代大学生对马克思主义的认同状况关乎国家的前途命运，亟须引起高度重视。如何在新时代让马克思主义掌握全体大学生，同时又让大学生掌握马克思主义、热爱马克思主义、践行马克思主义，这些问题需要在理论上和实践上长期、反复地探索。

2. 对认同教育基础理论的研究尚处起步

仔细梳理国内外关于认同教育的相关文献发现，学界对认同教育的研究，问题意识很强，但由于没有一个科学系统完备的理论加以指导，容易流于形式。解决认同教育问题看似有千百种方法，而只有抓住了主要矛盾，才算牵住了牛鼻子，以此分层缕析，方能破解难题。概观国内外关于认同教育向度迥异的研究成果，认同教育基础理论体系的空白是最大的问题。学界应构建一套以认同教育的内涵、功能、目标、影响因素、主要规律和基本原则等为主要内容的认同教育基础理论体系，牢牢把握高校思想政治理论课教学的深层本质和内在机理，用科学理论来指导实践，方能有效破解现实问题。

3. 对高校思想政治理论课教学问题的研究仍需加强

很多从事思想政治教育研究的学者和工作在教学一线的高校思想政治

理论课教师针对“高校思想政治理论课应该怎么上”提出过自己的看法和见解。如有学者主张通过重建价值体系来从根本上解决社会变革和转型时期大学生的马克思主义认同问题；有学者主张通过人文精神的培养来坚定大学生对马克思主义的信仰；有学者认为高校思想政治理论课教学要实现先进性要求与广泛性要求相统一等。学者们的文章虽然立意不同、视角不同，却在解决问题的路径上呈现出明显的同质化倾向，在实际教学活动中的借鉴意义和针对性略显不足。面对新时代、新情况和新问题，高校思想政治理论课教学该如何面对，何去何从呢？习近平总书记强调，在具体开展大学生思想政治工作时，要因事而化、因时而进、因势而新，“三因”理念为我们解决现实问题指明了方向。“事、时、势”指的是高校思想政治理论课教学面临的实际情况，我们要认真分析，科学研判；“化、进、新”是高校思想政治理论课教学的实践要求，我们要认真领会，抓好落实。当前，全国各高校高度重视思想政治理论课教学改革，纷纷打出“组合拳”，下大力气提升高校思想政治理论课教学实效性，取得了丰富的经验，急需系统梳理和总结。同时，对于教学改革中涌现出的新情况和新问题，也必须及时处理。因此，对高校思想政治理论课教学问题的深度研究也将成为大势所趋。

四、研究思路与方法

（一）研究思路

“认同教育视域下高校思想政治理论课教学问题研究”包含“认同”“认同教育”“高校思想政治理论课”“教学”等多个关键词，涉及基础理论的构建、现实问题的分析、本质的挖掘、理论逻辑的建立、实践路径的探索等多个方面，研究内容较广，研究纵深性较强。本研究以认同教育为研究视域，以高校思想政治理论课的本质挖掘和教学问题分析为重点，以构建高校思想政治理论课的认同教育新路径为目标，将围绕“问题之源—

理论之基—现实之境—解决之策”的研究思路展开，整体框架设计为“绪论 + 五章 + 结语”的结构。研究的具体逻辑如下。

第一，对问题本身的分析，探究问题的缘起、问题的价值与研究意义。即为什么会提出认同教育视域下高校思想政治理论课教学问题呢？问题具体表现为哪些现象呢？如何分析这一问题呢？对这一问题研究的理论意义和实践意义是什么呢？现有研究对这一问题的解决程度如何呢？还需在哪些方面改进呢？进而阐述研究思路、研究内容、研究方法和创新之处。

第二，对问题的核心概念的把握，构建起关于认同和认同教育的内涵体系。如什么是认同？认同的本质是什么？认同分为哪些层次？什么是认同教育？认同教育的功能与目标是什么？认同教育的影响因素有哪些？这一部分是研究的基础，重点在于破题。

第三，对问题本质的挖掘，确认高校思想政治理论课与认同教育的关系，即为什么要用认同教育的视域来分析和研究高校思想政治理论课教学问题？遵循历史、现实和要素的研究思路，分别从中华人民共和国成立以来高校思想政治理论课的历史演进中，从高校思想政治理论课所处的地位和发挥的作用上，从对高校思想政治理论课各个要素的分析中探究课程的本质。

第四，对现实场景的考量，从正反两方面分析中华人民共和国成立以来高校思想政治理论课教学所取得的积极成效，查摆高校思想政治理论课教学存在的主要问题，并在认同教育的视域下分析问题的成因，为下一步解决这些问题提供依据和参考。

第五，对实践路径的探索，分两步走：一是建立起认同教育视域下高校思想政治理论课教学的理论逻辑，挖掘规律和原则；二是结合分析出的问题及问题成因，遵循认同教育的规律和原则，构建起高校思想政治理论课教学的实践路径。

（二）研究方法

在认同教育视域下高校思想政治理论课教学的理论逻辑和实践路径问题，是在科学认识和教学实践中需要解决而又尚未得到完全解决的问题，既是理论问题又是实践问题，既是历史问题又是现实问题，纷繁芜杂、表象丛生。只有坚持辩证唯物主义和历史唯物主义的立场、观点与方法，才能拨开光怪陆离的谜团，找到研究问题的视域，抓住问题的本质，揭示问题的规律。因此，本书将主要采用以下研究方法。

1. 归纳—演绎法

本书中关于认同和认同教育基本理论的阐释、关于高校思想政治理论课教学的理论逻辑等内容都将运用归纳—演绎法。通过收集和整理大量国内外关于认同、认同教育、思想政治理论课等相关著作、文章或论述，在吸收和借鉴的基础上，发现现有研究存在的问题和突破口，开展创新性研究。

2. 历史分析法

重视对高校思想政治理论课相关历史资料和文献的整理，尤其是对中共党史和中共思想政治教育史相关资料的梳理和使用，对各个历史时期有代表性的历史事件和历史文献进行详细考察和总结，分析隐藏在高校思想政治理论课发展历程中的认同教育样态和深层规律。

3. 比较研究法

本书无论是对高校思想政治理论课教学取得的成果的提炼和总结，还是对认同教育与高校思想政治理论课教学的契合度的论证，以及对大学生马克思主义认同状况的分析等，都将运用比较研究的方法。比较研究法在本书中将围绕多个维度展开：对不同历史时期高校思想政治理论课的历史演进进行比较，对上课前和上课后大学生马克思主义认同度进行比较，对认同教育的不同方法进行比较，对各种教学评价方式进行比较等。

4. 问卷调查法

本书要查摆并分析高校思想政治理论课教学中的现实问题，就必须采用听课、走访、座谈、调查等方式，获取第一手资料，并对典型现象和问题个案进行深度访谈，以验证和完善理论假设。在此过程中，问卷调查必不可少，但结果不作为本书定性定量分析的唯一依据。因为无论是高校思想政治理论课的教学效果，还是大学生马克思主义认同状况，都很难通过一份问卷全面客观地反映出来，问卷所得出的数据的真实性也颇具争议。在本书中问卷调查的目的一是为了发现问题，用数据去反映高校思想政治理论课教学中不容易被发现的一些现实问题，尤其是上课前大学生对马克思主义的真实态度；二是为了验证路径，把构建起来的教学路径运用于课堂，通过上课前和上课后大学生马克思主义认同状况在不同维度下的比照，来反复验证和完善实践路径。

五、创新之处

（一）研究视域新

为什么高校思想政治理论课教学不断改革创新，而现实问题却依然存在呢？这本身就是一个值得深入研究的重大问题。通过对相关理论和现实问题的深度考察，笔者发现，中外学者对“认同”问题的研究长热不衰，涉及的学科广泛、成果丰富；对“马克思主义认同”问题的研究呈现宏观性、理论性研究较多，实证类、问题导向式的研究较少的特点；对“高校思想政治理论课教学”问题的研究也是原则性对策较多，基于机理的实证对策偏少。事实上，破解这一问题的关键在于“认同”，解锁这一问题的钥匙在于“认同教育”。本书立足中国特色社会主义新时代的特定时空场景，从认同教育的视域，考察高校思想政治理论课教学的现实问题。从研究视域上来说，无疑是高校思想政治理论课教学问题研究的又一新颖视角，研究成果也将成为促进大学生马克思主义认同，助力马克思主义大众化的一种创新性尝试。

（二）理论观点新

一是关于“认同”问题的新观点。“认同”是本书的关键词，也是研究的起点。对“认同”问题研究的难度在于，横向来看，“认同”是一个跨学科概念，不同学科对其都有丰富的研究成果；纵向来看，中外学者对

“认同”问题的研究从19世纪末一直延续至今。能否在浩如烟海的“认同”素材中提炼出认同的内涵、本质、层次，形成认同的基础理论体系，关乎研究的成败。在系统分析国内外相关文献的基础上，本书将推导出五条重要线索：认同主客体间的“互动”是认同的前提；认同主客体间客观存在的或主观构建的“同一性”是认同的基础；“参照物”将“我们”与“他们”相区分，确立了认同的边界；从认同生成的角度来看，认同可分为授予型认同与选择型认同两大类；认同是对自我身份的寻找和确认。由此，概括出认同的内涵。关于认同的本质，本书在何博教授关于“认同的本质内涵是‘归属’”① 的论断的基础之上，将这一观点进一步延伸为：认同的本质是主体对客体在价值肯定和身份确认的基础上凝结而成的双向归属性心理，即主体归属于客体，主体就成为客体的主体，而不再是他者的主体，同时客体也归属于主体，成为主体的客体，而非他者的客体。本书还将认同的过程细分为认同生成前的培育和生成、认同生成后的持续和强化等不同阶段，认为只有将理性认知、情感归属和行为实践相结合，才是完整意义上的认同的体现。

二是关于“认同教育”的新观点。实践问题的解决，需要科学理论的指导。目前国内外学界对认同问题的研究成果丰硕，但对认同教育问题的研究成果明显不足，尤其是在理论层面，认同教育的基础理论是有所缺失的。尽管学界对认同教育研究的问题意识很强，一直在寻找方法，却一直没有形成合力。认同教育核心理论体系的空白，或许是大学生马克思主义认同的现实问题亟待解决，却始终未能根本解决的原因所在。本书将为认同教育的理论建构做出大胆尝试：认同教育不同于知识教育、技能教育、通识教育，它是教育者为了塑造教育对象对某一客体的认同，按照认同的本质和认同培育、生成、持续、强化的基本规律而开展的教育活动。认同教育的功能和具体目标是多元的，但整体而言，认同教育就是为了培育和生成认同，进而让认同在时间上和程度上更加持久和稳定。影响认同教育效果的因素是多方面的，利益、情感、环境因素的影响尤甚，这些影响因

① 何博．认同的本质及其层次性［J］．大理学院学报，2011（1）：63.

素同时存在、共同作用、相互“共振”。以上观点在一定意义上将为填补认同教育的理论空白做出贡献。

三是关于“高校思想政治理论课”的新观点。在高校思想政治理论课的课程本质上，本研究认为，课程本身就是面向大学生开设的马克思主义认同教育课程，应该遵循认同培育、生成、持续和强化的基本规律来开展教学活动；在高校思想政治理论课的教学内容上，本书认为，“原理”课是对马克思主义作为无产阶级和全人类解放科学的价值认同，“概论”课是对中国化马克思主义的理性认同，“纲要”课是对“四个选择”[①] 的历史认同，“德法”课是对马克思主义的生活化认同，“形势与政策”和“当代世界经济与政治”课是对党的政策和国内外形势的认同；在高校思想政治理论课教学的内在逻辑上，本书提出，“原理”课侧重于讲授马克思主义原本的样子，“概论”课侧重于讲授马克思主义在中国的样子，“纲要”课侧重讲授马克思主义传入中国并指导中国的历史进程，“德法”课侧重于讲授马克思主义在日常生活中的样子，“形势与政策”课侧重讲授国际国内环境下的马克思主义，这样马克思主义认同的逻辑链条才形成完整的闭环；在高校思想政治理论课教学的理论逻辑上，本书力图提炼出认同教育视域下高校思想政治理论课教学的规律和原则，作为教学实践的基本遵循；在高校思想政治理论课的教学评价上，本书将设计一套教学评价指标体系表，设定评价流程，构建起相对科学完备的教学评价体系。

高校思想政治教育和认同教育本身都是跨学科的综合性理论，用协同与融合的思路促进二者研究的深化是理论发展的必然趋势。本书的理论假设为：当前高校思想政治理论课教学之所以存在一定问题，实效性不够强，某种意义上说是因为没有遵循认同教育的规律和原则，所以要改进高校思想政治理论课教学现状，就必须让其回归到认同教育的本质上来。何以证明上述假设便是本书的难点之一。论证高校思想政治理论课的本质，需要将其与马克思主义认同教育进行全面比对，寻求二者在教育目标上、教育内容上、教育方法上和教学效果评价上的契合点，进而得出高校思想

---

① “四个选择”是指选择马克思主义、选择中国共产党、选择社会主义道路、选择改革开放。

政治理论课本质上是对大学生开展的马克思主义认同教育课程的结论。在完成对课程本质深度挖掘的基础上，进一步分析高校思想政治理论课教学存在的诸多问题是否都与认同有关，进而从认同教育的视域寻求问题的解决之策。

（三）解决办法新

作为对大学生开展思想政治教育的前沿阵地，高校思想政治理论课责任重大，使命光荣。历经中华人民共和国成立70多年来的不懈探索，高校思想政治理论课教学在改革中取得了巨大成效。但是，在认同教育的视域下分析高校思想政治理论课的教学现状，一些问题依然存在。因此，构建新时代高校思想政治理论课认同教育的新路径已成为当前高下思想政治理论课改革创新的一项重要课题。为解决这一问题，本研究从理论和实践两个维度入手，提出解决方案：一方面，基于高校思想政治理论课教学的认同教育本质，从高校思想政治理论课教学的主要规律和基本原则等方面进行理论挖掘，力图构建起解决高校思想政治理论课教学问题的理论逻辑；另一方面，围绕着“什么样的人讲高校思想政治理论课更容易被认同”“讲什么内容更容易被认同”“怎么讲更容易被认同”“在什么环境下讲更容易被认同”，以及“高校思想政治理论课教学实效性如何评价”等问题的追问，以教师队伍、教学内容、教学方法、教学环境和教学评价为重点，尝试构建新时代高校思想政治理论课教学的实践路径。理论与实践相结合，既有理论逻辑，又有实践方案，避免了不痛不痒的同质化策略，力求提出的解决方案既全面、具体，又能保证实效性。这无疑是本研究的重中之重，也将成为本书的亮点之一。

第一章　认同教育的基础理论

“我是谁？我从哪里来？我要到哪里去？”是古希腊哲学家柏拉图提出的哲学命题，也是迄今为止人类究其一生都在孜孜以求的“人生三问”。一个人从呱呱坠地那一刻起就被各种各样的社会关系网络包围，社会关系在赋予人类生存与发展的必要条件的同时，也把人类扔进了“烦恼”的旋涡。襁褓中嗷嗷待哺，病痛时哇哇大哭；孩提时因吃不到一颗糖果而发脾气，因与小伙伴争吵而大打出手；初经世事，开始变得叛逆，向往自由又害怕独处，渴望友情和爱情，又心存顾虑，追求金钱又不甘沦为赚钱的工具；人到中年，步入“上有老下有小”的行列后，在生活的重担下又必须忍辱负重，坚毅前行；到了老年，看似云淡风轻、老成持重，对许多事情却已是心有余而力不足，不得不使尽浑身解数与疾病和死亡抗争……正因如此，人在一生中都会不停地追问并迫切渴望了解“我是谁？我从哪里来？我要到哪里去”？以期找到心灵的归属和前行的力量。由于每个人的年龄、经历、性格等方面的差异，尤其是世界观、人生观和价值观的不同，对这三个问题的回答往往又是千人千面、大相径庭。

探究“人生三问”的奥秘，前提是要科学地理解人是什么、人的本质是什么。古今中外许多思想家都对人的本质问题进行了探索和解答，但都有一定的局限性。直到 1845 年春天，马克思在《关于费尔巴哈的提纲》中写道，“人的本质不是单个人所固有的抽象物，在其现实性上，它是一切社会关系的总和”。[①] 这段话科学地解答了人们千百年来苦苦思索的人的

① 马克思恩格斯文集：第 1 卷［M］. 北京：人民出版社，2009：505.

本质问题。每个人从来到世上的那天起，就不可避免地置身于一定的社会关系网络中，无人例外。人无法脱离社会而存在，人只能在特定的社会关系中从事社会实践活动，获取自身生存与发展的资料。这些社会关系的总和决定了人的本质。

立足马克思关于人的本质的理论，寻找“我是谁”这一问题的答案，实际上是人们在主体意识自觉的前提下，对自我身份的认定过程。错综复杂的社会关系决定了人的身份的多重性，为人父母，为人子女，为人亲友，为人师徒，为人同事，为人上司或下属……要统筹协调这些社会关系，使之和谐有序，为自身的生存和发展服务，人就必须将这诸多身份进行排序。经过排序后，某一身份的位次越靠前，说明此刻这一身份对于“我”的意义越重大，“我”对于这一身份就越认同。因此，人在一定时空维度下、一定视角下、一定程度上对“我是谁”所做出的回答，彰显的是“我”对于某一身份的认同。如“我是某某学校的老师”代表了“我”对所在单位、所从事的职业的认同；“我是一名共产党员”代表了“我”对所属政党的认同；“我是中国人”代表了我对自己国家的认同……又因为人是社会的人，社会是人的社会，任何人都不可能孤立地存在，于是在“我是谁”的基础上，人们又有了对“我们是谁”的追问，以期将“我”的范围扩大，寻求更多的伙伴和更广阔的发展空间。美国著名学者塞缪尔·亨廷顿（Samuel Huntington）在著作谁是美国人?：美国国民特性面临的挑战中，面对美国多元意识形态的威胁，发出了“我们是谁”的呐喊，意在唤醒美国民众的国家认同，重塑国民特性。[①] 从这个意义上说，“我是谁”和“我们是谁”回答的正是“我最为认同的是什么”和“我们最为认同的是什么”的问题。

如果说“我是谁”回答的是认同问题，那么“我从哪里来”和“我要到哪里去”则分别指向了认同的两种类型。因为人是一切社会关系的总和，有些社会关系是人与生俱来的，有些社会关系则是人后天选择的，所

① 塞缪尔·亨廷顿. 谁是美国人?：美国国民特性面临的挑战［M］. 程克雄，译. 北京：新华出版社，2010.

以认同也可分为授予型认同和选择型认同两大类。人们对国家、民族、地域、父母和亲人等对象的认同是与生俱来的，对信仰、职业、生活方式和价值观念等的认同则是后天选择的。因此，“我从哪里来”追问的是授予型认同，即“我”被赋予了哪些社会关系。“我”将如何认识和处理这些社会关系。与之相对应，“我要到哪里去”追问的则是选择型认同，即除了被动地接受以外，“我”为了更好地生存和发展，还需要主动去选择和追求哪些社会关系。“我”要朝着哪个方向发展。

由此可见，古往今来人们对“我是谁？我从哪里来？我要到哪里去？”不断进行思考与探索，纵然答案大相径庭，但结果却都指向了同一个问题——认同。

一、认同的内涵与本质

认同是一个看似简单却极为深奥的词语。尽管人们对它十分熟悉，也经常使用，但如果深入探究其内涵，往往又很难说得清楚。“对现代人来说，叙事的形式就像将一个人的生活看作一段特定的弧，每个人通过自我塑造来表达他是谁，正是这样的生活故事使我们的生活变得有意义。”① 被询问或者自问“我是谁”一直以来都是人生常态，这个被赋予“我是谁”“我归属于谁”之意义的概念被称为认同。认同内涵的丰富和复杂源于学者们从不同学科、不同角度对其进行的阐释和解读。中外学者对认同问题的研究视角多元，成果丰硕，且研究热度至今持续不减。

（一）认同的内涵

中文中的“认同”起源于拉丁文 idem，英文为 identity，意思等同于 the same，寓意为“同一性”或“本质同一”等。国外学者对认同问题的研究经历了长期的历史嬗变，使之在心理学、社会学、哲学等领域都有丰硕的研究成果。

① 夸梅·安东尼·阿皮亚．认同伦理学［M］．张容南，译．南京：译林出版社，2013：41．

奥地利心理学家西格蒙德·弗洛伊德（Sigmund Freud）是将“认同”引入学术研究领域的第一人。在弗洛伊德的早期研究中，曾经使用identification，incorporation，internalization 等不同的词来表示病理性的认同。弗洛伊德认为，认同类似于模仿，是一个人在某些方面从心理上成为，或者变成另外一个人，其意思接近于同化。例如，儿童模仿父母或教师的某些品行，这就是认同在起作用。弗洛伊德认为，“认同是把某人的特征加到自己身上以某人自居，所以也称为自居作用”。[①] 后世学者们对弗洛伊德认同理论的理解也各不相同。比如，有人认为，弗洛伊德的认同概念说到底强调的是心理趋同过程。[②] 也有人认为，弗洛伊德强调的认同是个人模仿、内化并形成自己的行为模式的过程。[③] 也就是说，认同不仅包含心理上的趋同，更体现在行为上的趋同。

随着人类主体意识的觉醒，人们意识到，人不可能孤立地存在，必须通过与外部世界的互动来谋求生存与发展。美国社会心理学家、被誉为符号互动理论的奠基人的乔治·赫伯特·米德认为，作为主体的人要编织自己的社会生活就必须不断与自我、他人和外部世界进行互动，以实现自我意识的觉醒。人有时会是主体的人，有时会是客体的人，从而就出现了作为主语的“I”和作为宾语的“me”之分，一个是自己眼中的“我”，一个是别人眼中的“我”。“主我”和“客我”共同构成一个在社会中生存的人。正是依据米德的理论，后世学者才将认同分为了自我认同与社会认同两大类。

弗洛伊德的学生埃里克·埃里克森对认同的概念进行了更加深入的揭示，他的理论核心在于“同一性”（Identity）。他把人的生命周期分为八个阶段，每个阶段都有其特殊的心理任务。其中，从十一二岁到十七八岁是青春期，青春期的任务就是确认“自我同一性”，即对“我是谁”“我是个什么样的人”“我想成为什么样的人”等问题的稳定的意识。对这些问

---

① 叶浩生．西方心理学的历史与体系［M］．北京：人民教育出版社，1998：312.

② 车文博．弗洛伊德主义原理选辑：上［M］．沈阳：辽宁人民出版社，1988：375.

③ 梁丽萍．中国人的宗教心理：宗教认同的理论分析与实证研究［M］．北京：社会科学文献出版社，2004：12.

题的思考如果“主我”跟“客我”不一致，就会出现认同危机。

认同理论在心理学领域的丰硕成果为其他学科的相关研究奠定了基础。在社会学领域，把认同划分为自我认同与社会认同两大类的是英国社会学家安东尼·吉登斯。他的著作《现代性与自我认同：晚期现代中的自我与社会》重点考察了自我认同这一新的机制。法国社会学家埃米尔·杜尔凯姆（又名涂尔干）认为，“社会成员平均具有的信仰和感情的综合，构成了他们自身明确的生活体系，我们可以称之为集体意识或者共同意识”。[①] 他的贡献在于从社会群体意识的角度分析认同问题。他对群体认同意识的研究初步揭示了认同对于“共同体”构建的强大现实功能和意义。美国著名学者塞缪尔·亨廷顿在《文明的冲突与世界秩序的重建》和《谁是美国人?：美国国民特性面临的挑战》两部著作中都有对认同问题的深刻论述。他认为，对于美国而言，构建国家认同最大的挑战是种族、宗教、移民问题和各种跨国力量，尤其是在身份归属迷失、信仰崩塌的现代性焦虑中，要想化解认同危机，必须重塑国家认同。

在哲学领域，认同是对个体生存意义和个体归属于群体的价值追寻与确认。苏格拉底的名言“认识你自己”，就是对“我是谁”这一的问题的思考。康德将人的认识分为“感性”“知性”“理性”三个环节。[②] 黑格尔认为，绝对精神是一种逻辑思维，世界上的一切都是绝对精神的外在表现。“自认识是认识的最高形态。”[③] 而费尔巴哈则认为，人是自然界的产物，自然界为人的思维提供素材。哲学家们的这些观点虽未直接谈及“认同”，却都与认同理论的“同一性”“身份”“归属感”等主要观点不谋而合。国外认同问题研究不得不提的是加拿大哲学家查尔斯·泰勒，他从对“现代性”的理解出发，描绘出一幅复杂而又丰富的现代认同的图景，其

---

① 埃米尔·涂尔干．社会分工论［M］．渠东，译．北京：生活·读书·新知三联书店，2000：42．

② 罗素．西方哲学史及其与从古代到现代的政治、社会情况的联系：下卷［M］．马元德，译．北京：商务印书馆，1976：265－287．

③ 同②，第306页。

对西方文化中自我认同观念发展的梳理深刻影响了西方思想界。[①]

20 世纪 80 年代我国开始出现关于认同的理论文章，自 90 年代起各类认同问题的研究成果不断涌现，且在数量上呈现井喷之势。关于“认同”的各类研究成果层出不穷，表明了中国学者们的社会关切的同时，也从侧面印证了认同危机这一现实难题的存在，凸显出认同问题研究的必要性和紧迫性。

在《社会心理学》中，沙莲香指出，“认同是维系人格与社会及文化之间互动的内在力量，从而是维系人格统一性和一贯性的内在力量，因此，这个概念又用来表示主体性、归属感。”[②]《社会心理学词典》将认同定义为人的心理活动的同化的过程，即将一个人的某种心理移入给另一个人。[③]《辞海》对认同下的定义是：“认同为‘认定’，在心理学上指认识与感情的一致性。认为经过认同，形成人的自我概念。在社会学上泛指个人与他人有共同的想法。在人们交往活动过程中，为他人的感情和经验所同化，或者自己的感情和经验足以同化他人，彼此产生内心的默契。分为有意和无意两种。”[④] 国内学者们关于认同问题的研究热度不减，各类著作和论文层出不穷，视角各异，由认同的概念、本质和特征到认同的现实问题和实践路径，由国家认同、民族认同，到文化认同、马克思主义认同，由不同民族、不同区域、不同社会阶层为主体的认同问题到党员领导干部、教师、大学生等为重点主体的认同问题。

概括而言，心理学领域里的认同凸显的是人格、自我的确定性和与外界的趋同性；社会学领域里的认同，强调主体意识的觉醒、对自我身份合法性的确认和基于社会认同的群体构建；哲学领域里的认同，重视价值，是对个体生存意义和个体归属于群体的价值追寻。

在国内外学者关于认同问题的海量研究成果中，有五条重要线索需要

---

① 查尔斯·泰勒. 自我的根源：现代认同的形成［M］. 韩震，等译. 南京：译林出版社，2012.

② 沙莲香. 社会心理学［M］. 北京：中国人民大学出版社，2002：4.

③ 费穗宇，张潘仕. 社会心理学辞典［M］. 石家庄：河北人民出版社，1988：45.

④ 夏征农. 辞海［M］. 上海：上海辞书出版社，1989：433.

关注。

1. “互动”：认同的前提

认同是一种主观行为，是认同主体在与外界的互动中形成的心理状态。在认同主体所处的社会关系网络中，认同客体不仅不能缺席，还应该介入认同主体的社会生活空间，与其进行一定程度的“互动”，否则认同便无法生成。认同主体与认同客体的有效“互动”，便成为认同生成的前提。那么，为什么要“互动”？怎样“互动”？有了“互动”就一定会生成认同吗？要对这些问题进行回答，尚需对认同主客体之间的“互动”进行深入分析。

首先，为什么要“互动”？

“互动”是培育认同的土壤。从弗洛伊德到后世诸多中外学者对认同的研究中，可以看到学者们对这一问题的共识，那就是：认同生成的前提是主体与客体有过一定形式的有效“互动”，基础是主体与客体在“互动”的过程中发现“同一性”或“一致性”，本质是主体与客体通过“互动”而萌发的强烈的“归属感”。这一系列动作的实现均有赖于“互动”。因此，认同主客体之间的“互动”是生成认同的前提条件。

人们在追问身份、探寻归属时，往往要从实践活动中寻找答案，这就需要人们不断与自我心灵、与他人、与社会进行互动。例如，人要追求进步，提升自己的综合素养，就必须不断学习，通过学习建立起对一定知识体系、思想观念等的认同；人要适应环境，就必须扩大交往，通过沟通和交流建立起对他人的认同；人要创造价值，就必须融入集体，通过爱岗敬业的辛勤劳动实现自我价值与社会价值的统一，建立起对集体、对社会的认同；人要立德立功，就必须忠于祖国，无私奉献，通过实干兴邦建立起对国家的认同。

认同不是主体的单向行为，在培育认同的“互动”中，认同客体必须要在场，并发挥积极的作用。如人们对某一知识体系、思想观念等的认同，离不开知识体系、思想观念本身的科学性及其在现实生活中所发挥的实践指导作用；人们对他人的认同，离不开他人的出现及其对主体设定之交往活动的参与和配合；人们对集体、对社会的认同，离不开集体、社会对主体必要的物质反馈和精神激励；人们对国家的认同，离不开国家对人民日益增长的美好生活需要的不断满足。

“认同是人们意义与经验的来源”①，通过认同主客体之间的“互动”所培育的认同感，往往可以转化为一种强大的内生力量。董存瑞舍身炸碉堡、王成英勇高呼“向我开炮”、雷锋全心全意为人民服务……这些可歌可泣的英雄事迹，无一不是人们在“互动”的前提下形成的对集体、对国家高度认同的行为典范。没有“互动”，认同的生成便没有可能，正如两个没有任何沟通和交流的陌生人不可能成为亲密的朋友。由“互动”激发出的强烈的认同感，不仅会积聚普遍的共识和广泛的热情，也会催生出大公无私、舍生忘死的情感和行为，迸发出磅礴的社会力量。

其次，怎样“互动”?

认同是对自我身份的寻找和确认。在错综复杂的社会关系网络中，主体将某一身份位次排得越靠前，说明这一身份对主体的意义越重大，主体对于这一身份的认同也就越明确，此为认同的显现。主体意识到身份自觉以后，会在时间和空间两个维度上去实践这一身份的行为准则，促进认同进一步持续和强化。“当人们在确立自己的身份感的时候，他又总要受到一定的利益需求、情感和信仰等问题的影响……这就注定了从一开始人们的认同就是一个价值问题。”② 一个对身份高度认同的人，便会赋予这一身份以价值，对这一身份产生无比深厚的“归属感”。如国家认同的本质是对本国人身份的认同；民族认同的本质是对本民族身份的认同；而马克思主义认同则是对“马克思主义者”身份的认同。“根据马克思主义的特殊性质，马克思主义者的身份实际是一种政治身份。”③ 认同主体对于“自己归属于谁”的认识会形成自我身份的重要性排序，排序靠前的身份会影响

① 曼纽尔·卡斯特. 认同的力量［M］. 曹荣湘，译. 北京：社会科学文献出版社，2006：5.

② 贾英健. 认同的哲学意蕴与价值认同的本质［J］. 山东师范大学学报（人文社会科学版），2006（1）：3.

③ 梁树发. 马克思主义者身份认同与马克思主义发展主体意识自觉［J］. 马克思主义理论学科研究，2018（3）：77.

主体的价值判断，规范主体的言行举止。反之亦然，主体在日常生活中的实践表现，也能够直接反映出主体对自身归属于某一身份的认同情况。

人类的认同现象有些是与生俱来的，有些是需要后天培育的；有些是主动选择的，有些是被给予的；有些是确定而外显的，有些是不稳定或隐匿的。这就决定了认同主体与认同客体之间的“互动”必然是在多个维度、多种层次和多种方式下进行的。认同主客体之间的“互动”主要有以下四种方式。

一是认同主体与认同客体直接对话。这是生成认同最直接也是最有效的“互动”方式。这种“互动”方式要求认同主体与认同客体具备直接对话和沟通的时空场域和必要条件，所以多数会出现在认同主体与他人、与集体的认同培育过程中，表现为谈话、讨论、集体活动等。

二是认同主体借由其他人或其他手段与客体交流。某些特殊的认同客体由于不具备直接对话的条件或不容易被感知，必须经由其他人或其他手段的辅助才能促成认同主客体之间的“互动”。如，主体要与国家、与政党进行“互动”，只能借助历史文献、影音资料、他人讲解、社会调研、实地考察等辅助手段来增进对认同客体的了解，并通过“实践—认识—实践”循环往复以至无穷的过程，不断感知客体的价值，培育和增强对国家、对政党的认同；再如，主体要与知识体系、思想观念进行“互动”，只有通过学习、阅读、教师讲解、理论研讨、实践体验等方式，才能生成认同。

三是认同主体自身的学习与实践。这种“互动”多发生在认同主客体重合的情况下，即认同主体在自我与心灵、与信仰的交流中。人对自我认识的深化、对“我是谁”的认知、对身份的排序、对信仰的态度，均需要在自身不断地学习与实践中寻找答案。由于人是一切社会关系的总和，人不可能逃离社会关系的网络而存在，所以即便是自我认同的生成，也不可能在封闭的“真空”环境下进行，必须在自我与外界的接触中、在社会实践中实现。信仰是认同的最高阶段，信仰认同更需要认同主体不断增进对信仰对象的理性认知和深厚情感，坚定不移地将信仰付诸实践。因此，此类“互动”虽然发生在认同主体内部，却离不开社会实践的广阔平台。

四是“互动”的结果。

认同主体与认同客体通过以上多个维度、多种层次和多种方式的“互动”，会产生怎样的结果？有了“互动”就一定会生成认同吗？

就授予型认同而言，主体对客体的认同是与生俱来的，随着主客体“互动”的深入，结果有两种可能性：一是主体对客体产生肯定的价值判断，如，通过“互动”，主体感受到父母的辛劳，感受到集体的温暖，感受到国家的强大……主体对父母、对集体、对国家的认同就会保持下去并不断强化；二是主体对客体产生否定的价值判断，如，通过“互动”，主体非但没有感受到集体的温暖，反而发现了集体内部管理不当与分配不公，或感受到自身利益在集体中长期得不到满足，主体就会对这一集体产生价值怀疑，与生俱来的认同也可能隐匿甚至消失。晚清时期各界有识之士对清政府黑暗统治的反抗，现代社会中一些人由于种种原因变更国籍等，均属于此类情况。可见，认同是不断发展变化的，即使是先天地对家人、故乡、民族、国家等的认同，也并不是绝对稳定的，也可能发生动摇或改变。

就选择型认同而言，由于认同客体是认同主体自主选择的，则主体与客体“互动”的结果对认同的影响会更加直接：一是主体原本并不认同客体，通过“互动”，主体对客体有了肯定的价值判断，从而生成了对客体的认同；二是主体原本就认同客体，但认同不稳定，强度不够，通过“互动”，主体加深了对客体的了解，形成更持续、更深入、更稳定的认同；三是主客体在“互动”过程中，一方长期缺席，或是主体找不到也无法构建起与客体的“共同性”“同一性”，最终结果就是主体不认同客体；四是倘若主体与客体没有任何形式的“互动”，认同也没有生成的可能性。

可见，认同主客体之间的“互动”，为主体进行价值判断和价值选择提供了重要依据。通过“互动”，主体会对客体产生肯定或否定的价值判断，从而对认同的生成产生重要影响。

2. “同一性”：认同的基础

认同是主体寻求与客体“同一性”关系的过程。认同中的“同”，指的就是主体与客体之间客观存在的或是主观构建的“同一性”。“同一性”是认同的基础。

这里的“同一性”并不是指认同主客体之间简单的相同、相似或无差别性。西周时期的史伯曾有名言：“夫和实生物，同则不继。以他平他谓之和，故能丰长而物归之；若以同裨同，尽乃弃矣。”① 把许多性质不同的东西结合起来叫作“和”，把性质相同的东西相加在一起叫作“同”。“和”可生成万物，而“同”就不能增益，只能止步不前。世间万物只有存在差异，方能达到和谐，并衍生万物。如果万物完全相同的，则无以为继。如果生活中只有一种物品，那么就会很枯燥；只有一种口味，就会单调得令人生厌。差异性和多样性的存在本身就是一种价值。任何单一维度的发展都是难以长期维系的，多样性相互促进之下的发展才会带来共赢。

人类还不能准确地测算出地球上究竟有多少生物物种。虽然人类为万物之灵，但人类也只是浩瀚宇宙中的一个物种，必须依靠其他物种而存在，离开其他物种，人类便失去了生存的条件。同样的道理，人与人之间也只有相互依赖，才能谋求共同发展。我读的书不是我写的，我使用的电脑不是我生产的，我吃的粮食不是我种的，我住的房子也不是我盖的。正因为“我”无法独立生存，所以我要努力寻求或构建与我有“同一性”的“我们”，以实现共同发展。

寻求“同一性”，在日常生活中有很多事例可以举证：出国在外，中国人会对同样是黄皮肤、黑头发的同胞产生亲切感；在工作中，来自五湖四海的同事们聚在一起，相同地域的人会更容易找到共同语言；在日常交往中，具有相同兴趣爱好或经历的人会迅速打成一片。列宁在《欧仁·鲍狄埃》中所言：“一个有觉悟的工人，不管他来到哪个国家，不管命运把他抛到哪里，不管他怎样感到自己是异邦人，言语不通，举目无亲，远离祖国，——他都可以凭《国际歌》的熟悉的曲调，给自己找到同志和朋友。”② 认同主体通过“互动”，发现自身与认同客体之间的“同一性”，

---

① 左丘明．国语·郑语［M］．陈桐生，译．北京：中华书局，2014：322.

② 列宁全集：第22卷［M］．北京：人民出版社，1990：291.

将自身和认同客体共同组成“我们”，“我们”再通过“互动”让“我们”的规模进一步扩大。所以，认同主体能够找到自身与客体之间的“同一性”，便成了能否构建起“我们”，进而生成认同的基础性因素。

在认同生成的过程中，认同主体能否发觉或意识到自身与认同客体的“同一性”至关重要，不管这一“同一性”是主体与客体之间客观存在的，还是主观构建的。例如，常年生活在中国，当身边都是中国人的时候，我们很少会强调“中国人”这一“同一性”；而当我们置身异国他乡，或是与外国人打交道，或是中国的利益与国际社会紧密相连的时候，我们往往会迅速意识到“我是中国人”，我和其他中国人有共同的利益。尤其是在外敌入侵、民族危亡的关键时刻，中国人的“同一性”会被迅速唤醒，民族矛盾立即上升为主要矛盾，中国内部的其他矛盾则会被暂时搁置。

因此，对于客观存在的“同一性”，如具有相同的血缘、地域、民族、历史等，认同主体要生成认同，就必须不断学习和强化对“同一性”的认识；在“同一性”缺失的情形下，认同主体也无须悲观，因为通过主观构建的方式，同样可以塑造出与客体的“同一性”来。比如，中华民族伟大复兴的“中国梦”，就是对中国未来发展蓝图的主观构建，它既是宏伟的国家梦，也是具体的个人梦，每个人的梦想都与“中国梦”紧密相连。当人们意识到了这样的“同一性”，“中国梦”便会在认同的基础上迸发出万众一心的强大力量。

3. “参照物”：认同的边界

认同的基础是主体与客体之间客观存在的，或是主观构建的“同一性”。这种“同一性”是建立在尊重差异的基础之上的，所以认同在一定意义上也包含“认异”。没有“参照物”所彰显的“异”，“同一性”就没有了边界，认同也就没有了意义。

“中国人”之所以成为“中国人”，是因为有与之相对应的“美国人”“英国人”“日本人”等“外国人”；“我们”之所以成为“我们”，是因为存在与我们不同的“你们”“他们”和“它们”。“参照物”的出现会使认同主客体之间的“同一性”清晰和明确起来，也必然会使由这种“同一性”而形成的认同的边界明确起来，“我们”对自己所属群体的认同便得以彰显。认同主体一旦意识认识到了“同一性”的存在，那么认同客体就成为主体的“我们”；反之，认同客体就成为“他们”。认同客体与“参照物”的差异性越大，“我们”和“他们”相区别的界限就越明显，主体对客体的认同就越容易生成。

4. “授予”与“选择”：认同的分类

认同主客体充分“互动”，不断发觉彼此间的“同一性”和与“参照物”的差异性，为认同的生成创造了条件，提供了可能性。根据不同的视域和不同的分析方法，认同的分类也不尽相同。但在研究认同的分类之前，有必要对认同进行更加具体的要素分析。

一是认同主体。认同主体是指在一定社会关系中从事社会实践活动的人，分为个体主体、群体主体和类主体三类。其中，个体主体是认同主体中最基本的单元，任何一种认同都是在个人的认识和实践中生成的。正如恩格斯在《反杜林论》中强调的：“什么是人的思维。它是单个人的思维吗？不是。但是，它只是作为无数亿过去、现在和未来的人的个人思维而存在。”① 思维的存在形式是个人的，认同同样如此，以个体认同的形式存在，但其反映的却是个体的社会性。群体主体指的是在一定历史发展阶段进行认识和实践的社会共同体，如民族主体、阶级主体、政党主体、国家主体等。类主体是将整个人类视为认同主体，把人对整个客观世界的认识和实践视为一个整体，从而构建起全人类对某一客体的普遍认同。

二是认同客体。认同客体由于认同（Identity）一词包罗万象的内涵，呈现出多种样态。中外学者关注较多的认同客体有以集体、民族、国家为代表的“共同体”，以文化、价值观念、意识形态、学说为代表的文化体系、价值体系或思想体系，也有学者认为认同的客体其实就是“身份”，是主体对“身份”的意识与自觉。

从认同主体的视域来看，认同可分为个体认同、群体认同和类认同；从认同客体的视域来看，认同可分为国家认同、民族认同、政党认同、文

① 马克思恩格斯文集：第9卷［M］. 北京：人民出版社，2009：91.

化认同、价值认同、身份认同等；从认同生成的视域来看，认同可分为授予型认同与选择型认同两大类。授予型认同与选择型认同关乎认同的生成机制，值得进一步分析和研究。

授予型认同是指随着人类实践活动的深化和人类自觉意识的发展，自然形成的、与生俱来的、天然的价值诉求，不存在不认同的问题，如追求物质财富和精神财富的提升、人的自由和全面发展、人与自然和谐相处、社会公平正义等。而选择型认同，则是指人类后天形成的，通过外部灌输和实践体验，在反复比较下最终获取的价值诉求，如对马克思主义的认同、对中国特色社会主义文化的认同、对意识形态的认同等。

无论是授予型认同，还是选择型认同，都不具有绝对的稳定性。认同会随着主客观条件的变化呈现出从无到有、由弱到强，抑或相反，即由强及弱、从有到无的运动。即使天生的血缘认同，也可能发生变化；即使看似毫不相关的主客体，也可能在“互动”中产生强烈的认同感。这其中的关键点，就在于认同客体对认同主体需求的满足程度。如果认同客体所提供的“供给”恰好满足了认同主体的“需求”，认同便具备了生成的可能性。

然而，无论是“授予”还是“选择”，在认同过程中难免会相互博弈和碰撞，二者的矛盾运动会产生不同的结果：倘若“授予”与“选择”两种因素相互促进，相辅相成，则有利于认同的生成；倘若“授予”与“选择”两种因素相互对抗、不断斗争，那么认同生成的条件就将瓦解，甚至原生的天然的认同也有可能发生变化或迁移。

5. “身份”的自觉：认同的显现与发展

认同一词的英文“identity”又可翻译为“身份”。身份是指“自身所处的地位”[①]，也可以说是人在社会生活中所处的社会位置。无论是否意识到，也无论是否愿意，每个人都住在身份里。身份除了外在显现为“我”与他人的关系定位，如父母与子女、长辈与晚辈、上司与下属、兄弟姐

① 中国社会科学院语言研究所词典编辑室．现代汉语词典：第6版［M］．北京：商务印书馆，2014：1152.

妹、朋友等，身份还内在蕴含着“我”在特定身份关系中的权利、义务、责任、力量、权威等行为准则，如父子关系的行为准则、领导与下属关系的行为准则、平行关系的行为准则等。也就是说，人一旦意识到并确认了某种身份，就必须按照该身份的要求行事。身份是人的标签，人的身份是多重的，除了家庭身份，还有职业身份、民族身份、地域身份等，所以每个人身上都贴满了身份的标签。在多重身份中如何排序，确定自己最为重视、比较重视和一般性的身份，并按照身份的重要性排序来践行身份的意义，对这些问题的回答直接体现了人们的身份认同状况。

综上所述，由对认同问题五条重要线索的分析，可将认同的内涵概括为：认同是主体在与客体的“互动”中，通过发掘自身与客体的“同一性”，而产生的对客体的归属性认知、强烈的情感依附和相应的行为方式。

（二）认同的本质

认同是一种主观行为，凡是主体对客体产生心理共鸣，或是感同身受，或是情感依附，均与认同有关。那么，认同的本质到底是什么？所谓本质，指的是事物本身所固有的根本属性，是一种事物区别于其他所有事物的属性。探究认同的本质还需对认同过程进行肢解：

1. 认同过程是主体对客体进行价值判断的过程

认同过程归根结底是一种价值判断过程，只有确立起价值关系，认同才有生成的可能性。认同主体之所以会认同客体，是因为主体找到了客体与自身利益需要之间的契合点，确认客体能够满足自身的某种需要，因而主体才会认为客体是有价值的，进而对客体产生亲切感，主动按照客体的要求来从事实践活动。认同的前提是主客体之间的“互动”，通过“互动”来寻找“同一性”，再通过确认“同一性”建立起主客体之间的价值联系。

在授予型认同中，一般而言，如果客体能够满足主体的需要，则这种天然的、内生的认同便会长期持续并不断加强；但如果客体无法满足主体需求，主体便有可能去选择其他能够满足自身需要的客体作为认同对象。例如，一些人选择变更原有的国籍，就是改变了对授予型的国家的认同，重新选择其他国家认同客体的结果。

在选择型认同中，认同主体会通过与客体之间多种形式的“互动”，不断发觉自身与客体利益的契合点，找到自己的归属，由“我”扩展为“我们”，再由“我们”扩展到更大规模的“我们”，以实现自身需要的满足。

可见，无论是授予型认同还是选择型认同，认同主体只有认同对客体产生了肯定的价值判断，认同才能够生成和维系。所以说，认同过程是主体对客体进行价值判断的过程。

2. 认同过程是主体对客体进行身份确认的过程

认同主体对客体产生了肯定的价值判断，只能说明主体认为客体有价值，并不意味着认同已经生成。决定认同能否最终生成的关键，在于主体能否确认客体所赋予自己的身份，并自觉按照该身份的要求来调整自己的行为方式。比如，“我”认同中华民族，将自身归属于中华民族，“我”便有了中华民族的一员这一身份，当“我”意识到并十分重视这一身份时，“我”便会在实践中不断为维护中华民族的整体利益而奋斗；再比如，“我”认同马克思主义，将自身归属于马克思主义，“我”便拥有了“马克思主义者”的身份，这一身份会促使“我”按照马克思主义的要求从事实践活动，同时“我”自身的利益需要也能够在马克思主义的指导下得到满足。认同主体对某一客体的认同感越强，这一客体在主体身份体系中的排序就越靠前，从而成为认同主体最重视、最珍惜的价值。

可见，认同过程是认同主体在充分肯定认同客体价值的基础上，自觉接受并高度重视客体所赋予自己的身份，并按照该身份的要求开展实践活动的过程。

3. 认同的本质是“归属感”

上述的价值判断、身份确认都表示主体在主动、自觉地向客体靠拢，在此基础上，衡量主体是否认同客体的最重要的因素，是主体对客体的“归属感”。所谓“归属感”，是主体与客体的双向归属，即主体归属于客体，成为客体的主体，同时客体也归属于主体，成为主体的客体。例如，

“我”认同自己的祖国，“我”就会从内心深处归属于祖国，这样“我”就是祖国的一员，同时祖国也不仅是别人的祖国，还是“我的祖国”“我们共同的祖国”；如“我”认同马克思主义，“我”便归属于马克思主义，成为一名“马克思主义者”或“马克思主义支持者”，此时马克思主义也不再是别人的马克思主义，而是“我的马克思主义”“我们共同的马克思主义”。“归属感”不仅是认同的本质，还是判断认同是否生成的重要标志。

党的十九大报告指出：“必须推进马克思主义中国化时代化大众化，建设具有强大凝聚力和引领力的社会主义意识形态，使全体人民在理想信念、价值理念、道德观念上紧紧团结在一起。”[①] 马克思主义诞生于19世纪中叶资本主义上升时期的欧洲，特别是西欧，在这一特定的社会历史背景下，马克思主义要不断发展，至少要实现时间、空间两个维度的飞跃：在时间维度上，不断解决时代问题，不断实现理论创新，这是“与时俱进”；在空间维度上，不断解决地域问题，不断拓展理论疆界，这是“因地制宜”。在大力推进马克思主义中国化时代化大众化的历史进程中，马克思主义中国化解决的是马克思主义在中国如何“因地制宜”的问题，马克思主义时代化解决的是马克思主义在当前如何“与时俱进”的问题，而马克思主义大众化解决的则是马克思主义与大众如何做到双方互“化”、互相掌握的问题。即一方面，用马克思主义来武装大众头脑，让大众普遍认同马克思主义，即马克思主义“化”大众；另一方面，用大众特有的方式来“塑造”马克思主义，让马克思主义既亲和又接地气，实实在在地存在于大众的日常生活空间，即大众“化”马克思主义。而问题的关键则在于，无论是马克思主义中国化、时代化，还是大众化，都以获得大众的普遍认同为出发点和落脚点，马克思主义得不到大众的普遍认同，“三化”问题便无从谈起。所以，马克思主义中国化时代化大众化是靠大众马克思主义认同，即大众与马克思主义的“双向归属”来实现的。

由此可见，尽管认同的内涵、特性、分类晦涩深奥，但认同本身所固

① 中国共产党第十九次全国代表大会文件汇编［M］. 北京：人民出版社，2017：33.

有的全部属性都是围绕“归属感”而展开的，因此，认同的本质是“归属感”。换言之，认同的本质就是认同主体对认同客体在价值肯定和身份确认的基础上凝结而成的归属性心理。

二、认同的层次

认同问题不仅存在定性的问题，还存在定量的问题。前者考察的是认同还是不认同，即认同是否生成的问题；后者考察的是认同持续时间的长短和认同程度的深浅，即认同的持续和强化问题。为什么认同会出现时间上和强度上的差异呢？因为就认同而言，基于主体与客体的“互动”和主体意识到的“共同性”为基础，以价值肯定和身份确认为关键，其本质上表达的是认同主客体之间的“归属感”，而“归属感”是有时间上和程度上的差异的。根据“归属感”的差异，认同又可以由弱及强地分为认知认同、情感认同和行为认同三个层次。

（一）认知认同

认知与认同是两个不同的概念。《现代汉语词典》中给出的认知的概念为：“通过思维活动认识、了解。”① 认知有广义和狭义之分。广义上，认知可以理解为人的知觉、记忆、思维、想象等一系列认识活动的总称；狭义上，认知可等同于记忆或思维。而认同则是人的一种心理辨识活动，本质在于确立身份、找到归属。

理性认同建立在科学认知的基础之上，认知认同是理性认同的第一个层次。这里需要澄清的是，认知与认同并不构成正相关的关系结构，不能简单地说认知越多就越认同。这种观点的反证就是，革命战争年代中国共产党领导的战士们也许并未接受过系统的马克思主义教育，却对中国共产党、对马克思主义产生强烈的认同感，甚至愿意为其献出宝贵的生命，这

① 中国社会科学院语言研究所词典编辑室．现代汉语词典：第6版［M］．北京：商务印书馆，2014：1096.

毫无疑问是战士们对中国共产党、对马克思主义高度认同的体现，但这种认同是非理性的；而现如今有些大学生尽管熟练掌握马克思主义的基本知识，但马克思主义认同情况却并不乐观，甚至出现信仰缺失、意志薄弱的情况。

这种情况是否意味着认知与认同无关，认同不需要以认知为基本条件呢？答案显然是否定的。认同主体与认同客体在“互动”中对“同一性”的发觉、身份的确认、价值的判断无不是以认知为基础的。认知不一定认同，但理性认同却离不开认知。比如，要让大学生认同马克思主义，首先要对大学生进行全面系统的马克思主义教育，让大学生深入了解马克思主义，钻研马克思主义。“一个成熟的马克思主义者一定是一个用马克思主义理论武装起来的人，并且是懂得马克思主义，甚至是精通马克思主义的人，而不是一个不懂得马克思主义或对马克思主义一知半解的人。”① 在全面、科学的认知基础上形成的理性认同才具有连续性、一致性和确定性。

认知认同是前提，是认同的第一个层次。认同主体只有对认同客体有了全面、科学的认知，才能向情感认同过渡。

（二）情感认同

情感认同是认同主体在对认同客体理性认知的基础上，对客体能够满足自身需要而产生的支持、认可或喜爱的态度。认同能否稳定发展的关键在于情感这一“催化剂”，有了情感的催化，认同的持续时间会更长，认同的程度会更深，对实践的指导作用也会更加明显。

再以革命战争年代中国共产党领导的战士们对马克思主义的认同问题为例，战士们对马克思主义的认同显然已经跨越了认知认同的第一个层次，直接进入情感认同和行为认同的层面。受当时马克思主义传播条件的限制，战士们大多没有接受过系统的马克思主义教育，他们的马克思主义认同在认知层面是缺失的。但在他们身边有一批接受过马克思主义教育的

---

① 梁树发．马克思主义者身份认同与马克思主义发展主体意识自觉［J］．马克思主义理论学科研究，2018（3）：80.

党的领导干部和优秀党员，这些人虽为数不多，却以实际行动向广大战士们宣传了马克思主义的科学性和真理性。也因为直接投身革命斗争的实践，战士们切身感受到了在马克思主义指导下的中国共产党是具有伟大的人民情怀的党，于是在对马克思主义认知不足的情况下，战士们就对中国共产党、对马克思主义产生了强烈的“归属感”，甚至不惜献出自己宝贵的生命。之所以会出现这种特殊的认同现象，是因为在当时特定的社会历史条件下，广大战士们没有办法直接接受系统的马克思主义教育，就以毛泽东为代表的党的革命领袖和优秀共产党员为榜样，在他们的带领下直接生成了对马克思主义的情感认同。这种特殊的认同现象也充分体现了情感认同对实践的巨大指导作用。与对马克思主义强烈的“归属感”相伴而生的是强烈的责任感、使命感和集体主义精神，正是这样的精神动力指引着战士们不畏强敌，血战疆场，宁死不屈。

认同本身就是一种情感的表达，真正的认同一定是带有情感的。与革命战争年代的战士们相比，当代大学生显然具备了更好的学习和研究马克思主义的条件，也掌握了更加全面系统的马克思主义知识，但光有对马克思主义的认知认同，认同的链条并不完整，还需要情感的催化，不断加深对马克思主义的感情。情感认同一旦形成，不仅会激励大学生学好马克思主义，掌握马克思主义，从而巩固认知认同的成果，还会引导大学生用好马克思主义，践行马克思主义，将马克思主义落实到实际行动中。

情感认同是中介，是认同的第二个层次。情感认同会加深认同的程度，在情感的助推下，认同主体会自觉地以认同客体的要求来规范自己的行为，从而向行为认同过渡。

（三）行为认同

行为认同是认同的最高层次，也是认同的最终结果。经过“认知认同—情感认同—行为认同”的层层递进，主体对客体的认同时间和认同程度才会不断持续和增强。

认同发展的任何一个阶段都离不开实践，认同最终必将落脚于日常生活的实际行动中。认同并不意味着服从，却可以使认同主体自觉以认同客体的要求来规范和约束自己的行为，并愿意为之不懈奋斗。对马克思主义的行为认同，就是把马克思主义作为自己的行为准则和立身处世之本，善于运用马克思主义来分析和解决现实生活中的具体问题。

假如大众马克思主义认同只停留在认知层面，对相关知识倒背如流，在日常生活空间却不懂得如何运用马克思主义，这样的马克思主义认同就成了夸夸其谈的口号，既不利于马克思主义指导作用的发挥，也不利于凝聚社会力量。其中的原因就在于以下两个方面。一方面，大众只有经过全面系统的学习，同时进行反复的实践体验，才能形成对马克思主义稳定、持久、强烈的认同；另一方面，大众只有在实践中不断运用马克思主义，才会激发起进一步学习和研究马克思主义的兴趣，增进对马克思主义的深厚感情，在行为认同的过程中对前期的认知认同和情感认同形成一定程度的反哺。

认知认同、情感认同和行为认同是认同的三个层次。三者所代表的认同程度由浅至深，逐步提升。认同也正是从初步的"认知—情感—行为"，到进一步的"认知—情感—行为"，再到更深层次的"认知—情感—行为"的逐步上升的过程中得以生成、持续和强化。

三、认同教育的内涵、功能与目标

认同既是一种复杂的心理现象，又是一个动态变化的发展过程，并且可能会逐步深化，也有可能会爆发危机。认同危机作为伴随现代性而生的一种普遍的社会现象，其出现并非偶然。认同危机是人类由传统社会进入现代社会这一历史发展进程中的必然产物。在传统社会中，人们日出而作，日落而息，固守在自己有限的生活领域，秉持着自己固有的、相对稳定的认同成果。而现代社会却将传统社会的稳定打破，取而代之的是科学技术的迭代升级、经济的飞速发展、社会生活的日新月异、人际交往的瞬息万变，以及由此带来的人们内心世界的颠沛流离。现代社会较之传统社会，纵然宇宙星辰依旧，纵然四季交替依旧，纵然"授予"与"选择"仍是人们寻求“归属感”的两种主要方式，但整个社会生活已被赋予了全新的形式和意义：与以往的作息时间不同的是，如今人们在夜间的生产劳动变得热火朝天，人们在冬季也能享用到反季节瓜菜；与以往的空间距离不同的是，如今人们足不出户就能掌握全球资讯，人们利用互联网技术可以与世界上任何一个角落的陌生人打交道；与以往的发展方式不同的是，如今腰缠万贯的人也有可能顷刻之间倾家荡产，任何一名普通人都有可能成就辉煌的梦想……身处现代社会的人们，对马克思、恩格斯在《共产党宣言》中的经典论述应该深有体会：“一切固定的僵化的关系以及与之相适应的素被尊崇的观念和见解都被消除了，一切新形成的关系等不到固定下来就陈旧了。”① 在这样一个发展变化、颠沛流变、动荡不安的时代里，人们很容易迷失自我，找不到“我是谁”的答案。当这种情况越发普遍和凸显的时候，认同危机就成为亟待解决的社会问题。

认同的意义在于确认或构建主客体间的“同一性”，这种“同一性”会使人产生安全感、方向感和行动力。时代的发展滚滚向前，如滔滔江水不可逆流，我们要做的不是回归传统、批判当下，而是寻找归属、重塑认同，构建起个体生存发展的稳定空间，凝聚起社会团结进步的力量源泉。

如何重塑认同？教育是题中应有之意。教育是培养人的社会实践活动。德国哲学家康德认为，人之所以成为人，完全靠教育。其观点虽忽视了人的主观能动性，有“教育万能”之嫌，却道出了教育对人的重要作用。人的成长和发展离不开教育，塑造人对物质世界和精神世界的认同更离不开教育。无论哪一种认同客体，不管这一客体与主体之间的“同一性”是客观存在的，还是需要主观构建的，都需要教育的介入和参与。对于授予型认同而言，教育的主要任务是唤醒主体对客体的原生的、天然的“同一性”；对于选择型认同而言，教育则要向主体灌输客体的内容，引导主体在与客体的“互动”中，找到“同一性”和“归属感”。尤其是对马克思主义这一特殊的认同客体而言，其认同往往需要建立在科学、有效的认同教育的基础之上。由此可见，认同教育是培养和塑造认同的必要手

① 马克思恩格斯文集：第2卷［M］. 北京：人民出版社，2009：34－35.

段，认同培育、生成、持续和强化的各个阶段均离不开认同教育的保驾护航。

何谓认同教育？认同教育的功能和目标是什么？认同教育的影响因素有哪些？对这些问题的回答构建起了关于认同教育的基础理论。认同教育的基础理论，既是对认同问题的理论研究走向深化的必然结果，也是解决现实生活中各类认同问题的理论依据。

中国知网显示，截至2020年12月，学界以“认同教育”为主题共发表学术论文和著作3 591项，其中以“认同教育”为关键词的文章有195篇（CSSCI来源期刊仅有22篇）。从发文时间来看，近十年以“认同教育”为主题的论文数量逐年呈翻番式增长的态势，研究涉及哲学、社会学、心理学、伦理学、思想政治教育学等不同视角。但遗憾的是，目前学界除前述就某一视角探讨认同教育问题的著作和文章外，很少有对认同教育的内涵、规律、原则和方法等进行系统梳理和建构的研究成果，相对完整的认同教育理论体系尚未形成。从问题出发寻找方法来推进理论研究固然有效，但没有一个“总纲”统摄，头痛医头，脚痛医脚，就难以形成合力；没有整体的规划和全盘的考量，研究忽冷忽热，就容易流于形式主义。概观关于认同教育向度迥异的研究成果，认同教育基础理论的缺失实为一大憾事。理论空白需要填补，现实问题亟待解决，开展认同教育的理论研究迫在眉睫，刻不容缓。

（一）认同教育的内涵

《孟子·尽心上》谈及教育时写道：“君子有三乐，而王天下不与存焉。父母俱存，兄弟无故，一乐也；仰不愧于天，俯不怍于人，二乐也；得天下英才而教育之，三乐也。”① “教育”一词自诞生以来就被赋予了多元的含义，如教育就是生产力，教育就是生活，教育就是人的社会化，等等。教育因其自身复杂的逻辑结构，从不同的角度来看，也会产生不同的分类。目前，按照人才培养目标来划分，国内外较为常见的教育形式有知

① 孟子. 孟子·尽心上［M］. 牧语，译注. 南昌：江西人民出版社，2017：323.

识教育、技能教育和通识教育。知识教育的侧重点在于向学生传授知识，其教育目标是让学生理解并掌握所学知识；技能教育的侧重点在于向学生传授技能，其教育目标是让学生掌握并能够运用所学技能。与知识教育和技能教育的侧重点在“教”所不同的是，通识教育的侧重点在于“育”，即让学生自由选择，自由成长，培养独立人格和独立个性。通识教育是一种人文教育，崇尚批判思维、提倡独立思考是通识教育的显著特征。教育不是工厂里的流水线，人的思想观念也不能千篇一律地批量生产，所以通识教育强调要挖掘和培养不同学生身上的独立个性与精神气质。

以上三种教育形式虽不能以偏概全，囊括教育的全貌，却可称之为现有教育形式的典型代表。那么，知识教育、技能教育、通识教育三者与认同教育又有什么区别和联系呢？认同教育不同于知识教育，学生只要学会知识就行；也不同于技能教育，学生只要掌握技能就行；更不同于通识教育，鼓励通过学生反对、质疑和批判来塑造自我意识。认同教育具有明确的目标指向，它强调归属，强调站位，强调立场。所以，认同教育的效果不能通过学生卷面考多少分、动手能力有多强来衡量，其评价的核心指标应该是学生对所学内容的认同状况，即通过接受认同教育，学生对所学内容是否由不认同变为认同，由短暂的、不稳定的认同变为更加持久、更加强烈的认同。

马克思主义者和反马克思主义者这两类人，哪一类是我国高校思想政治理论课的人才培养目标呢？答案毫无疑问是前者。前者自觉将自身归属于马克思主义，将马克思主义视为崇高的信仰去珍视、尊奉和践行；后者则站在马克思主义阵营之外，以一名旁观者的身份和眼光去批判或否定马克思主义，并美其名曰“只有不做马克思主义者才能客观地对待马克思主义”。而事实上，“认为一个马克思主义者不可能不带偏见地对待马克思主义，这种认识本身就是一种偏见”①。由此也可以看出，我国高校对大学生进行的马克思主义教育，绝非单纯的知识教育或技能教育，更不是通识教

---

① 梁树发．马克思主义者身份认同与马克思主义发展主体意识自觉［J］．马克思主义理论学科研究，2018（3）：77．

育，而必然是认同教育。

认同教育的目标不是让学生学会知识或掌握技能，而是培养学生的思维方式——在瞬息万变、光怪陆离的社会现象中，能够做到求同存异，找寻自己与客观世界和心灵世界的“同一性”，构建起“我们”，为个体和集体的生存发展创设空间，搭建舞台。认同教育可以帮助人们摆脱伴随现代性而来的自我迷失感，使每个社会成员在充分享有自由的同时，还能获得内心的踏实、稳定和安宁，让整个社会不会因为观念多元和价值流变而出现混乱无序的状态。

可见，认同教育不同于其他任何一种教育形式，它是以塑造认同为目标的教育活动。其内涵可概括为：认同教育是教育者为了塑造教育对象对某一事物的认同，按照认同的本质和认同培育、生成、持续、强化的基本规律而开展的教育活动。认同教育具有互动性、归属性、情感性和实践性的特征。爱国主义教育、集体主义教育、社会主义核心价值观教育、劳动教育等均属于认同教育的范畴。

（二）认同教育的功能

一定意义而言，认同是现代社会中的人们“认祖归宗”，寻找心灵归属，借以安身立命的心理活动和实践行为。现代社会中，如果缺乏某种相当明确的认同，人们就很容易陷入四顾茫茫、无处依附、漂泊无依的境地。因此，无论是个体、群体还是整个社会，要创造价值并不断发展进步，就必须科学认识和正确解决认同问题。认同教育在解决认同问题中所具有的功能在个体、群体和社会层面有着不同的体现。

1. 个体功能

第一，认同从一开始就是一个价值问题，人们对“同一性”的确认、对客体满足自身需要的确认、对自身归属于客体并获得客体身份的确认等，都建立在价值判断的基础之上。处于一定社会关系中的人们，对有着相同或相近的地缘关系、时代背景、生活经历、情感体验、利益诉求的人们，往往带有天然的亲切感，易于确认自我的身份和归属，对“我们”有着强烈的认知和清晰的边界。但面对陌生的世界、变幻的格局和不确定的结果，这种价值确认的实现就相对困难。认同教育的介入，旗帜鲜明地向人们传达了什么是真、善、美，什么是假、恶、丑，我们应该坚持什么、反对什么，什么有助于个体价值目标的实现，等等。这在很大程度上为个体的价值判断提供了依据，此为认同教育的个体功能之第一。

第二，认同教育为个体提供心理归属。现代社会是一个陌生人的社会，人们不再像以往一样生活在“熟人圈子”之中，工作和生活迫使人们不得不频繁地和陌生人打交道，所以“越长大越孤单”也成为现代人的烦恼，因为在变幻莫测的生活场景下，人们常常是茕茕孑立、踽踽独行的。在瞬息万变的环境下、在陌生人的世界里、在漂泊不定的生活中，人们很容易产生认同焦虑，进而引发认同危机。而认同教育可以帮助人们在认同的基础上构建起和谐的人际关系，发展志同道合的深厚友谊，让人们感受到“我”的身后还有强大的“我们”可以相信和依赖，从而获得安全感和归属感。

第三，认同教育为个体提供情感依托。认同客体一旦满足了人们的某种需要，人们就会对客体产生支持、认可或喜爱的情感，这种情感会伴随人们需要满足的程度变量的增大而增大，发展到极致，便会产生信仰。所以，树立起对认同客体坚定的信仰是认同教育的终点。一旦树立起信仰，人们就会对认同客体饱含深情，目标明确，意志坚定，以惊人的毅力和不懈的努力去拼搏，去奋斗，哪怕牺牲自己的个人利益也在所不惜。中国共产党自诞生之日起就十分注重对全体党员和广大人民群众进行马克思主义认同教育，正是由于卓有成效的教育工作，一批批英雄人物和先进典型才不断涌现，他们的事迹足以证明认同能够激发起强大的情感力量。

第四，认同教育为个体提供行动方向。坐落于伦敦海格特公墓的马克思的墓碑上刻着马克思的经典名言：“哲学家们只是用不同方式解释世界，而问题在于改变世界。”① 这句话无时无刻不在提醒着后人：去做！去实践！去改变世界！认同教育不是书斋式的教学，而是要向实际行动要效

① 马克思恩格斯文集：第1卷［M］. 北京：人民出版社，2009：506.

果，通过教育的方式激发人们的行动力，指引人们朝着理想的巅峰努力攀登。当然，在实践过程中困难和挫折不可避免，这个时候认同教育又将为人们指明行动的方向，坚定必胜的信心，催生磅礴的力量。

2. 群体功能

社会群体是人们基于一定的社会关系而形成的共同体。不仅个体的成长和发展离不开认同教育，家庭、邻里、学校、机关、企业、社区等群体的发展和壮大同样也有赖于认同教育。在群体形成初期，群体成员之间只有简单的互助合作关系。伴随群体的发展壮大，用来协调群体成员之间关系的、以保证群体功能得以实现的、具有一定公信力的规则便呼之欲出了。这时就需要向群体中的个体开展认同教育，其目的有两个。一是增强个体对群体的认同度，二是教育个体自觉遵守群体规则。只有在群体认同和群体规则的作用下，群体成员才会产生一致的行动力。群体中的个体通过与其他个体的互动和交流，可以相互学习，扬长避短，并产生一些共同的信念和价值观。个体与群体相互依存，不可分割，个体需要可以在群体中得到满足，同时个体的发展也会壮大群体的力量。

群体之间的竞争是无处不在的，认同教育会帮助群体中的个体明确区分哪些是“我们”（群体内成员），哪些是“他们”（群体外成员），划清认同的边界。一旦本群体在与其他群体的竞争中取胜，“我们”会极大增强群体认同意识，深刻体会到本群体的优越性，此时认同教育只要加以引导，便会形成强大的群体凝聚力；相反，如果本群体在竞争中失利，或被其他群体所压制，“我们”的积极性则会大幅消减，个体会重新反思对群体的认同，是要继续留在本群体，还是选择离开，投身其他群体。在群体失利的情况下，认同教育则肩负着能否稳定队伍、凝聚人心，进而扭转乾坤的艰巨任务。

女排精神是中国女子排球队顽强战斗、勇敢拼搏的精神概括，表现为祖国至上、团结协作、顽强拼搏、永不言败。几十年来，一代又一代的中国女排队员们经历过连续夺得世界冠军的历史巅峰，也经历过无数次低谷和挫折，但是运动员和教练员们对中国女排这一群体的认同从来都没有丢。这种强烈的群体认同和永不言败的精神，不仅成为中国体育的一面旗帜，更教育了全国人民，成为时代精神的代表，彰显出中华民族伟大复兴的实力和信心。

3. 社会功能

如果说认同教育的个体功能体现在个体的成长、发展和完善上，群体功能体现在群体向心力和凝聚力的塑造上，那么认同教育的社会功能则体现在对社会意识形态的建设、巩固和加强上。

一个国家要生存和发展，必须有共同的思想基础。“意识形态工作是一项极端重要的工作，是为国家立心、为民族立魂的工作。”① 这段话既强调了意识形态在社会发展中极其重要的作用，也道出了我国意识形态建设的发展方向。中国特色社会主义道路没有人走过，在马克思主义经典著作中也没有现成的理论答案，是前所未有的开创性事业。中国共产党带领中国人民既坚持了马克思主义意识形态学说的普遍的基本原理，又不忘将其与中国的具体国情相结合，在中国特色社会主义道路上，不断推进理论创新，逐步发展了以马克思主义为指导的、独具中国特色的社会主义意识形态。

在世界环境波云诡谲、复杂多变的背景下，我国社会意识形态建设也面临多方面的挑战：全面深化改革开放加大了意识形态建设的难度、社会的深度变革侵蚀了意识形态的公信力、网络信息技术的发展削弱了意识形态的掌控力、多元社会思潮冲淡了意识形态的话语权、非生活化的表达影响了意识形态的吸引力……要走出意识形态建设的困境，唯有大力加强马克思主义认同教育，让马克思主义，特别是21世纪的马克思主义被大众所了解和信服，除此之外别无他法。因为只有不断增强全体民众对马克思主义的价值认同，才能聚沙成塔，汇聚起人民伟力，为实现中华民族的复兴伟业而奋斗。

马克思主义认同教育不仅能转化为强大的精神力量，还可以催生出强

---

① 习近平新时代中国特色社会主义思想学习纲要［M］. 北京：学习出版社，人民出版社，2019：140.

大的物质力量。马克思主义认同教育有利于人民群众形成对社会主义发展方向、发展道路和社会主义民主法治的正确认识，提升群众参与政治生活的能力，提升社会治理效能；马克思主义认同教育有利于人民群众科学信仰的形成和精神境界的提升，营造良好的社会风气，汇聚和整合社会力量；不可忽视的是，马克思主义认同教育还有利于培养群众良好的职业素养和职业道德，强化团队意识、质量意识、竞争意识和效率意识，助推生产力的发展，对社会物质财富的提升产生积极影响。可以说，马克思主义认同教育的良好效果，必将为国家经济社会发展和社会进步提供取之不尽、用之不竭的力量源泉。

关于认同教育的功能，有人曾提出批判或质疑，认为认同教育是与马克思主义基本观点相违背的思想，因为人本身就是社会生活的主体，有独立分析问题、判断问题和解决问题的能力，有主观能动性，所以也有决定认同或不认同的权利，不应该用教育的方式来强加于人。但问题是，在我国，认同教育立足于认同的归属性本质，解决的是“为谁培养人”的问题，也就是我们所培养的时代新人的政治归属问题。特有的国情决定了我国在解决“培养什么人、怎样培养人、为谁培养人”这个根本问题上所采用的途径和方法必然与其他国家有所不同，我国的认同教育必然要鲜明地打上马克思主义、社会主义的烙印，在立场问题和归属问题上来不得半点马虎。尤其是面向肩负民族复兴大任的青年大学生这一群体，必须旗帜鲜明地对他们开展马克思主义认同教育，理直气壮地讲信仰。只有用马克思主义教育和武装全体大学生，才能培养出社会主义事业的合格建设者和可靠接班人。认同教育对中国大学生成长成才的进步意义不容小觑，对中国一步一个脚印实现宏伟蓝图所提供的强大功能不应被误读。

（三）认同教育的目标

总体而言，认同的发展趋势可分为两个阶段。一是由不认同发展到认同，即认同的培育和生成阶段；二是由短时间、浅层次的不稳定性认同发展到时间更长、程度更深的稳定性认同，即认同的持续和强化阶段。与之相对应，认同教育的目标就是为了培育和生成认同，进而让认同在时间上和程度上更加持久和稳定。认同教育不仅要通过教育的手段促进教育对象对某一客体产生科学、理性的认知，还要通过情景感染、环境营造等办法增进教育对象对这一客体的真挚情感，最重要的是，认同教育要帮助教育对象将该客体的思想精神、原则立场和具体要求落实到日常生活的实际行动之中。

具体而言，认同教育的目标是多元的。纵向来看，不同历史时期的认同教育有不同的目标。以马克思主义认同教育为例，从马克思主义传入中国到中国共产党诞生，这期间马克思主义认同教育的目标是学习马克思主义，传播马克思主义，让更多人拥护马克思主义、拥护列宁主义；从中国共产党诞生到中华人民共和国成立以前的马克思主义认同教育目标是拥护马克思列宁主义、拥护中国共产党；从中华人民共和国成立以后到改革开放以前的马克思主义认同教育目标是拥护马克思列宁主义、拥护中国共产党、拥护社会主义制度；改革开放以后的马克思主义认同教育目标是拥护马克思列宁主义、拥护中国共产党、拥护社会主义制度、拥护改革开放。横向来看，不同领域、不同部门、不同行业因为自身扮演的社会角色和承担的社会职能不尽相同，也会有各自不同的认同教育目标。正是一个个具体的认同教育目标，构成了不同时空维度下的认同教育目标体系。

就高校马克思主义认同教育的目标而言，目前还存在两个误区：一是教师将马克思主义认同教育的目标仅仅理解为知识教育，只关心大学生知不知道马克思主义，了解多少马克思主义，而不管大学生信不信马克思主义。教师为考试而教，考什么就教什么；大学生为考试而学，考什么就背什么。其结果必然是大学生对马克思主义即便做到倒背如流，也不会生成对马克思主义的认同感。二是教师对大学生的实际需求关注不够，对大学生普遍关心的社会热点问题避而不谈，对大学生思想中存在的实际困惑视而不见。马克思主义不是空中楼阁，马克思主义认同教育的目标是培养能将马克思主义运用到日常生活中、落实到实际行动中的马克思主义者。当高校马克思主义认同教育既不能满足大学生的实际需求也不能为大学生答疑解惑时，这样的教育就只能给大学生留下马克思主义“抽象”“遥远”

“与我无关”的印象，其教育效果必然是失败的。

由此可见，目标不清晰，认同教育的效果就会大打折扣。所以在认同教育的过程中既要牢牢把握社会的整体发展目标，也要关注到不同领域、不同部门、不同行业的具体目标，还要关注到教育对象的实际需求。对认同客体产生真情实感，真学、真懂、真信、真用，是认同教育的目标集成，其中认知认同目标、情感认同目标和行为认同目标三者缺一不可。

四、认同教育的影响因素

任何事物的存在都不可避免地受到多重因素的影响，认同教育的影响因素也不可能是单一的。要提升认同教育的效果，首先要对认同教育的影响因素进行多维度的综合考察，扩大积极影响，排出消极影响。

如前所述，认同主体在与认同客体的“互动”中，只有自身的利益需要得到满足，对客体产生肯定的价值判断，认同才能够生成和维系，因此影响认同教育效果的首要因素，也是最直接的因素，一定是利益；认同主体是否将自身归属于认同客体，产生强烈的“归属感”，是判断认同是否生成的标志，也是认同本质的体现，因而情感也必将成为影响认同教育效果的重要因素；此外，认同教育还会受到外部环境的影响，不同的时间环境、不同的空间环境都会赋予认同教育以不同的要求，从而引导不同程度的认同效果。

（一）利益因素

什么是“利益”？马克思认为：“‘思想’一旦离开‘利益’，就一定会使自己出丑。”① 可见任何思想、观点、学说都势必与某种利益紧密相连。利益表达的是人与外部世界的关系，是人们对某一对象的需要。人需要某一对象，说明该对象能满足或实现人的某种利益。美国心理学家马斯洛将人类需求分为：生理需求、安全需求、社交需求、尊重需求和自我实

① 马克思恩格斯文集：第1卷［M］. 北京：人民出版社，2009：286.

现需求。[①] 人的需要的多重性也导致了利益分类的多重性，既可分为个体利益、集体利益和社会利益，也可分为现实利益和长远利益，还可分为物质利益和精神利益，等等。人们正是在对这些不同层次需要的不断追寻中，实现不同利益的满足。

在认同的语境下，人的需要的满足和利益的实现会直接影响认同的结果。其中，物质利益和精神利益，是影响认同教育效果的重要因素。

1. 物质利益

一般而言，人先有物质需求，在物质需求基本得到满足的情况下，才会产生精神需求，正所谓“仓廪实而知礼节，衣食足而知荣辱”。所以，追求满足自身生存和发展所需要的物质利益是人们首要的选择。物质利益又被称为经济利益，是人与人之间经济关系的具体体现，也是人们进行一切社会活动的经济动因。人们为了今天和明天的美好生活而努力奋斗，辛勤工作，很大程度上是为了更好地满足人们当下和未来的物质利益。虽说物质生活只是社会生活的一部分，但物质利益在认同教育效果中的影响作用却是不容忽视的。

既然物质利益是影响认同教育效果的重要因素，那么提升认同教育效果最直接、最便捷的做法当然就是不断满足教育对象的物质利益需要。具体办法就是准确掌握教育对象的物质需求，不断提升教育对象的物质生活水平。从这个意义上讲，对于充分享受了改革开放红利的广大中国人民来说，教育大众认同中国共产党、中国特色社会主义道路和改革开放并非难事，因为在改革开放40余年的时间里，人民群众的物质利益不仅得到了充分满足，生活水平也发生了日新月异的变化。这些变化，从改革开放前后人们衣食住行的比对上可见一斑：改革开放前，放眼全中国，人们的服装色系绝大部分是黑白灰，色彩单一，面料以化纤为主，缝缝补补的服装随处可见；改革开放后，家家户户的衣柜琳琅满目，服装的花色、款式、质地都发生了巨大变化，人们不仅追求美，还在不断追求服装的时尚、潮流和个性。改革开放前，我国粮食短缺；改革开放后，人们不但吃得饱，还

---

① Maslow A H. A Theory of Human Motivation［J］. Psychological Review，1943：370－396.

要求吃得好，越来越追求菜品的色香味，越来越注重营养均衡、健康饮食。改革开放前，大多数人住的是土房、瓦房，居住空间有限，环境简陋；改革开放后，人们慢慢住上了带有独立厨房、厕所，有上下水道，有电气管网，环境优美的住宅，多种多样的装修风格也提升了人们的生活品质。改革开放前，人们出行的代步工具单一，马车、自行车、汽车、火车的便捷性和运行速度都不够理想；改革开放后，特别是今天，飞机、高铁、高速公路、轮船等四通八达的立体交通让人们畅享出行的快捷与舒适，也让人与人之间的空间距离不断缩小。从国家统计局公布的官方数字来看，2019 年我国城镇居民人均可支配收入达 42359 元，而 1978 年我国城镇居民人均可支配收入只有 343 元。[①] 这些巨大变化和实实在在的物质利益，让中国人民越发加深了对中国共产党、对中国特色社会主义道路、对改革开放的认同，在物质利益需要不断得到满足的场域下，认同教育只要科学规划和积极引导，便会产生良好的教育效果。

物质利益的因素固然对认同教育的效果影响巨大，然而，物质利益一方的单边突进必然会走向"追求物质财富最大化"或"重物质、轻精神"的另一个极端。因为在现代社会，人的物质需要是无限的，满足物质需要的脚步往往赶不上物质需要增长的速度。以一个背包为例，人们购买一个背包往往是出于收纳或携带物品的需要，从满足这一需要的角度来看，支付大约一百元人民币所购买的背包就可以满足需要。可如今，更多的人不甘于仅仅追求背包收纳或携带物品的功能，还要追求品牌功能，于是就有了几万元、几十万元，甚至上百万元的奢侈品背包。也正因为人的物质需要是无限的，所以在物质层面人们永远不知道满足，总想超越自我，赚了一百元就会渴望一千元，赚了一千元便将觊觎一万元……而与此同时，人们在与他人的比较中，一旦发现自身与他人的物质水平的差异，往往就会跃跃欲试、奋力追赶、不甘落后。但事实上，人类生存发展的空间和资源的有限性决定了社会不可能给所有人提供在同一时刻共同富裕起来的条件，于是，一些人为了满足迅速膨胀的物质欲望不惜背离道德和法律，

---

① https：//data. stats. gov. cn/easyquery. htm？ cn = C01.

“重物质、轻精神”的现象就不可避免地出现了，表现为恶性竞争、不讲诚信、偷工减料、以次充好、哄抬物价、虚假宣传、以权谋私、贪赃枉法，等等。这些对物质利益过度追求导致的负面现象无不挑战着人们对中国共产党、对改革开放的既有的认同成果，形成了认同的悖论，即让人们既认同又不认同的心理博弈。

可见，物质利益的满足是认同教育的重要影响因素，可能会对认同教育产生正反两方面截然不同的效果，但物质利益却不是影响认同教育的唯一因素，因为精神利益的满足对人们来说也是不可或缺的。

2. 精神利益

精神利益与物质利益相对应，指的是人们在精神层面的各种需求的满足，如坚定的理想信念，良好的道德修养，健全的人格，健康的心理，充实、愉悦的精神世界，等等。人无精神不立，国无精神不强。一个只要物质而没有精神的人，就如同行尸走肉，即便荣华富贵加身，也是空有一副皮囊，毫无灵魂。一个家族也要有一点精神，否则便难逃家道中落的魔咒；一个民族、一个国家更要有精神，唯其如此，才能挺起脊梁，独立自强。人们对正当的精神利益的追求，实际上也是人们追求真善美的价值目标的体现。这样的价值目标，在当代中国被称为“社会主义核心价值观”。党的十九大报告指出：“社会主义核心价值观是当代中国精神的集中体现，凝结着全体人民共同的价值追求。”① 社会主义核心价值观是当代中国全体人民共同的精神追求。

在国际局势风云变幻、中西方价值观念相互碰撞、人们的思想意识呈现多样化特点的时代背景下，认同教育要特别强调精神利益对人的生存和发展的引领作用，以及对社会进步的推动作用。近代中国的有识之士因为从马克思主义中找到了精神支柱、理想信念和行动指南，进而高度认同马克思主义，这种精神需求的满足也为近代中国完成“民族独立和人民解放”这一历史任务提供了信心，汇聚了力量。今天的中国依然如此，倘若人们能从马克思主义中寻求分析问题的视角和解决问题的思路，提振精气

① 中国共产党第十九次全国代表大会文件汇编［M］. 北京：人民出版社，2017：34.

神，奋进新时代，无疑会大幅提升大众对马克思主义、对中国共产党、对中国特色社会主义道路、对改革开放的认同程度，为实现“国家繁荣富强和人民共同富裕”的历史任务凝心聚力，阔步前行。

精神的力量是巨大的。2008 年 5 月 12 日，我国四川省汶川县发生里氏 8.0 级特大地震，山崩地裂、断壁残垣。在极其惨烈的灾难面前，全国人民众志成城、和衷共济。在大灾大难的情况下，没有人在意物质利益，仅在一个多月的时间里全国就收到国内外捐赠款物近 600 亿元。这是何等强大的精神力量？正所谓“多难兴邦、忧患砺党”。我们用“万众一心、众志成城，不畏艰险、百折不挠，以人为本、尊重科学”的抗震救灾精神，书写了对党、对祖国、对人民的高度认同，也为我们开展认同教育提供了最生动最有力的素材。

2020 年年初，一场新冠病毒感染疫情在全国蔓延。面对来势汹汹、传播速度极快的病毒，从习近平总书记亲自指挥部署，到九省通衢、拥有千万人口的大城市武汉果断封城，从数日之内建成火神山、雷神山医院、方舱医院，到一批批医疗队、一车车医疗物资、一笔笔爱心捐助从中国的四面八方涌向疫区，从全国上下联防联控、群防群治，到人人足不出户，自觉接受隔离……在这场全民参与的抗疫战争中，我们不仅取得了阶段性胜利，也凝聚起了全国人民对马克思主义、对中国共产党、对中国特色社会主义制度的高度认同。这就是精神的力量，是越在大灾大难和突发事件面前，越能发挥强大作用的中国精神、中国价值和中国力量。

追求物质利益体现的是人对自身生存发展问题的关注；追求精神利益则体现了人对人生终极价值的求索。“趋利避害”是人的本性，追求物质利益本无可厚非，但金钱并不是万能的。挪威戏剧作家亨利克·易卜生的名言发人深省：“金钱能买来食物，却买不来食欲；金钱能买来药品，却买不来健康；金钱能买来熟人，却买不来朋友；金钱能用来奉承，却带不来信赖。”的确，人生还有很多有意义的东西值得追寻，一味地强调物质利益而忽视精神利益，将造成人的异化，导致越追求物质利益，越与自己的初衷和人生价值目标相背离。尤其是对青年大学生而言，他们的健康成长关乎国家的前途和民族的希望，必须通过高校思想政治理论课教学，赋予他们以精神力量，培育起他们对马克思主义的坚定认同，树立科学信仰，坚定理想信念，扛起时代重任，不负人民重托。

（二）情感因素

人是有血、有肉、有情感的社会存在。正因为人的本质属性是社会性，所以人不仅有物质需要和精神需要，还有深层次的情感需要。人对某一事物建立起的认同，内在地包含着对这一事物的情感归属。情感因素不仅是认同教育的重要影响因素，认同主客体之间的归属感还直接决定了认同能否生成。

影响认同的情感因素分为原生情感和后天情感两类，分别对应了认同的“授予”和“选择”这两种类型。原生情感是人们对授予型认同对象带有的天然的、与生俱来的亲近和归属的情感，如对父母和亲属的情感、对故土家园的情感、对民族种族的情感等。而后天情感则是人们通过接受教育、外部灌输或实践体验等方式，对选择型认同对象建立的情感归属。人们对马克思主义的情感显然属于后者。五四运动推动了马克思主义在中国的传播。马克思主义的传播更多的不是靠利益的供给，而是靠情感的熏陶。当马克思主义逐步进入人们的日常生活空间，对人们的日常生活产生重要的、积极的影响的时候，人们的获得感、幸福感、安全感也会与日俱增，人们对马克思主义的情感迸发和强烈归属就变得自然而然了。

在社会中生存的每一个人都离不开情感力量的支撑。在认同教育中，情感因素的影响作用不容小觑，有时甚至会超越利益因素。2018 年起，美国政府不顾中方劝阻，执意发动贸易战，掀起了又一轮中美贸易争端。中国一向坚持独立自主的外交原则，但也绝不会对损害中国利益的行为置之不理、姑息放任。从中美贸易战到“华为事件”，美国人似乎低估了中国人民对国家认同的情感力量，中国人民愤怒的情感一旦被点燃，其结果难以想象。情感是认同的催化剂，尤其是这种在强大的背景参照下萌生出的情感认同，往往会迸发出强大的力量。所以认同教育要使用好情感这剂催化剂，在认同隐匿的时候，通过一定情境，唤醒并激发起人们对某一对象的认同；在认同高涨的时候，适时引入理性法则，避免人们在情感认同的巅峰中走向癫狂。

对马克思主义认同教育而言，情感激发是必要的。因为在现代社会，人们只靠物质利益已经不能够满足日益增长的美好生活需要了，马克思主义只有满足了大多数人的情感归属需要，在瞬息万变、颠沛流离的环境下给大多数人提供一个心灵的港湾，才会真正获得人们持久、强烈的认同。

（三）环境因素

任何事物都是一定时间和空间环境下的产物，不可避免地会受到时空两个环境的影响。时间环境上特定的历史发展阶段和空间环境上特定的地域范围，是一切事物孕育、发展和演进的摇篮。时间环境和空间环境因素也是影响认同教育效果的重要因素。

1. 时间环境

时间仿佛一条直线，没有起点，亦无终点，奔流不息，一去不返。时间的推移让人类历史变得浩瀚而漫长。为了记忆和研究的方便，人们便将人类历史划分为若干阶段。在不同的历史阶段，由于社会主要矛盾不同，认同教育的主客体、认同教育的内容和方式也有所不同。

以马克思主义认同为例，五四运动以后，中国早期马克思主义认同教育的主体是李大钊、陈独秀等进步人士和先进分子，客体是人民大众。认同教育的内容受当时客观条件所限，仅有翻译过来的少量马克思和恩格斯的经典著作，以及中国的先进分子自己的原创文章，如李大钊的《我的马克思主义观》等。认同教育的方式一般为小规模的宣讲会，或通过报纸、书籍等纸质媒介进行传播。中国共产党成立后，马克思主义认同教育的主体不再是少数先进分子，而是中国共产党的各级组织和全体党员。中华人民共和国成立以后，党和政府的各级教育部门承担起了马克思主义认同教育的职能，教育内容也随着马克思主义中国化理论成果的不断涌现而不断丰富和发展。特别是改革开放以来，党和国家大力加强思想政治理论课建设，从课程体系、教材体系、教学方法、教师队伍上不断进行改革与创新，高校思想政治理论课逐步成为对大学生开展马克思主义认同教育的阵地堡垒。因此，开展认同教育，无论如何不能忽视时间环境的影响，必须把握时代的脉搏，与时俱进，与时代发展同步同频。在新时代，尤其要抓好当代大学生对习近平新时代中国特色社会主义思想的认同教育。

2. 空间环境

在认同教育的过程中，除了要考虑到时间环境的影响，还要对空间环境进行科学分析与研判。所谓空间环境，指的是认同教育赖以开展的地域范围，这里尤其强调的是认同的边界，即“我们何以成为我们”“我们不同于他们的界限在哪里”。之所以要强调边界，是因为没有“他们”的参照，“我们”便无从谈起。“任何层面上的认同只能在与‘其他’——与其他的人、部族、种族或文明——的关系中来界定。”①

空间环境对认同教育的影响是多重的。当空间环境平稳有序的时候，认同教育便有相对优化的环境，其主要任务就是通过增进认同主客体之间的“互动”，把隐匿起来的认同重新调动起来，培育主体对客体的归属性情感，并实现认同在时间上的不断持续和程度上的不断增强。当空间环境紧张的时候，认同教育则迎来了“战斗”的契机，一方面要通过不同的教育手段，将这种在空间参照下激发起的认同凝聚成强大的精神力量；另一方面要采取理性的调控手段，防止认同的变异和畸形发展。前些年，随着中日双方对钓鱼岛等问题的矛盾的发酵，中国国内部分地区出现了民众抵制日货、抵制赴日旅游、学生上街游行，甚至是打砸日本车、日本电器的极端行为，并将这些行为打上“爱国主义”的旗号，在社会上引起强烈反响。而实际上，抵制日货、打砸日本产品等行为仅仅是在空间环境紧张的背景下迸发的非理智行为，与爱国主义、与国家认同毫无关系。此类行为不仅不能解决争端，还有可能酿成新的事端。因此，空间环境对认同教育的影响也不容忽视，有效的认同教育必须遵循实事求是、因地制宜的原则，为认同生成、持续和强化培育健康的土壤，营造良好的氛围。

---

① 塞缪尔·亨廷顿. 文明的冲突与世界秩序的重建 [M]. 周琪，刘绯，张立平，等译. 北京：新华出版社，2010：108－109.

（四）认同教育影响因素的“共振”

认同教育的效果是多重影响因素共同作用的结果，无论是利益因素、情感因素还是环境因素，在认同教育的过程中必须相辅相成、形成合力。正如物理学上的“共振”现象一样，两个物体在振动频率相同的情况下，其中一个物体发生振动时，另一个便会随之振动。认同教育的各个影响因素对认同教育的作用机理也是如此，它们既各自独立又相互影响，缺一不可。任何单一因素的单边突进，都会对认同教育产生不可预料的结果。

因此，认同教育一定是多重影响因素同时存在、共同作用、相互“共振”，最终形成合力的过程。任何单一因素的单边突进只能是特殊时期解决特殊问题的手段，而不应该成为长期的建设战略和路径选择。

本章小结

本章解决的是认同和认同教育的理论问题，围绕认同的内涵、本质和层次，以及认同教育的内涵、功能、目标和影响因素初步构建起一套关于认同和认同教育的基础理论体系。

古往今来，人们对“我是谁？我从哪里来？我要到哪里去？”的探索从未停止，纵然答案大相径庭，却都指向了同一个问题——认同。中外学者们对认同问题的研究视角各异，成果多元。梳理和总结认同问题的研究成果，可推导出五条重要线索：认同主客体间的“互动”是认同的前提；认同主客体间客观存在的或主观构建的“同一性”是认同的基础；“参照物”将“我们”与“他们”相区分，确立了认同的边界；从认同生成的角度来看，认同可分为授予型认同与选择型认同两大类；认同是对自我身份的寻找和确认。因此，认同是主体在与客体“互动”的前提下，基于自身与客体的“同一性”，而对客体产生的归属性认知、强烈的情感依附和相应的行为方式。

认同的本质是主体对客体在价值肯定和身份确认的基础上凝结而成的

归属感。这里所谓的“归属感”是一种双向掌握：主体归属于客体，主体就成为客体的主体，而不再是他者的主体；同时客体也归属于主体，成为主体的客体，而非他者的客体。

认同问题不仅存在认同或者不认同的问题，即认同是否生成的问题；还存在认同持续的时间长短和认同程度的深浅问题，即认同的持续和强化问题。认同的层次性由浅入深、由弱到强、由不稳定到渐趋稳定的发展顺序依次为：认知认同、情感认同和行为认同。只有将理性认知、情感归属和行为实践相结合，才是完整意义上的认同的体现。

人的成长和发展离不开教育，塑造人对物质世界和精神世界的认同更离不开教育。认同教育不同于知识教育、技能教育、通识教育，它是教育者为了塑造教育对象对某一客体的认同，按照认同的本质和认同培育、生成、持续、强化的基本规律而开展的教育活动。

认同教育的个体功能体现在个体的成长、发展和完善上；群体功能体现在群体向心力和凝聚力的塑造上；社会功能体现在对社会意识形态的建设、巩固和加强上。

认同教育的具体目标是多元的，但整体而言，认同教育的目标就是为了培育和生成认同，不仅要通过教育的手段促进教育对象对某一客体产生科学、理性的认知，还要通过情景感染、环境营造等办法增进教育对象对这一客体的真挚情感，最重要的是，认同教育要帮助教育对象将该客体的思想精神、原则立场和具体要求落实到日常生活的实际行动之中。

认同教育受利益因素、情感因素和环境因素的影响，这三种影响因素同时存在、共同作用、相互“共振”。任何单一因素的单边突进只能是特殊时期解决特殊问题的手段，而不应该成为长期的建设战略和路径选择。

第二章　高校思想政治理论课[①]的课程本质

2019年3月18日召开的学校思想政治理论课教师座谈会，是中华人民共和国成立以来党中央首次专题研究“思想政治理论课”问题的全国性重要会议，让“思想政治理论课”再次成为举国上下关注的焦点。党中央之所以召开会议专题研究“思想政治理论课”问题，一是缘于党中央长期以来对思想政治理论课的密切关注和殷切期望，二是面对新时代思想政治理论课出现的新问题，党中央要做出明确部署和具体要求。

思想政治理论课是紧跟国际国内局势变化和中国社会发展进程而不断发展、不断丰富、不断变革的一套具有中国特色的完整的课程体系，自课程设立以来，一直承载着为中华民族伟大复兴培养合格建设者和可靠接班人的神圣使命，因此，思想政治理论课教学效果对党和国家的前途命运、社会的长治久安以及每一位学生的成长和发展都起到至关重要的作用。

思想政治理论课是在人的头脑里搞建设，它的教学目标不仅在于向学生传授党和国家的指导思想和理论成果等相关知识，更在于在传授知识的基础上让学生对所学内容建立深厚感情，落实为实际行动，升华为坚定信仰，也就是说，思想政治理论课本质上是要让学生生成集理性认知、情感归属和行为实践为一体的一整套马克思主义认同（含中国化马克思主义认同），并促进这一认同成果不断持续和强化。从这个意义上而言，思想政治理论课的所有运作机理就与上一章所述的认同和认同教育的基础理论不

---

① 出于对课程聚焦以增强研究的针对性和实效性的考虑，本书中的“高校思想政治理论课”特指我国全日制普通高等学校本科生的思想政治理论课程体系。

谋而合了。

要深度挖掘高校思想政治理论课的课程本质，需运用历史分析法，从中华人民共和国成立以来高校思想政治理论课的历史演进中去寻找；需运用比较研究法，从高校思想政治理论课所处的地位和发挥的作用中去分析；需运用认同教育的理论，从对高校思想政治理论课各个教学要素的探究中去确认。从学界现有研究成果来看，这无疑是一项大胆尝试，笔者愿用认同教育的思路和方法搭建起一套全新的高校思想政治理论课教学路径，从而有效解决高校思想政治理论课存在的现实问题。

一、高校思想政治理论课的历史演进

“高校思想政治理论课”这一特定称谓的首次出现是在2005年中共中央宣传部、教育部印发的《关于进一步加强和改进高等学校思想政治理论课的意见》（教社政〔2005〕5号）中，并沿用至今，也有人将其简称为“高校思政课”。但高校思想政治理论课的课程体系却是从中华人民共和国成立以来就确实存在，并伴随中国革命、建设和改革的步伐不断变化和发展的。回顾高校思想政治理论课的历史演进，既有助于深刻把握高校思想政治理论课的本质特征，又可以在历史发展中总结经验，为当下的课程建设和改革提供借鉴与参考。

历史是标志过去的客观存在，历史的一维性标志着它永远无法重演。由于历史的漫长与浩瀚，人们对历史问题的研究倾向于针对某一领域的分段研究，但任何专门史或断代史都无法脱离人类社会历史的整个体系而单独存在。人为地对历史阶段进行划分，在为人们带来研究便利的同时，也有可能伤害历史的原貌。出于尊重历史整体性的考虑，本章对高校思想政治理论课的历史演进的分析将不再人为地进行时间点上的切割，而是根据中华人民共和国成立以来课程发展演变和改革创新的进程，针对党中央和教育部门对高校思想政治理论课的重要文献和重要会议，从课程的早期设立、“85方案”“98方案”“05方案”和新时代的高校思想政治理论课五个阶段追溯和考察高校思想政治理论课的历史演进，从中探究课程的本质。

（一）马列主义课：高校思想政治理论课的早期设立

高校思想政治理论课的前身是“马列主义课”。中国共产党是一个高度重视思想政治工作的党，始终把思想政治教育工作及其课程建设摆在重要的位置。自中华人民共和国成立以来，中国共产党通过在高校开设马列主义课，向大学生传播马克思列宁主义和毛泽东思想，培养出了一批又一批社会主义革命和建设人才。

1949 年年底，首任教育部部长马叙伦在第一次全国教育工作会议中指出：“随着帝国主义和封建买办的统治在中国宣告终结，中国旧教育的政治经济基础是基本上被摧毁了。代替这种旧教育的应该是作为反映新的政治经济的新教育，作为巩固与发展人民民主专政的一种斗争工具的新教育。这种新教育就是新民主主义的，即民族的、科学的、大众的教育。”① 这可以说是对新中国教育性质的首次界定。随后，“社会发展史”“新民主主义论”和“政治经济学”三门课在我国华北地区各高校开设，用于对大学生进行马克思主义教育。1951 年，“社会发展史”这门课被改为“辩证唯物论和历史唯物论”。1956 年，教育部把“马列主义基础”“中国革命史”“政治经济学”和“辩证唯物主义和历史唯物主义”四门课程明确规定为“高等学校政治理论课程”。② 社会主义制度在我国确立以后，对大学生开展社会主义教育成为政治理论课的重要任务。1961 年，教育部将高校的政治理论课分为两大类，即“马克思列宁主义基础理论”和“形势和任务”。在课程设置上，不同年制的学校、不同专业设置的政治理论课也有所不同。这一时期，课程设置的特点是增开了社会主义教育，把宣传毛泽东思想作为最根本的任务。③

---

① 教育部社会科学司组．普通高校思想政治理论课文献选编（1949—2008）［M］．北京：中国人民大学出版社，2008：3.

② 同①，第 27 页。

③ 秦宣．新中国成立 60 年来高校思想政治理论课沿革及其启示［J］．思想理论教育导刊，2009（10）：25.

党的十一届三中全会让实事求是的思想路线在党内重新确立起来。全面拨乱反正以后，高校思想政治理论课也逐步恢复了原有的面貌。但面对不断涌现的新情况和新问题，人们的思想深处依然存在许多困惑，高校思想政治理论课还需进一步明确自身的地位和任务，全面恢复马列主义、毛泽东思想对党和国家各项事业的指导。1980 年 7 月，教育部在《改进和加强高等学校马列主义课的试行办法》中明确指出："我国高等学校开设马列主义课，对学生进行马列主义、毛泽东思想的基本理论教育，体现了社会主义高等学校的特点和优点，对各系各专业的学生都是十分必要的。"① 当时的课程设置受条件所限，相对而言，具有较强的灵活性，全国高校面向本科生开设"中共党史""政治经济学"和"哲学"课程，文科另外开设"国际共产主义运动史"，这些课程由教育部制订教学大纲，教材可以使用教育部推荐教材，也可以使用自编教材。这一时期，各高校在抓好"规定动作"的前提下，对课程建设也进行了"自选动作"的尝试与探索。1982 年 10 月，对于部分高校自主开设的"共产主义思想品德课"及其所取得的成效，教育部给予了充分肯定，并提出："有计划地进行共产主义思想品德教育，是实现高等学校培养目标的需要……有必要把共产主义思想品德课作为一门必修课，纳入教学计划"②。这说明，高校思想政治理论课已经由中华人民共和国初期纯粹的马列主义课，发展、演变成"马列主义课+思想品德课"的课程基本架构，为后来"85 方案"的出台和"两课"体系的形成奠定了基础。

（二）"85 方案"：高校思想政治理论课改革的初步探索

以 1985 年 8 月 1 日中共中央印发的《关于改革学校思想品德和政治理论课程教学的通知》（以下简称《通知》）为起点，我国正式启动全国性大规模的高校思想政治理论课改革，这一改革文件也被后人称为"85 方

① 教育部思想政治工作司组．加强和改进大学生思想政治教育重要文献选编（1978—2014）［M］．北京：知识产权出版社，2015：8.

② 同①，第 16 页。

案”。“85 方案”围绕课程设置、教学内容、教学方法、教材建设等方面，对小学、中学、大学的思想品德和政治理论课做出了明确的部署和安排，因此成为我国高校思想政治理论课改革初步探索的代表性文件。值得一提的是，“85 方案”对高校思想政治理论课提出了要进行中国革命史教育、马克思主义基本理论教育、中国特色社会主义建设和改革理论教育、政策和实际知识教育等新要求。

《通知》下发以后，党中央和教育部门以及各高校纷纷开始了新的课程建设的试点与探索。直至 1987 年，国家教委先后于 3 月和 10 月分别针对高等学校马克思主义理论课（公共课）和高等学校思想教育课程下发文件，提出具体要求，“85 方案”的课程体系正式确立起来。“85 方案”的课程设置具体为如表 2 – 1 所示的九门。

表 2 – 1　“85 方案”课程设置

高等学校马克思主义理论课（公共课）	马克思主义原理
	中国革命史
	中国特色社会主义建设
	世界政治经济与国际关系（文科专业开设）
高等学校思想教育课程	形势与政策
	法律基础
	大学生思想修养（因校制宜有选择地开设）
	人生哲理（因校制宜有选择地开设）
	职业道德（因校制宜有选择地开设）

从课程设置上可以看出，“85 方案”最大的特点在于，在马克思主义理论课程的基础上，又增设了思想教育课程，由中华人民共和国成立初期对大学生单纯的马克思主义教育，转变为强调马克思主义教育与中国革命史教育、思想政治教育、形势与政策教育相结合的教育。如果说早期的高校思想政治理论课强调的是政治性，那么“85 方案”的课程设置则凸显了政治性与思想性的兼顾。自此，高校思想品德课程开始逐步确立并日益完善。这一转变也成为后来“两课”，即马克思主义理论课和思想教育课的雏形。

这一时期，国家教委进一步明确了上述课程教材的编写规则和使用规范，要求全国高校只能使用国家教委编写和审定的教材，或者是国家教委推荐使用的教材。这一规定改变了以往高校马列主义理论课程教材自编、自选的随机状态，在一定程度上确保了马克思主义传播不走样。

（三）“98 方案”：高校思想政治理论课的体系建设

改革开放在全国如火如荼地进行，我国社会主义现代化建设事业进入了新的发展阶段。与历史同步，高校思想政治理论课在此期间也进入了改革和发展的重要时期。“85 方案”虽然在实际操作层面已经开始向“两课”体系过渡，但“两课”这一称谓却是在 1995 年才出现的。1995 年 10 月 24 日，国家教委在印发的《关于高校马克思主义理论课和思想品德课教学改革的若干意见》中，第一次提出“两课”的概念，即高校马克思主义理论课和思想品德课。这里的“两课”不是将两类课程简单地叠加，而是对这两类课程的深层逻辑和内在统一性进行整体把握。

为深入推进邓小平理论的学习宣传贯彻工作，向大学生及时传播党的最新理论成果，1998 年 6 月，中共中央宣传部、教育部印发了继“85 方案”之后高校思想政治理论课改革发展的又一个重要文件——《关于普通高等学校“两课”课程设置的规定及其实施工作的意见》，即“98 方案”。指导思想的与时俱进和政策文件的迭代升级，推动着高校思想政治理论课改革发展也随之进入了新阶段。

“98 方案”对“两课”的课程设置做了较大调整，就本科生的课程设置来看，包含如表 2－2 所示的八门。

表 2－2 “98 方案”课程设置

马克思主义理论课	马克思主义哲学原理
	马克思主义政治经济学原理
	毛泽东思想概论
	邓小平理论概论
	当代世界经济与政治（文科开设）
思想品德课	思想道德修养
	法律基础
	形势与政策

与“85 方案”相比，“98 方案”的变化体现在以下四个方面。第一，突出强调对邓小平理论作为党的指导思想的学习，把邓小平理论编成教材，送进课堂，送进大学生的头脑。这在当时的历史条件下，对于增强大学生对邓小平理论的认同是具有重要意义的举措。第二，“98 方案”将在“85 方案”中的“马克思主义原理”课分解为“马克思主义哲学原理”和“马克思主义政治经济学原理”两门课，体现了党中央坚定不移地对大学生开展马克思主义教育的决心，通过这两门课引导大学生更加全面、更加深刻地领会马克思主义三大组成部分的内容及其内在联系。第三，“98 方案”将“85 方案”中的“中国革命史”课调整为“毛泽东思想概论”课，一是凸显马克思主义中国化所形成的两大理论成果的主要内容和内在联系，二是强调马克思主义的重要组成部分，即科学社会主义在中国的成功实践，与其他几门课程形成互补。第四，“98 方案”的各门课程虽然各自独立，从中却不难看出“两课”的三个侧重点：一是马克思主义，二是中国化的马克思主义，三是用马克思主义的世界观提升思想道德素养和法律素养。“一个课程体系、两类课程、三个重点内容”构成了“98 方案”精密的课程体系。

“98 方案”是高校思想政治理论课为迎接新世纪、新情况、新问题做出的重大变革，体现了时代的要求，凸显了“两课”的性质。在此之后，高校思想政治理论课在教学、科研、师资和学科建设等方面都取得了长足发展。

“98 方案”的不足之处在于课程较多，理科生要修 7 门课，文科生有 8 门之多，与之相伴随的是总学时数高达 260 学时。然而在这一时期，全国高等教育改革和发展的基本倾向是减少课内学时，增加课外实践学时，以提高大学生的实践能力。这样“两课”的课程设置和课时安排在全国高等教育改革的整体趋向下就显得不太协调了。

（四）“05 方案”：高校思想政治理论课的创新发展

2002 年党的十六大以后，全党兴起了学习贯彻“三个代表”重要思想的高潮。与此同时，党中央在全面建设小康社会的实践中，不断丰富和发展中国化的马克思主义，创造性地提出并逐步形成了科学发展观。高校思想政治理论课的“05方案”就是在这样的背景下产生的。

2004年8月，中共中央、国务院联合印发《关于进一步加强和改进大学生思想政治教育的意见》（中发〔2004〕16号）（以下简称“中央16号文件”），对加强和改进大学生思想政治教育进行新一轮的全面部署，特别强调“高等学校思想政治理论课是大学生思想政治教育的主渠道”，掀起了高校思想政治理论课在新世纪的改革热潮。为贯彻落实“中央16号文件”精神，中共中央宣传部、教育部于2005年2月印发《中共中央国务院关于进一步加强和改进高等学校思想政治理论课的意见》，“05方案”应运而生。“05方案”中四年制本科的课程设置如表2－3所示。

表2－3 “05方案”课程设置

高校思想政治理论课	马克思主义基本原理①
	毛泽东思想、邓小平理论和“三个代表”重要思想概论②
	中国近现代史纲要
	思想道德修养与法律基础
	形势与政策
	当代世界经济与政治（选修）

与“98方案”的“两课”体系相比，“05方案”有着巨大的变化与不同，主要体现在以下五个方面。第一，把整个课程体系重新命名为“高校思想政治理论课”，体现了该课程体系在思想性、政治性和理论性上的统一；第二，把“98方案”的“马克思主义哲学原理”和“马克思主义政治经济学原理”两门课合并为一门“马克思主义基本原理”课，强调马克思主义的整体性；第三，党的十六大把“三个代表”重要思想确立为党的指导思想，因此，这一思想成果必然要进入高校思想政治理论课的课程体系，而原有的“毛泽东思想概论”和“邓小平理论概论”两门课已无法

① “原理”课的统编教材名称为“马克思主义基本原理概论”。
② “概论”课2008年更名为“毛泽东思想和中国特色社会主义理论体系概论”课。

完整地实现对大学生开展中国化马克思主义教育的目的，而再增加一门新课程不仅会使本就繁重的课时更加臃肿，也不利于体现中国化马克思主义理论成果的内在联系，出于以上考虑，“05 方案”新设了“概论”课；第四，“中国近现代史纲要”是“05 方案”增设的一门全新课程，目的是加强对大学生的历史教育，引导大学生树立正确的历史观，生成对“四个选择”的历史认同；第五，将“98 方案”的“思想道德修养”课和“法律基础”课合并为一门课程，帮助大学生科学地认识人生，树立正确的世界观、人生观、价值观，增强道德修养和法治观念。

“05 方案”是高校思想政治理论课有史以来课程设置最为凝练、系统性最强、内容最丰富的一套课程体系，一直沿用至今。其间为了及时推进党的理论创新和实践创新成果的“三进”工作，课程的教材虽经历多次的修订和完善，但其核心内容和承担的职能没有变。

“05 方案”的高校思想政治理论课教材的最近一次修订是在 2021 年，为了体现近年来我国各项社会主义发展成就，“05 方案”所有课程的教材都进行了较大幅度的修改，体现了高校思想政治理论课的与时俱进，也彰显了高校思想政治理论课守正与创新的统一。

（五）新时代的高校思想政治理论课

党的十八大以来，中国特色社会主义进入了新时代。新时代的高校思想政治理论课在延续“05 方案”课程体系的基础上，结合新的时代背景和青年发展的实际需求，朝着深化改革、创新发展的方向不断迈进。

“青年兴则国家兴，青年强则国家强。青年一代有理想、有本领、有担当，国家就有前途，民族就有希望。”①

中共中央、国务院印发了《关于加强和改进新形势下高校思想政治工作的意见》（中发〔2016〕31 号），就如何进一步办好高校思想政治理论课提出明确要求：“充分发挥思想政治理论课的主渠道作用，深入实施高校思想政治理论课建设体系创新计划，完善教材体系，提高教师素质，创

① 中国共产党第十九次全国代表大会文件汇编［M］. 北京：人民出版社，2017：56.

新教学方法，增强教学的吸引力、说服力、感染力。”①

以2019年3月18日召开的学校思想政治理论课教师座谈会为标志，新时代高校思想政治理论课迎来了改革创新的春天。会议对思想政治理论课教师提出了“六个要”的明确要求，即政治要强、情怀要深、思维要新、视野要广、自律要严、人格要正，培养和塑造可信、可敬、可靠，乐为、敢为、有为的思政课教师队伍。对于新时代思想政治理论课的改革创新，要做到“八个相统一”，即坚持政治性和学理性相统一、坚持价值性和知识性相统一、坚持建设性和批判性相统一、坚持理论性和实践性相统一、坚持统一性和多样性相统一、坚持主导性和主体性相统一、坚持灌输性和启发性相统一、坚持显性教育和隐性教育相统一。各级党委应高度重视思想政治理论课，务必将其放在突出重要的位置，加强党对思想政治理论课的领导，统筹大中小学思政课一体化，推动思政课建设内涵式发展。②

2020年5月，教育部在《高等学校课程思政建设指导纲要》中提出，要紧紧抓住教师队伍“主力军”、课程建设“主战场”、课堂教学“主渠道”，使各类课程与思政课程同向同行，构建全员全程全方位育人大格局。③ 2020年12月，中宣部、教育部联合印发《新时代学校思想政治理论课改革创新实施方案》，明确部署新时代如何循序渐进、螺旋上升地开设好大中小学思政课。④

按照中共中央办公厅、国务院办公厅《关于深化新时代学校思想政治理论课改革创新的若干意见》（教材〔2020〕6号），在保持必修课程设置相对稳定基础上，全国重点马克思主义学院率先全面开设了“习近平新时

---

① 中共中央 国务院印发《关于加强和改进新形势下高校思想政治工作的意见》[EB/OL].(2017-02-27)[2018-01-27]. http://www.gov.cn/xinwen/2017-02/27/content_5182502.htm.

② 用新时代中国特色社会主义思想铸魂育人 贯彻党的教育方针落实立德树人根本任务[N]. 光明日报，2019-03-19(01).

③ 教育部关于印发《高等学校课程思政建设指导纲要》的通知[EB/OL].(2020-06-06)[2021-05-28]. http://www.gov.cn/zhengce/zhengceku/2020-06/06/content_5517606.htm.

④ 中共中央宣传部 教育部关于印发《新时代学校思想政治理论课改革创新实施方案》的通知[EB/OL].(2021-01-01)[2020-12-18]. http://www.gov.cn/zhengce/zhengceku/2021-01/01/content_5576046.htm.

代中国特色社会主义思想概论”课，逐步加强以习近平新时代中国特色社会主义思想为核心内容的思政课课程群建设。

时代的发展变化必然为高校思想政治理论课带来直接或间接的影响，也就是说，高校思想政治理论课的历史演进在一定程度上是时代发展的缩影，它既是中华人民共和国成立70多年来我国社会进步和发展变迁的深刻反映，又是在马克思主义中国化的历史进程中与时俱进地形成理论成果的直观体现。追溯高校思想政治理论课的历史演进，有助于我们从课程自始至终所肩负的历史使命中，明确其特定地位，把握其重要作用，从而深度挖掘高校思想政治理论课的课程本质。

二、高校思想政治理论课的地位与作用

教育的主要空间在课堂，通过课程的形式在课堂上开展教育活动，无疑是思想政治教育的最佳选择，于是便有了思想政治理论课。那么，中国高校思想政治理论课有何性质？它与其他课程的不同之处体现在哪里？它在国家整个教育体系中居于何种地位？发挥何种作用？对上述问题的深入分析将帮助我们逐步揭开高校思想政治理论课本质的神秘面纱。

（一）高校思想政治理论课的地位

中国的教育是中国共产党领导下的社会主义性质的教育。从现行的“05方案”的思想政治理论课来看，每门课程的教学内容和教学目的都十分明确，主要体现在以下六个方面。第一，“原理”课的教学内容是马克思主义的世界观和方法论，教学目的是让学生全面系统地了解马克思主义，认同马克思主义，并学会在现实生活中如何践行马克思主义；第二，“概论”课的教学内容是马克思主义中国化的重要理论成果的主要内容及其内在联系，教学目的是提升大学生听党话、跟党走的思想意识，形成对中国化马克思主义的深度认同，接起历史的接力棒，自觉投身我国社会主义现代化建设事业中去；第三，“纲要”课的教学内容是近代以来中华民

族抵御外辱，顽强抗争，苦苦求索，为实现两大历史任务不懈奋斗的历史进程，教学目的是帮助大学生树立正确的历史观，做到“两个了解”，认同“四个选择”；第四，“德法”课的教学内容是生活化的马克思主义，也就是在日常生活空间如何践行马克思主义，教学目的是增进大学生与马克思主义在日常生活空间的“互动”，培育大学生对马克思主义的认同；第五，“形势与政策”课的教学内容是国内外形势与大学生关注的社会热点问题，教学目的是引导大学生认清国际国内局势，自觉拥护党的政策，树立“四个意识”，增强“四个自信”；第六，“05 方案”中唯一一门选修课——“当代世界经济与政治”课的教学内容是世界经济与政治局势的走向、当今国际问题和我国的外交政策等，教学目的是帮助大学生用全球视野全面理解中国的外交战略和对外关系。可见，“05 方案”课程体系中的六门课程既相对独立，又密切联系、相辅相成，共同为大学生思想政治教育服务。

我国是社会主义国家，我国的高校是社会主义性质的大学。党和国家开设了思想政治理论课，统编了教材，明确了教学内容、教学方法、教学要求，并不断结合新情况、新问题，对思想政治理论课进行改革创新。因此，高校思想政治理论课兼具思想性、政治性和理论性。

高校思想政治理论课的特殊性质决定了它在国家整个教育体系中不可替代的重要地位。2004 年 8 月，中共中央、国务院印发《关于进一步加强和改进大学生思想政治教育的意见》（中发〔2004〕16 号），将高校思想政治理论课的地位界定为“大学生思想政治教育的主渠道”①。2005 年 2 月，中共中央宣传部、教育部在《关于进一步加强和改进高等学校思想政治理论课的意见》中再次强调思想政治理论课的重要地位，并指出，用马克思主义武装大学生“是党的教育方针的具体体现，是社会主义大学的本质特征，是党和国家事业长远发展的根本保证”②。并于 2019 年 3 月做出

① 教育部思想政治工作司组．加强和改进大学生思想政治教育重要文献选编（1978—2014）[M]．北京：知识产权出版社，2015：266.

② 教育部思想政治工作司组．加强和改进大学生思想政治教育重要文献选编（1978—2014）[M]．北京：知识产权出版社，2015：293.

了进一步阐释："我们党立志于中华民族千秋伟业，必须培养一代又一代拥护中国共产党领导和我国社会主义制度、立志为中国特色社会主义事业奋斗终身的有用人才。"①

这些是党中央和国家层面对高校思想政治理论课的特殊地位所做的界定，因此，高校思想政治理论课是体现社会主义本质，体现党的意志、国家意志和人民意志的国家课程，是党和国家落实立德树人根本任务的关键课程，是对大学生进行思想政治教育的主渠道，它在国家整个教育体系中处于不可替代的重要地位。

（二）高校思想政治理论课的作用

"要理直气壮开好思政课，用新时代中国特色社会主义思想铸魂育人，引导学生增强中国特色社会主义道路自信、理论自信、制度自信、文化自信，厚植爱国主义情怀，把爱国情、强国志、报国行自觉融入坚持和发展中国特色社会主义事业、建设社会主义现代化强国、实现中华民族伟大复兴的奋斗之中。"② 因此，在新时代党中央致力于通过加强和改进高校思想政治理论课的背景下，应发挥思想政治理论课程具有的三个方面的重要作用。

1. 用习近平新时代中国特色社会主义思想铸魂育人，把青年大学生凝聚到党中央周围

我国的社会性质决定了我们要培养的人才一定不是为资本主义服务的，一定不是社会主义建设的旁观者，一定不是与我国前进和发展背道而驰的反对派。培养有能力接过历史的接力棒、扛起时代重任的接班人，是我国一切教育尤其是思想政治教育旗帜鲜明的根本任务，也就是说，要通过教育手段把青年大学生的思想和行动凝聚到党中央周围。那么，如何把

① 用新时代中国特色社会主义思想铸魂育人 贯彻党的教育方针落实立德树人根本任务[N]. 光明日报，2019-03-19（01）.

② 同①。

青年大学生凝聚到党中央周围呢？这就需要做好人心的工作，培育起认同感，也就是铸魂育人。用什么来铸魂育人呢？用全党、全国人民团结奋斗的共同思想基础。共同的思想基础不是凭空产生的，也不是随意确定的，而是源于全党、全国人民共同的利益，凝结为共同的奋斗目标。

21 世纪的思想政治理论课既传承了马克思主义的理论血脉，又有鲜明的时代特性，必将成为实现中华民族伟大复兴的重大理论武器。因此，为大学生讲好新时代中国特色社会主义思想，让这一思想真正被大学生认同，是高校思想政治理论课的职责所在。通过高校思想政治理论课的系统学习，大学生应自觉向真理看齐，向党的理论和路线、方针、政策看齐，把思想行动和智慧力量统一到落实党中央重大决策部署上来。从这个意义上说，高校思想政治理论课为党和国家铸魂育人、凝聚人心的作用，是其他课程无法替代，也不能替代的。

2. 增强“四个自信”，厚植大学生的爱国主义情怀

“四个自信”是新时代中国特色社会主义思想的重要组成部分。自信是对自身力量深度认同的一种积极态度，它不仅代表昂扬向上的精神面貌，更是一种强大的行动力的体现。之所以要增强“四个自信”，是因为在现实生活中，人们对于该自信的内容还不够自信。而自信又是建立在认同的基础上的，所以中国人的“四个自信”便与“马克思主义认同”不谋而合了。高校思想政治理论课就是要通过课程教学的形式，让青年大学生在学习马克思主义理论的过程中，生成对中国特色社会主义道路、理论、制度和文化的理性认同，对其饱含深情，并身体力行。

自古以来，中华民族就有历经沧桑仍不屈不挠、饱受磨难却自强不息的民族品格。如今，以昂扬的姿态屹立于世界民族之林的中华民族没有理由不自信，它值得被人们信任，也应该被人们信任。“中国现在已经不再像旧中国那样在世界政治舞台缺位，或扮演敬陪末座没有发言权的小媳妇角色，而是带着中国特色社会主义建设的伟大成就，带着构建人类命运共同体的主张，带着解决世界面临的问题的中国方案、建议和话语，自信地

走向世界政治舞台的中心。”[①]“四个自信”蕴含“四个认同”之意。离开了认同，自信便无从谈起。高校思想政治理论课用几门课程从不同角度讲清楚这些问题，既是对爱国主义情怀的深度培育，又是对一切否定中国的历史、传统、文化、制度的思想和行为的强烈回击，更是对全国人民的民族自信心和自豪感的巨大鼓舞。

3. 巩固马克思主义在我国意识形态领域的指导地位，夯实共同的思想基础

对大学生进行马克思主义教育是高校思想政治理论课的神圣职责，从这个意义而言，高校思想政治理论课还具有向大学生传播意识形态，夯实共同的思想基础的重要作用。

大学生马克思主义认同问题在马克思主义大众化的具体实践中至关重要。因为大学生不是普通意义上的“大众”，他们的使命更加艰巨，责任更加重大。按照党的十九大勾画出的时间表，现在的这批“95 后”“00 后”大学生将亲自参与、亲身经历中国回归世界强国之林的辉煌历史时刻，中华民族伟大复兴的中国梦将在他们这一代人的奋斗中变为现实，他们是名副其实的“强国一代”“圆梦一代”。假如这一代大学生不能认同马克思主义，便不能接过历史的接力棒，在实践中成为一名马克思主义者；假如这一代大学生对马克思主义的认同书本化、概念化，缺乏情感认同，便不能将马克思主义入脑、入心、入行动；假如这一代大学生非但不认同马克思主义，反而对资本主义意识形态或是封建迷信产生认同，则会直接危及马克思主义的指导地位，动摇共同的思想基础。

世界经济政治格局的不断变化、信息网络技术的迅猛发展和我国改革开放的不断深入使意识形态的斗争日益激烈和复杂。在意识形态多元激荡，马克思主义与非马克思主义，甚至在反马克思主义的思想观点针锋相对、竞相争取大学生认同的今天，高校思想政治理论课教学既要旗帜鲜明地讲政治，也要允许批评和质疑的声音存在，还要引导青年大学生深刻领

---

① 陈先达．文化自信的本质与当代意义［J］．红色文化学刊，2018（1）：106.

会什么是马克思主义，什么是非马克思主义，认清非马克思主义意识形态和社会思潮的本质，划清与它们的界限。通过高校思想政治理论课教学，帮助大学生坚定主心骨、把准定盘星，把社会意识形态和价值观念准确传达给大学生，转化为每个大学生个体的思想观念，让大学生朝着党和国家期望的方向发展，这无疑会整合出强大的社会力量。

三、高校思想政治理论课的教学要素

高校思想政治理论课从名称上来看包含“思想”“政治”“理论”三大要素，三者之间是什么关系呢？首先，“思想”是高校思想政治理论课教学的终极目标，也就是说，高校思想政治理论课不单单是知识教育，而是要对大学生进行思想塑造，获取大学生内心坚定不移的认同。显然，高校思想政治理论课所要完成的立德树人的根本任务，不是要培养一般意义上的合格公民，而是要为党和国家培养有能力完成民族复兴大任的优秀接班人，这就是“铸魂育人”中所谓的“魂”。铸魂何以可能呢？铸魂要通过培养大学生对当前政治合法性的认同来实现，所以高校思想政治理论课的“政治”性是根本。而“思想”和“政治”的功能，又都以“理论”为前提。高校思想政治理论课必须讲理论，马克思主义的整套理论体系是高校思想政治理论课存在的必要条件，无论何时都不能弱化，而且要高度自信。“思想政治理论课不是简单的政治宣传，它是通过讲理论知识让大学生‘知其然’，提升出其中的思想性让大学生‘知其所以然’，最后落实到政治认同让大学生‘知其所必然’。”[①] 因此，以“理论”为前提、以“政治”为根本、以“思想”为目标，构成了高校思想政治理论课的内在逻辑。从认同教育的视域来看，高校思想政治理论课所要达成的认同内在地包含了理论认同、政治认同和思想认同三部分内容，也就是所谓的“马克思主义认同”，即：对中国化马克思主义的认同，对马克思主义在中国

---

① 陈锡喜，刘伟．论把握高校思想政治理论课“有力支撑”的三个维度［J］．马克思主义理论学科研究，2019（2）：25．

的政治代表——中国共产党的认同，对在马克思主义指导下中国成功探索出的实践路径——中国特色社会主义道路的认同，对在马克思主义指导下中国特色社会主义实践的伟大探索——改革开放的认同，以及由思想深处引发的对马克思主义的深切归属感和强大行动力。

在论证了高校思想政治理论课的历史演进、特殊地位和重要作用的基础上，我们运用认同教育基础理论进一步对高校思想政治理论课进行“肢解”，深度探析高校思想政治理论课的教学目标、教学内容、教学方法和教学评价等要素，以期触摸到高校思想政治理论课最深层次的本质问题。

（一）高校思想政治理论课的教学目标

目标即是方向。高校思想政治理论课既不属于知识教育，又不属于技能教育，更不属于提倡反对、质疑和批判的通识教育，而是一种认同教育。高校思想政治理论课的教学目标是培养“青年马克思主义者”，不仅要让大学生学好马克思主义，尤其是中国化马克思主义，更要让大学生在认知、情感和行为层面认同马克思主义。

在认同教育的视域下，“05 方案”规定的本科生必修课和选修课的教学目标恰好对应大学生马克思主义认同的五个方面，“原理”课的教学目标是培养大学生对马克思主义作为无产阶级和全人类解放科学的价值认同；“概论”课的教学目标是培养大学生对中国化马克思主义的理性认同；“纲要”课的教学目标是培养大学生对“四个选择”的历史认同；“德法”课的教学目标是培养大学生对马克思主义的生活化认同；“形势与政策”和“当代世界经济与政治”课是对党的政策和国内外形势的认同。因此，高校思想政治理论课的教学目标就是培育和增强大学生对马克思主义的全方位认同。

明确了教学目标，那么高校思想政治理论课无论怎么改革创新，都不会背离“大学生马克思主义认同”这一目标，都要为实现这一目标而服务。因此，高校思想政治理论课教学必须牢牢把握认同教育的本质，按照认同培育、生成、持续和强化的基本规律来开展教育活动。首先，要通过科学有效的教学手段，让大学生了解马克思主义，建立对马克思主义的科学、理性的认知；其次，要通过情景感染、环境营造等方法，增进大学生对马克思主义的归属性心理和真挚情感；最后，要帮助大学生将马克思主义的思想精神、原则立场和具体要求落实到日常生活的实际行动之中。

（二）高校思想政治理论课的教学内容

既然高校思想政治理论课的教学目标是培养大学生对马克思主义的认同，那么教学的全部要素和整个过程都要为达成这一目标而服务。认同的本质是归属感，大学生马克思主义认同生成与否的判定标准是大学生是否在“互动”中对马克思主义产生了归属感。某一大学生认同马克思主义，他就归属于马克思主义，自觉成为一名“马克思主义者”，而此时马克思主义也不再与他无关，而是他的马克思主义。这就是大学生与马克思主义的“双向归属”，也是高校思想政治理论课教学内容的重中之重。

在新时代新的历史条件下，要让马克思主义指导全体大学生，同时又让大学生认同马克思主义，前提是要促成大学生与马克思主义的“互动”。认同的生成需要认同教育发挥强有力的外部传导作用，而高校思想政治理论课刚好是将马克思主义推介给大学生的重要平台。通过高校思想政治理论课，大学生能够感知到马克思主义一直在场，而且一直都在发挥重要作用。

马克思说：“理论在一个国家实现的程度，总是取决于理论满足这个国家的需要的程度。”① 马克思主义在一定程度和一定形式上满足大学生的成长需求，是大学生马克思主义认同生成的关键所在。马克思主义能在哪些方面、多大程度上满足大学生成长成才的需求呢？怎样建立起马克思主义与大学生之间的“供需关系”呢？如何引导大学生在日常生活空间践行马克思主义呢？这是高校思想政治理论课中任何一门课都无法回避的现实问题。所以在教学内容上，高校思想政治理论课教师要基于教材，高于教材，突出重点，把握住马克思主义这个大智慧，尤其侧重于培养大学生的理论判断力、辨别力和思考力，提高大学生运用马克思主义解决现实问

① 马克思恩格斯文集：第1卷［M］. 北京：人民出版社，2009：12.

题、促进自身发展的能力。因为以这样的教学内容呈现出来的“马克思主义”，更容易让大学生产生“归属感”。

（三）高校思想政治理论课的教学方法

一大批富有时代特点的新的教学方法的不断涌现是高校思想政治理论课教学改革成果的直观体现。目前，专题教学、网络教学、实践教学等综合教学法已经在全国高校思想政治理论课课堂上广泛普及。从认同教育的视域来看，这些方法对促进大学生马克思主义认同具有一定的积极意义，但还不够系统。因为认同不仅存在定性的问题，还存在定量的问题，不仅包括认知认同，还包括情感认同和行为认同。而当代大学生只有真正做到对马克思主义的理性认知、情感皈依和行为实践的长期稳定和高度统一，高校思想政治理论课的教学目标才算得以完整实现。

因此，高校思想政治理论课教学应遵循“认知认同—情感认同—行为认同”的方法论逻辑，三个层次的认同缺一不可，既不能将三者割裂，只强调其中一个方面，也不能不顾学生实际，盲目跟风进行改革。万变不离其宗，任何教学方法都要为培育和强化大学生马克思主义认同这一教学目标服务。首先，高校思想政治理论课教学要培育大学生对马克思主义的认知认同。因为马克思主义思想性极强，内容博大精深，要达成大学生马克思主义认同的目标，前提是要通过课程教学的方式向大学生传播马克思主义，让大学生全面深入地了解马克思主义，掌握马克思主义。只有在科学、理性认知的基础上形成的马克思主义认同，才具有连续性、一致性和确定性。其次，高校思想政治理论课教学要涵养大学生对马克思主义的情感认同。情感认同能促进认知认同的裂变，使原有的认同度迅速升华。当代大学生马克思主义认同需要情感的助推。情感认同会调动大学生对马克思主义不断学习、不断探索的积极性，巩固前期认知认同的成果，生成对马克思主义的科学信仰。最后，高校思想政治理论课教学要催生大学生对马克思主义的行为认同。如果大学生马克思主义认同只是局限于课堂上、会议中、考试上，在生活中却不懂得如何实践，这样的马克思主义认同就成了“纸上谈兵”，是不完整的认同。大学生对马克思主义的行为认同，就是把马克思主义运用到日常生活之中，作为自己的行为规范和处事原则，在实践中成为一名真正的“马克思主义者”。大学生通过高校思想政治理论课的系统学习，在培养起对马克思主义的认同感之后，主观上便会自觉以马克思主义的要求来约束和规范自己的行为。

可见，高校思想政治理论课教学方法的改革创新，重点不在于手段的复杂多样，而在于选用的某一种或某一套教学方法能真正促进大学生对马克思主义的认知、情感和行为认同的统一。只有经过全面系统的学习、深刻的情感体验和反复的实践验证，当代大学生才能形成对马克思主义稳定、持久、强烈的认同。

（四）高校思想政治理论课的教学评价

教学评价是对教学实效性的系统考核。通过教学评价，可以查找问题、肯定经验，而问题的解决和经验的总结则是为了更好地服务于教学目标。作为对大学生开展思想政治教育的前沿阵地，高校思想政治理论课责任重大，使命光荣。其主要功能就是将马克思主义通过课程教学的方式有效传导给大学生，培育起大学生对马克思主义的深度认同。因此，大学生在学习高校思想政治理论课前后对马克思主义认同度的变化，才是评价高校思想政治理论课教学效果的核心指标。

高校思想政治理论课教学活动是一个精密的系统工程，由多个教学要素、多段教学过程组成，每个要素与每段过程都会对教学效果产生一定的影响，因此，高校思想政治理论课的教学评价指标也必然是一个系统。即高校思想政治理论课教学评价不能单纯采用要素评价、过程评价、结果评价等方式，而是要全面把握各个教学参与要素、每段教学过程，以及整体教学效果对大学生马克思主义认同状况产生的影响。“思想政治理论课教育教学评价要取得发展和进步，评价范式就必须突破单一和封闭的模式，寻求多样化的形式，并在多样化形式的基础上，融入人文精神和科学精神，实现分数评价范式与实际表现评价范式的结合，以取得对思想政治理论课教育教学质量提高的双向辅助作用。”①

在评价方法上，高校思想政治理论课教学评价应该有短期评价和长期评价两种：短期评价是针对高校思想政治理论课的知识目标、能力目标和价值目标，选择各自不同的考核形式进行静态考核，比如，用笔试的方式，通过一张试卷考核大学生对马克思主义的认知认同情况，用参加一次情景剧比赛、写一篇心得体会等方式考核大学生的情感认同情况，用开展一次社会调研、讲好一节思想政治理论课等方式考核大学生的行为认同情况等；与之相对应的长期评价，是对大学生马克思主义认同进行动态考核，设计精密科学的测量体系，对大学生上思政课之前对马克思主义的认同度和上课思政课之后的指标进行比较分析，考察大学生通过高校思想政治理论课的学习对马克思主义是否由不认同变为认同，或者是否由时间较短、程度较浅的认同发展为时间更久、程度更深的认同。在大学生毕业离校后这种评价还应该持续跟踪，通过考察大学生毕业后的社会表现和实际行动，为高校思想政治理论课教学效果做出更加权威有效的评价。

综上所述，在认同教育的视域下，通过分析高校思想政治理论课的教学目标、教学内容、教学方法、教学评价等基本要素，不难看出，高校思想政治理论课的课程本质就是面向当代大学生的马克思主义认同教育课程，其目标就是培养当代大学生的马克思主义认同。对高校思想政治理论课无论是开展理论研究，还是进行实践创新，都不能脱离对高校思想政治理论课课程本质的把握。唯其如此，方能把握根本，避免一窝蜂地跟风行动；亦唯其如此，方能更好地完成高校思想政治理论课立德树人的神圣使命，促进大学生与马克思主义的“双向掌握”。

本章小结

在初步构建起认同和认同教育的基础理论体系之后，本章解决的是认

---

① 赵国友．高校思想政治理论课教育教学新范式的建构及其意义［J］．思想政治教育研究，2013（3）：53.

同教育视域下高校思想政治理论课的课程本质问题。遵循历史、现实和要素三个维度，分别从中华人民共和国成立以来在高校思想政治理论课的历史演进中，从高校思想政治理论课所处的地位和发挥的作用上，从对高校思想政治理论课各个教学要素的分析中，探究高校思想政治理论课的本质。

从历史发展的维度来看，高校思想政治理论课的历史演进经历了如下轨迹：中华人民共和国成立初期基本上是纯粹的马列主义课；对高校思想政治理论课改革进行初步探索的“85 方案”，由单纯的马列主义和毛泽东思想教育，转变为强调政治性与思想性相结合，高校思想品德课程开始确立起来并逐步完善；高校思想政治理论课体系建设的“98 方案”，使“两课”课程体系最终确立；高校思想政治理论课创新发展的“05 方案”，形成了“五门必修课 + 一门选修课”的全新课程体系，并沿用至今；新时代的高校思想政治理论课，重点在于贯彻落实对高校思想政治理论课教师“六个要”的明确要求和对高校思想政治理论课改革创新“八个相统一”的重要指示。

从现实的场域来看，高校思想政治理论课的课程本质和特定价值，决定了它是体现社会主义本质，体现党的意志、国家意志和人民意志的国家课程，是党和国家落实立德树人根本任务的关键课程，是对大学生进行思想政治教育的主渠道，它在国家整个教育体系中处于不可替代的重要地位。正因为如此，新时代的高校思想政治理论课发挥着用新时代中国特色社会主义思想铸魂育人，增强大学生的“四个自信”，厚植大学生的爱国主义情怀，加强以马克思主义为指导的意识形态建设，凝聚全社会共同的思想基础的重要作用。

在认同教育的视域下分析高校思想政治理论课的各个教学要素，得出的结论是：高校思想政治理论课以促成大学生马克思主义认同为教学目标，以实现大学生与马克思主义的“双向归属”为重点教学内容，以“认知认同—情感认同—行为认同”为方法论逻辑，以上课前后大学生对马克思主义认同度的变化为评价标准。

由此可见，高校思想政治理论课的本质就是面向当代大学生开展的马克思主义认同教育课程，旨在用马克思主义武装大学生，让大学生对所学内容建立起深厚感情，落实为实际行动，升华为坚定信仰，也就是说，高校思想政治理论课本质上是要培养大学生集理性认知、情感归属和行为实践为一体的完整的马克思主义认同，并促进这一认同成果不断持续和强化。从这个意义上而言，高校思想政治理论课的所有运动机理就都与上一章所述的认同和认同教育的基础理论不谋而合了。

第三章　认同教育视域下高校思想政治理论课教学的成效与问题

高校思想政治理论课问题表象繁杂、纵横交错，是一个庞大的问题系统。纵向来看，高校思想政治理论课存在与小学、中学思政课的衔接问题，即思政课的幼儿园、小学、中学、大学一体化的问题；横向来看，高校思想政治理论课存在与其他非思政课程的协同问题，即思政课程与课程思政同向、同行的问题；从要素来看，高校思想政治理论课又可分解为课程体系、教材体系、教学体系、评价体系、教师队伍建设等。本章将研究重点聚焦高校思想政治理论课教学层面，探讨认同教育视域下高校思想政治理论课教学的成效与问题。

高校思想政治理论课的课程体系历经中华人民共和国成立70多年的不断探索和“85方案”“98方案”和“05方案”的迭代升级，取得了巨大成果。随着课程体系的逐步完善，高校思想政治理论课在教学上也不断与时俱进、改革创新，涌现出一系列新亮点和新方法，大学生对马克思主义的认同状况也不断好转，呈现逐年向好的新气象。然而，机遇往往与挑战相伴，改革中的问题总是不可避免。随着时代的发展和客观环境的变化，高校思想政治理论课在教学层面的新问题也随之涌现，高校思想政治理论课教学在“应然”与“实然”之间呈现两种不同的场景，甚至产生了一系列悖论。因此，在认同教育的视域下，总结高校思想政治理论课教学取得的积极成效，解决高校思想政治理论课教学存在的现实问题，剖析问题产生的原因成为本章要解决的核心问题。

一、高校思想政治理论课教学取得的积极成效

追随历史发展的脉络考察高校思想政治理论课在教学层面的发展轨迹，可谓亮点颇多。高校思想政治理论课教学经过不断的改革创新，已经实现了系统升级和全面转型，取得的积极成效是全方位、多角度和深层次的。本书基于认同教育的视域考察高校思想政治理论课教学问题，将重点围绕高校思想政治理论课在教学上涌现出的新亮点，在教学过程中出现的新方法，以及学习高校思想政治理论课以后，大学生马克思主义认同呈现的新气象三个方面，梳理高校思想政治理论课在发展历程中出现的具有积极意义的正面成果，挖掘高校思想政治理论课教学的理论逻辑，推动高校思想政治理论课教学实践在新时代实现新发展。

（一）高校思想政治理论课教学的新亮点

中华人民共和国成立以来，随着我国思想政治教育的科学发展和教学改革的深入实践，高校思想政治理论课教学，呈现教学理念与时俱进、教学管理越发科学、教材编写系统规范、教学组织不断优化和学科建设水平逐年提升的局面。高校思想政治理论课教学越来越富有时代气息，越来越贴近大学生成长成才的具体要求，越来越具有实效性，其中很多新亮点值得提炼和总结。

1. 教学理念与时俱进

教学理念的不断革新是高校思想政治理论课教学创新发展的内在动力。中华人民共和国成立以来，高校思想政治理论课教学无论怎样改革，都始终服务于特定时期党和国家的中心工作。伴随社会主要矛盾的转化、时代的转型和体制机制的转换，高校思想政治理论课的教学理念也在与时俱进地发生着“革命”。从中华人民共和国成立之初单纯强调政治的一维主题，到“经济＋政治”的二维主题，再到注入以人为本的理念，我国高校思想政治理论课教学理念“发生了从‘物本’向‘人本’的现代化转

换，促进了思想政治教育的现代化与科学化发展。”①

中华人民共和国成立初期，政治革命和阶级斗争是人们社会生活的主要内容。党和国家迫切需要通过思想政治教育凝聚起全国人民共同的价值观念，巩固新生的人民民主政权，摆脱贫穷落后的面貌。这时的思想政治教育和相关课程带有明显的政治性和意识形态性。随着时代的发展，经济在社会发展中所起的决定性作用逐渐凸显，中国在改革开放的大潮下也发生了深刻的社会变革。思想政治理论课在保留原有的政治性和意识形态性的前提下，更加强调意识形态等上层建筑对经济基础的反作用力，致力于为经济建设提供精神动力和智力支持。党的历届领导集体反复强调：“党的思想政治工作，是经济工作和其他一切工作的生命线……是我们党和社会主义国家的重要政治优势。”②“05 方案”的出台开启了高校思想政治理论课改革创新的新篇章。此后的高校思想政治理论课越来越注重“以人为本”，强调以大学生为中心，强调对大学生成长成才的实际需求的关注，强调认知、情感和行为的统一，这无疑是对原来自上而下的教育理念的彻底变革。在这样的理念下，高校思想政治理论课的课堂越来越生动活泼，线上 + 线下、课内 + 课外、学习 + 实践、互动 + 竞赛……一切都归结到对大学生的关注上来，“以人为本”的教学理念充分释放和彰显出来。

从认同教育的视域看高校思想政治理论课的教学理念，大学生无疑是认同的主体，因此，“以人为本”的教学理念与认同教育的基本要求具有高度的一致性。高校思想政治理论课任何时候都要以培养大学生马克思主义认同为目标，激发大学生的内在情感，凝聚大学生为党和国家、为中华民族伟大复兴而奋斗的强大行动力。要实现这样的目标，显然“我要认同”比“要我认同”更科学、更有效。如果说之前我们奉行的“政治一维性”和后来的“经济、政治二维性”的教学理念都侧重“要我认同”，那么“05 方案”以来的“以人为本”的教学理念则凸显“我要认同”的思维，把认同的主人翁地位还给大学生，让高校思想政治理论课成为他们认

① 侯勇．“政治自觉”到“人本自觉”：90 多年来中国共产党的思想政治教育主题转换［J］．学校党建与思想教育，2012（11）：11.

② 江泽民文选：第 3 卷［M］．北京：人民出版社，2006：74.

同马克思主义的一种特殊而又不可或缺的重要手段，这样形成的认同效果会更加深入、更加稳定、更加持久。

2. 教学管理越发科学

中华人民共和国成立以来，高校思想政治教育经历了从单纯抓一线教学，到教学、科研并重，再到教学、科研、管理齐抓的发展轨迹。高校思想政治理论课是立德树人的主渠道，这一地位是不容动摇的。但是课堂教学能否有效地发挥作用，还有赖于强大的科研力量和科学的管理水平的加持。

细数高校思想政治理论课的发展脉络，我们不难发现，最初的课程更像党和国家施政纲领的宣讲，带有明显的口号性、调子很高，却并不亲民，不容易被大学生理解和认同。这实际上是高校思想政治理论课一切问题之源，即对于大学生而言，我为什么要上这门课？这门课与我的生活有什么关系？我与这门课能否实现内在的深层互动？互动的规律和机理又是什么？这些问题如果不能得到及时解决，势必严重影响到高校思想政治理论课的教学效果。于是，科研的重要性被意识到并反复强调起来。1979 年 6 月 15 日，第一机械工业部召开的电话会议首次提出“思想政治工作要吸收现代科学成果，把它进一步提高，上升到理论，成为一门科学”①。此后，国内学者们便围绕“思想政治工作科学化”的问题进行深入的理论研究。时至今日，关于高校思想政治理论课的研究成果可谓浩如烟海、灿若繁星，特别是 2019 年 3 月 18 日学校思想政治理论课教师座谈会以来，国内学界对新时代思想政治理论课相关问题的研究更是异彩纷呈、成果显著。在理论研究的加持下，高校思想政治理论课在实践中也不断寻求教学手段的改革和创新，教学实效性不断提升。

在思想政治工作科学化发展的过程中，“对教育提质量、向管理要效益”逐渐成为业界共识。在各级党委的坚强领导下，高校思想政治理论课教学管理体制日益系统和完善，表现在以下五个方面。第一，明确高校思

① 孙有余，钱学森，费孝通，等. 论思想政治工作科学化［M］. 太原：山西人民出版社，1981：27.

想政治理论课教学的领导权问题，不断坚持和加强党对高校思想政治理论课的绝对领导。各高校逐步建立和完善起党委领导下的校长负责制，加强对思想政治理论课的顶层设计，统筹全校资源，抓好思想政治理论课教学改革。第二，各高校成立马克思主义学院，实行校院两级管理，明确了高校思想政治理论课教学的管理机构。第三，从“思政课程”向“课程思政”转变。明确高校开设的每一门课程都具有育人育才的功能，要做到思政课与其他课程同向同行，就要唤醒每一位教师的育人使命，实现全员、全程、全方位育人。第四，建设“大思政”格局，充分调动高校和社会中一切可能的力量做好大学生思想政治工作。全国各高校的组织部门、宣传部门、学生工作部门、研究生管理部门、共青团、就业指导部门、心理咨询部门、资助管理部门等各司其职，齐抓共管，从不同的角度为高校思想政治理论课教学目标的达成保驾护航。第五，对高校思想政治理论课的教学评价更加规范。党和国家相关部门先后出台一系列文件，如2015年出台的《高等学校思想政治理论课建设标准》和2017年出台的《高校思想政治工作质量提升工程实施纲要》，对高校思想政治理论课的建设和评价做出部署。在政策的引领下，各地、各高校也结合自身实际，出台评价标准或评分细则，紧抓教学质量的生命线。在党的领导下，高校思想政治理论课教学、科研和管理的齐抓共管，使高校思想政治理论课教学迈入了新的发展时期。

3. 教材编写系统规范

教材是高校思想政治理论课教学的蓝本。2004年1月，中共中央印发《关于进一步繁荣发展哲学社会科学的意见》，提出实施“马克思主义理论研究和建设工程”（简称“马工程”）。“马工程”除从事科学研究外，一个重要的任务就是编写马克思主义理论学科的重点教材，从而构建全国统一、科学规范的教材体系。此后，大批专家学者投入大量精力参与到统编教材的编写工作中。自2006级大一新生入学起，高校思想政治理论课开始使用“马工程”的全国统编教材。此后，教材根据党和国家各项方针政策的改变而不断修订和完善，逐步建立了一整套系统规范的教材编写体系。

同时，教育部要求，各级教育部门和各高校在未经中宣部、教育部、新闻出版总署批准的情况下，不得擅自编写高校思想政治理论课教材。

在教材内容上，大学本科生使用的思想政治理论课四门必修课程的教材内容虽各不相同，却各有侧重，虽各自区别，却紧密联系，虽相对稳定，却一直在不断发展。伴随党的理论创新成果的不断涌现，高校思想政治理论课的教材也随之不断进行修订和更新，“05 方案”以来，科学发展观、新时代中国特色社会主义思想等党的重大理论成果先后被写进高校思想政治理论课教材。

在保证统编教材及时推新的基础上，中宣部、教育部每年还会针对新修订的教材，组织全国高校思想政治理论课骨干教师培训，各省负责组织省级骨干教师培训，各高校再通过全校思想政治理论课教师集体培训、集体备课等方式，确保面向高校思想政治理论课教师开展的统编教材的培训做到全覆盖，让党的理论创新成果第一时间走进教材、走进课堂。

4. 教学组织不断翻新

教学组织是教师和学生按一定形式组合起来进行教学活动的结构。随着教学理念的与时俱进，高校思想政治理论课的教学组织也不断翻新，实现了从“教师主动教”到“学生主动学”、从“学生自己学”到“小组互助学”、从“向书本学”到“向实践学”、从“单纯学知识”到“知情意行全面提升”的系统转变。

传统的教学组织是教师讲、学生听的形式，这样的教学形式在我国高校思想政治理论课设立之初的课堂上十分常见，且沿用了相当长的时间。这种教学组织形式的优势在于课堂由教师一手掌握，确保了知识的灌输与注入，而其不足之处则在于对大学生学习的主观能动性、理解能力和知识水平的关注和重视不足，让大学生处于一种被动接受的状态。随着高校思想政治理论课的教学理念逐步向“以人为本”转变，高校思想政治理论课课堂也出现了主体转换的局面，教师逐渐让出了自己在课堂上的主体地位，并引导和鼓励大学生成为高校思想政治理论课的主体。习近平总书记在学校思想政治理论课教师座谈会上对这种“教师主导、学生主体”的课堂组织形式也给予了充分肯定。

明确了“教师主导、学生主体”的教学组织形式以后，“教师如何主导”和“学生的主体作用如何发挥”等问题也在实践中被反复摸索。高校思想政治理论课教师在把握教学内容和政治导向的前提下，逐步将课堂的主动权交给大学生，从大学生自学、汇报展示，到小组讨论、辩论，再到大学生讲、老师总结的“翻转课堂”等一批新的教学组织形式在全国范围推广开来。其中，打破教室的局限倡导在实践中学习的“实践教学”和在互联网上通过“慕课”“微课”等形式的“线上教学”受到广大师生的普遍欢迎。尽管高校思想政治理论课的教学组织形式花样繁多，但它们的共同之处在于，这些教学的组织形式普遍关注到了大学生成长发展的规律以及大学生的心理特点和思维习惯，确保高校思想政治理论课能够满足大学生成长发展需求。

内容决定形式，形式服务于内容。高校思想政治理论课最主要的内容就是向大学生传播马克思主义理论，最根本的任务就是实现大学生对马克思主义的认同，任何有助于这一内容深化、有利于这一目标实现的教学组织形式，都是值得肯定的。

5. 学科建设水平提升

学科建设是高校思想政治理论课改革创新的理论基础。“思想政治教育学科是适应思想政治教育实践需要而产生和发展起来的。”① 一方面，新中国成立以来思想政治教育的建设和改革所形成的成果，多数是实践经验的总结，尚未形成科学的理论体系；另一方面，在新的历史条件下，思想政治教育迫切需要有科学的理论加以指导，有专业化的队伍来具体运行，由专门的组织来保驾护航。

2005 年 5 月，中共中央宣传部、教育部联合印发《中宣部 教育部关于加强和改进高等学校哲学社会科学学科体系与教材体系建设的意见》，提出要将马克思主义理论学科确立为一级学科。“马克思主义理论”正式被列为一级学科是在 2005 年 12 月，设在“法学”门类之中。全国首批马

① 冯刚．改革开放以来高校思想政治教育发展史［M］．北京：人民出版社，2018：75.

克思主义理论一级学科博士点于2006年产生，全国共有21家单位获批。作为“马克思主义理论”一级学科下的二级学科之一，“思想政治教育”学科经过多年的发展，专业性和学科性均得到大幅提升，逐步形成了本科、硕士、博士“一条龙”的研究对象明确、功能定位科学的学科体系。

高校思想政治理论课教学在实践中的创新发展和思想政治教育学科建设水平的提升是相互联系、不可分割的整体，前者为后者奠定了实践根基，后者为前者提供了理论指针。高校思想政治理论课教学正是在理论创新与实践创新的发展中，不断向着新时代迈进。

（二）高校思想政治理论课教学的新方法

世界上最有价值的知识就是关于方法的知识，因为方法能够有效解决问题，所以“方法为王”。之所以将教学方法作为一项内容单列为高校思想政治理论课教学所取得的积极成果之一，是因为高校思想政治理论课经过多年的建设和改革，已经涌现出专题教学法、互动教学法、研究教学法、情境教学法、网络教学法、实践教学法等一批特有的教学方法，亟待分析与总结，而这些新方法也让高校思想政治理论课教学在新时代呈现出了崭新的面貌。

1. 专题教学法

专题教学法指的是高校思想政治理论课教师根据教学目标，以教材为基础，针对教学过程中的某个重要问题进行专题讲授或研讨的一种教学方法。

专题教学法的关键在于问题导向，也就是说，专题的核心是问题，首先要有问题，然后师生共同分析问题，最终找到问题解决的办法。高校思想政治理论课教学问题的设计也很有学问，要紧扣教学重难点和大学生关注的社会热点，用能够激发学生深度思考的形式加以呈现。

当前，问题导向下的专题教学法在高校思想政治理论课的课堂上被广泛应用。这种教学法的优势在于，问题本身就是大学生学习的关注点和兴趣点。教师从客观存在的现实问题出发，用问题导入课程内容，吸引大学生参与到问题的讨论中来，这无疑会强化大学生学习的积极性、主动性和实践性，形成“教师抛出问题—学生追问问题—师生合力分析问题—共同想办法解决问题”的良性闭环。而对于大学生而言，他们只要对专题教学的某一个问题产生了浓厚的学习或研究兴趣，或是对某一问题的解决产生了豁然开朗之感，对这一问题对应的教学内容的认同感就会大幅提升，对这门课程的学习主动性也会大大增强。

2. *互动教学法*

“互”要求有双方，单方无法构成交互关系；“动”要求有行动，静止状态也无法形成互动。因此，互动是双方在一定环境下，通过语言或行为等方式传递信息并彼此反馈的过程。互动教学法是教师的“教”与学生的“学”交互影响和交互活动的过程，是促进师生交流、提升高校思想政治理论课教学效果的一种有效的教学方法。“高校思想政治理论课之课堂积极互动是师生之间、学生之间针对具体理论问题、具体社会问题和具体人生问题所进行的心与心的交流，表层的信息交流背后蕴含着理论的征服力、逻辑的说服力和情感的感染力。”① 常见的互动教学法有：案例教学、比较教学、讨论或辩论等。

目前许多高校的思想政治理论课课程安排受到大班教学的限制，互动教学法要达到预期效果具有一定难度，教师需要把大学生分成若干个小组，以小组为单位组织课堂互动，这无疑对高校思想政治理论课教师提出了更高的要求。如何吸引大学生参与互动？如何避免大学生功利性地为了取得好成绩而互动？如何引导大学生表达内心深处的真实想法？如何掌控互动中出现的矛盾和争议？这些问题的处理考验着高校思想政治理论课教师的智慧。

在新时代的高校思想政治理论课课堂上，教师“一言堂”的情况已经较为少见，绝大部分大学生愿意通过互动的方式向教师直接表达对教学内容的困惑、疑问和思考。而教师及时正确地应对和解答这些问题，帮助大

① 王国学，顾博．高校思想政治理论课积极互动教学方法研究［J］．学校党建与思想教育，2018（12）：50.

学生在理解问题的过程中感知马克思主义强大的实践指导作用，在此过程中大学生会主动生成马克思主义认同。所以一般而言，通过课堂上的主动互动培育起来的认同感，会比被动接受理论灌输所形成的认同更具稳定性。

3. 研究教学法

研究教学法是指教师根据教学目标，向大学生提出要调查研究的领域，指导大学生通过理论和实践研究，主动发现问题并寻找答案，以培养大学生研究能力和钻研精神的一种教学方法。这一教学方法因难度较大、要求较高，对大学生马克思主义素养的训练也更全面。

在研究教学法的使用过程中，高校思想政治理论课教师越来越关注于激发大学生的问题意识，引导大学生围绕某一领域内的一个或两个问题进行重点研究。研究教学法的一般流程为：第一步，大学生先确定要研究的问题，根据问题，以小组为单位展开讨论，制订研究计划，分解研究任务；第二步，大学生进行理论研究，收集和梳理与问题相关的文献资料，了解前人的研究成果；第三步，初步形成一个理论假设，并由小组共同进行实践验证，对这一过程获取的资料进行统计分析；第四步，大学生对问题形成合理的解释，或得出结论和规律，或提出问题的解决办法。

高校思想政治理论课使用研究教学法，可以组织大学生国情社情调研活动，由大学生自主选择他们感兴趣的社会热点问题，自行组队，自行编制调研计划，自行开展田野调查，从高校思想政治理论课所学内容中寻求分析和解决问题的路径，再向同学们分享和汇报调研结果的方式进行。事实证明，通过深入基层、实地调研、自己分析和总结等方式形成的大学生对马克思主义的理性认同和情感共鸣，远比单一的理论说教来得具体和深刻。

4. 情境教学法

情境教学法是教师在教学过程中，为了让学生更好地理解教学内容，借助一定的情境或场景来调动学生内心深处情感共鸣的一种教学方法。以德育人、以理服人、以情感人是情境教学法的核心，其目标是培养大学生对马克思主义的情感认同。情感认同会调动大学生对马克思主义学习和钻研的积极性，进而巩固认知认同的成果，塑造坚定的信仰。

情境教学法的方式是灵活多样的，红色革命基地参观、诗歌朗诵、音乐欣赏、历史情景剧、微电影拍摄等不同的情境教学方式，在高校思想政治理论课的每一门课上都有使用的意义与价值。一方面，情境教学法能促进认知认同的裂变，让大学生身临其境地从当时、当事、当景中理解所学内容，使原有的认同迅速升华，进而潜移默化地接受教育；另一方面，寓教于情的情境教学法，能够熏陶大学生对马克思主义的情感认同和行为认同，因为理论一旦具备情感的温度，就能深深地打动人，使大学生产生同理心和共情力以及在潜移默化中归属于该理论的心理倾向，从而大幅提升对该理论的理解能力和应用能力。

5. 网络教学法

网络教学法是指教师根据教学内容，运用网络和多媒体技术所提供的方便、快捷、共享等优势，与学生开展线上互动交流，以更好地实现教学目标的一种教学方式。当代大学生被誉为“网络的一代”，他们了解网络，熟悉网络，平日里喜欢在网络上表达思想观点，建立人际关系。高校思想政治理论课教学也不应该局限在教室里，而是要深入实践中，扩展到网络上。高校思想政治理论课基于适当内容、以适当形式开展网络教学，既能够延伸课堂教学的时间和空间，又能够满足大学生的自主学习的要求，还有利于增进与大学生的沟通和交流。

近年来，高校思想政治理论课教师纷纷利用网络教学法的优势，通过设置不同的情景，组织案例分析、线上作业或测验、问卷调查等，向学生提出问题，引发学生思考，启发学生深度讨论，让高校思想政治理论课做到“线上”和“线下”联动，“课内”与“课外”融合。

将“慕课”引入高校思想政治理论课的教学环节，让大学生课前借助互联网自主学习、课堂上与老师互动讨论、课后进行跟踪和反馈的教学方式，是目前高校思想政治理论课网络教学的重要特色。大学生在网上可以自主学习，自由支配学习时间、学习内容，还可以对某个内容重复学习，强化学习效果。采用网络教学法，教师也可以摆脱“传教士”式的形象，以平等的身份和轻松愉悦的形式与大学生在线上沟通交流，让理论学习变得更加生动活泼。

6. 实践教学法

相对课堂上的理论教学而言，实践教学法是指教师引导学生将所学理论运用到实际生活中，通过实践活动来培养学生的动手能力和创新能力，从而巩固和加深学生对所学知识的理解和认识的一种教学方法。高校思想政治理论课实践教学法的教学目标就是培养大学生对马克思主义的行为认同。

高校思想政治理论课普遍改变了传统的相对封闭的教育方式，一方面利用网络，延展了线上的教学空间，另一方面通过实践教学，把大学生推向公共空间、推向社会生活，将原本封闭的课堂教学与社会实践互联互通，让大学生边学边做、动手参与，在社会生活实践中体验马克思主义的科学性。

理论只有与实践相结合才能最大限度地发挥作用，实践教学法最大的优势在于与大学生的生活实践紧密结合。大学生马克思主义认同的培育、生成、持续和强化，任何一个环节都离不开实践。大学生通过参与各类社会实践活动，可以用自己所学到的知识、掌握的本领帮群众分析问题、解决问题，为群众做实事、办好事，将马克思主义内化为自身的认知、情感和意志，并进一步将其外化为劳动和奉献，在实践中主动向高校思想政治理论课教学目标靠拢，做一名马克思主义的行动派。

以上教学方法虽然不全面，但是都是伴随高校思想政治理论课的不断发展而涌现出来的具有时代气息和创新性的新方法。当然，这些方法并不是孤立存在的，而是相互交织、相伴相生的。例如，专题教学法与研究教学法密不可分，网络教学法与实践教学法互为补充，互动教学法更是体现在所有教学方法之中。于高校思想政治理论课教学而言，无论使用哪种教学方法，只要是有利于教学目标实现的，有利于培养大学生马克思主义认同的，就都是具有进步意义的好方法。

（三）大学生马克思主义认同的新气象

高校思想政治理论课的教学目标归根结底是要让大学生认同马克思主义，认同当今中国意识形态，凝聚社会力量，为共同理想而奋斗。基于课程本质和课程目标，大学生对马克思主义的认同状况，便成为反映高校思想政治理论课教学实效性的重要标准。

大学生思想政治教育状况调查是教育部每年的常规和重点工作，目前已有相当规模的研究成果，这些成果为加强和改进大学生思想政治教育工作，提供了数据支持和基本遵循。《中国大学生思想政治教育发展报告》是教育部哲学社会科学发展报告建设项目，课题组每年在全国20个省份的35所高校中选取3500名大学生进行抽样问卷调查，受访大学生的抽取会综合考虑他们的政治面貌、年龄、学科、民族等因素，力求覆盖面相对均衡，并形成年度研究报告。从报告中可以看出，大学生基本政治态度和政治观点正确，思想积极健康，尤其是大学生马克思主义认同状况整体向好，呈现出新的气象，具体表现为以下四个方面。

1. 对马克思主义指导思想较为认同

《中国大学生思想政治教育发展报告》显示，在受访大学生中，认为“我国建设事业的指导思想不能搞多元化”的占69.7%，且支持这一观点的高年级大学生高于低年级，党员高于非党员。这一问题考察的是当代大学生对马克思主义指导思想的认同感，一定程度上也从侧面反映出近年来高校思想政治理论课取得的良好教学效果。

尽管支持马克思主义一元指导大学生的占受访学生的近七成，但是“仍有约三成（30.3%）的大学生对‘我国建设事业的指导思想不能搞多元化’持模糊态度或不赞同态度。相对高的标准差（1.14）也反映出当前大学生对我国建设事业指导思想能否多元化问题持更加多元、复杂和不确定的心态”。[①] 部分大学生对马克思主义的立场不坚定、归属不清，这是摆

① 沈壮海，王晓霞，王丹，等．中国大学生思想政治教育发展报告2017［M］．北京：北京师范大学出版社，2018：133.

在新时代高校思想政治理论课教学改革面前的一道难题，也是必然要面对和解决的问题。

2. 对中国特色社会主义理论体系高度认同

对中国特色社会主义理论体系的认同是当代大学生马克思主义认同的重要组成部分。“在作出有效选择的3 414名被访大学生中，93.1%的人对中国特色社会主义理论体系持肯定态度；6.0%的人持模糊态度；仅0.9%的人持否定态度。近年来，大学生对中国特色社会主义理论体系的认同度越来越高（2015年认同度是87.7%；2016年认同度是88.4%；2017年认同度是93.1%）。”① 这组数据证明，当代大学生对中国特色社会主义理论体系高度认同，且认同较为理性和持久。

共同理想是全国人民万众一心、不懈奋斗的精神动力。有共同理想才能有齐心协力的动力和步伐。中国特色社会主义在受访大学生中，认为“当代大学生应牢固树立中国特色社会主义共同理想”的高达91.7%，仅“有1.2%的大学生对此观点持否定意见”②。这组数据可以看出，即使在社会思潮多元并存、相互激荡的今天，绝大多数当代大学生仍能坚定中国特色社会主义共同理想，对共同理想的认同也较为稳定。

3. 对中国共产党高度认同且饱含深情

对马克思主义在中国的政治代表——中国共产党，当代大学生对中国共产党不仅高度认同，而且饱含深情，基本做到了认知认同和情感认同的统一。“在受访大学生中，有92.8%的人对‘没有共产党就没有新中国’表示赞同；有93.4%的人对‘中国共产党是中华民族的先锋队’表示赞同；有91.4%的人对‘中国共产党的领导是我国发展进步的根本保证’表示赞同。”③

当代大学生对中国共产党的高度认同不得不说是与高校思想政治理论

---

① 沈壮海，王晓霞，王丹，等．中国大学生思想政治教育发展报告2017［M］．北京：北京师范大学出版社，2018：152．

② 同①，第136页。

③ 同①，第140页。

课紧密相关的，因为调查结果显示，大学生对思想政治理论课教学内容和师资水平的满意度每提升一个等级，其对党的认同度分别相应提高 0.15 个、0.09 个单位。因此，一定意义而言，高校思想政治理论课教学效果的提升有力推动了当代大学生对中国共产党的认同度的发展。

4. 对社会主义核心价值观的认同状况逐年向好

认同归根结底是对某一事物的价值认同。价值认同是认知认同的核心，是情感认同的前提，是行为认同的基础。大学生对社会主义核心价值观的认同是对当代中国马克思主义在价值观念上认同的集中体现。调查显示，当代大学生对社会主义核心价值观的认同状况逐年向好。从总体上来看，2017 年，社会主义核心价值观获得了大学生的高度认同，明确表示认同的大学生比例为 82.4%，另有 14.7% 的大学生认同情况为‘一般’，仅有 2.9% 的大学生持不赞同态度。与 2016 年调查数据相比，大学生对社会主义核心价值观的认同度提高了 5.9 个百分点。

总之，随着近年来全国高校思想政治理论课教学改革的不断深化，大学生在课程学习中的主体地位不断彰显，教师的主导作用不断增强，教学方法的改革创新不断深化，大学生对高校思想政治理论课的参与感和获得感也不断提升。这些积极成效使得原本就“有意义”的思想政治理论课变得更加“有意思”，其直接结果就是，大学生对高校思想政治理论课的满意度逐年提升，大学生对马克思主义的认同状况呈现出不断好转、不断持续、不断增强的新气象。

二、高校思想政治理论课教学存在的主要问题

多年来高校思想政治理论课教学改革取得的积极成效是有目共睹的，这是广大思政工作者和全体思政课教师辛勤耕耘的结果。但这是否意味着高校思想政治理论课教学可以从此高枕无忧了呢？高校思想政治理论课是在大学生的头脑里搞建设，其教学目标是实现大学生对马克思主义的全方位认同。这一教学目标又可分解为以下三个方面。其一，大学生要认同的

对象不仅包括马克思列宁主义，还包括中国共产党、中国特色社会主义道路、改革开放和社会主义核心价值观等一切在高校思想政治理论课教材中出现的基本内容；其二，高校思想政治理论课不仅要培育大学生生成马克思主义认同，还要引导大学生马克思主义认同在时间上的延续和在程度上的加强；其三，大学生马克思主义认同的层次不能只停留在认知层面，高校思想政治理论课还肩负着培育大学生对马克思主义的情感认同和行为认同的重任。这其中每一个目标又可以分解成若干个小目标，把这些小目标放在全国所有高校大学生身上去验证，显然是无法做到全员高水平达标的。即使在教育部《中国大学生思想政治教育发展报告》的官方数据中，每一组喜人的数据背后也都有一部分大学生是选择中立或是持反对意见的，而且数据一直处于变化之中。所以必须承认，高校思想政治理论课教学改革还远远没有达到高枕无忧的时刻，对高校思想政治理论课教学问题的查摆、分析和解决是每一位思政工作者都要认真思考的问题。

人们对现实事物的分析不可避免地带有感性与理性两种色彩。美国心理学家戴维·迈尔斯认为："情绪会给我们对当前经历的解释着色。通过分散我们的注意力，情绪还会影响我们做判断时思考的深度和效率。"① 的确，人们对高校思想政治理论课热度不减的研究与热火朝天的实践，容易让人们对高校思想政治理论课产生"乱花渐欲迷人眼"的第一印象，出现"思想课改革改得好、改得妙、改得非常有必要"的感性错觉。而要看清事物的真相就必须抽丝剥茧，拨开层层迷雾，在"火热"的现实场域下"冷静"思考。既然高校思想政治理论课的课程本质是面向当代大学生的马克思主义认同教育课程，那么认同教育，就是考察高校思想政治理论课教学情况的"放大镜"和"显微镜"。

于是，笔者在教学实践中以"中国近现代史纲要"课为例，运用认同教育的视域，连续两年对H大学2019和2020级1000名大学生开展了上课前和上课后马克思主义认同状况的调查和访谈。调研的目的有两个：一是发现问题，用调研数据去反映高校思想政治理论课形势大好的背景下，不

① 戴维·迈尔斯．社会心理学［M］．侯玉波，等译．北京：人民邮电出版社，2016：100.

容易被发现的一些现实问题，尤其是上课前大学生对马克思主义的真实态度。二是验证路径，把构建起来的教学路径运用于课堂，通过上课前和上课后大学生马克思主义认同状况在不同维度下的比照，来反复验证和完善自己设计的实践路径。调研结果表明，高校思想政治理论课“应然”与“实然”之间呈现出了两种截然不同的场景，甚至产生了一系列悖论。这些悖论所反映出的问题值得深思。

（一）教学形式的悖论：“热闹”与“冷清”

高校思想政治理论课是为社会主义事业培养接班人的主要阵地，它以何种形式呈现在大学生面前，会直接影响大学生对课程本身和课程内容的第一印象。在传统课堂上，高校思想政治理论课教师一般而言都比较注重对教材的系统讲解，以及对党和国家重大会议和重要文件精神的解读，这是由高校思想政治理论课本身的思想性、政治性和理论性所决定的，但这种教学形式也形成了以教师为中心的教学结构和以教师权威、单向灌输为主的教学方法。2016 年在全国高校思想政治工作会议和中央 31 号文件的指导下，全国高校思想政治理论课掀起了教学改革的热潮，各高校在实践中不断探索将传统的课堂教学与新兴的信息技术手段相融合，微课、慕课、“翻转课堂”等一批新的实践成果不断涌现，拓展了高校思想政治理论课的教学空间。除了信息技术让高校思想政治理论课的课堂教学变得灵活多样外，思政课的实践教学形式也不断翻新，红色基地参观、国情社情调研、政策理论宣讲、志愿服务活动等不同类型的实践教学活动，让大学生充分感受到高校思想政治理论课不仅存在于课堂中，还存在于生动的社会实践中。

高校思想政治理论课在教学形式上的改革创新可谓热火朝天，但回到现实的课堂上我们发现，大学生“出勤率不高、抬头率不高、点头率不高”的冷清景象在一定范围内依旧存在。大部分大学生在上课过程中仍然是机械地服从权威、被动地接受知识，持思政课“60 分万岁”的消极心态的大学生也不在少数。如果不是因为高校思想政治理论课是教育部规定的必修课，结果恐怕会更糟。与其他课程偏重于教师的知识传授不同，高校思想政治理论课教学着重强调的是教师与大学生之间心灵的互动与交流。缺乏互动的高校思想政治理论课教学，其结果必然是教师高谈阔论、豪情满怀，而大学生却漠不关心、一片迷茫的两条永不相交的“平行线”。这种情况下大学生就无法对教师，进而对教师所讲授的内容产生认同。教师端将高校思想政治理论课教学改革进行得热火朝天与学生端对课程的被动参与和冷淡态度，形成了高校思想政治理论课教学“剃头挑子一头热”的现实悖论。

（二）教学内容的悖论：“熟悉”与“疏离”

对于当代大学生而言，高校思想政治理论课的大部分教学内容他们从中学、小学，甚至从幼儿园起就开始接触和学习了。这些内容大学生不仅不陌生，有些知识点在长期应试教育的训练下还能做到倒背如流。对于一套已经知晓，但了解得还不够深入和系统的知识体系而言，如何让教学内容“保鲜”，让大学生对教学内容感兴趣，就成为高校思想政治理论课教师要关注的重要问题，而这一问题目前显然还没有得到很好的解决。表现在以下三个方面。

第一，当代大学生掌握马克思主义知识的人不在少数，而在日常生活中讨论和运用马克思主义的却不多。调查数据显示，共有51.9%的大学生在日常生活中很少或是完全不会与亲朋好友讨论与马克思主义的相关问题，如图3-1所示。

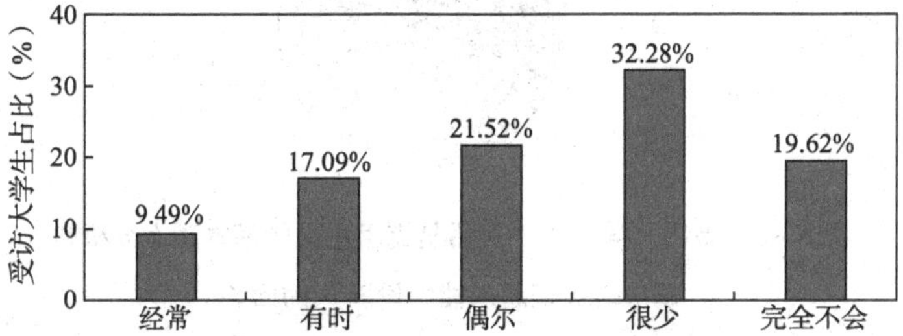

图3-1　受访大学生对“日常生活中是否会与亲朋好友讨论马克思主义相关问题”的回答

第二，“95后”“00后”大学生生长在和平发展的年代，他们一没有经历过战争的洗礼，二没有经历过新旧社会的对比，因此对马克思主义感情不深。在修读“中国近现代史纲要”课之前，有46.84%的大学生表示对“四个选择”的情感认同情况一般，甚至有5.7%的大学生对“四个选择”基本没有感情，如图3－2所示。

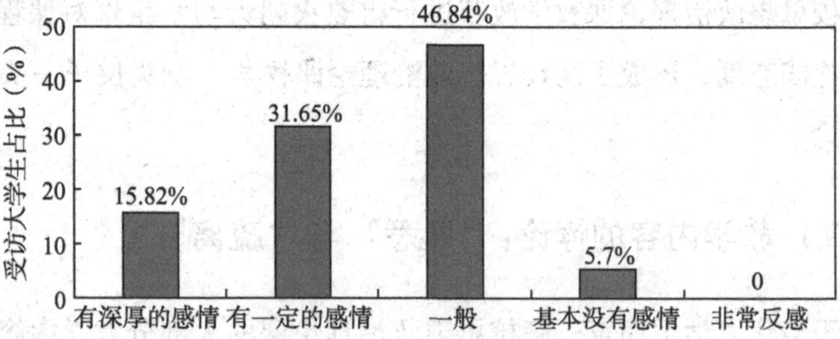

图3－2　受访大学生对“修读‘中国近现代史纲要’课之前对‘四个选择’的情感认同情况”的回答

第三，大学生在找不到自身发展与马克思主义之间价值联系的时候，便不会以“马克思主义者”或“马克思主义拥护者”的身份来要求自己的一言一行，也不会用马克思主义来分析和解决现实问题。调查中，仅有2成的大学生表示能非常好或较好地把马克思主义运用到日常生活的实践中，如图3－3所示。

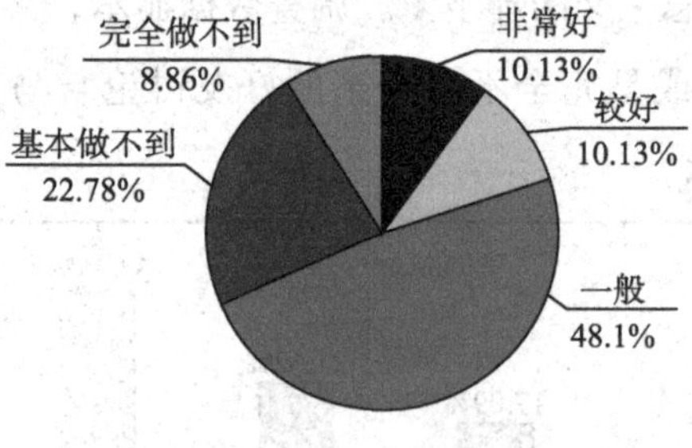

图3－3　受访大学生对“运用马克思主义的基本观点分析和解决现实问题的能力情况”的回答

高校思想政治理论课实质上是面向当代大学生开展的马克思主义认同教育课程。从官方研究和分析的结果来看，当代大学生对马克思主义的认同状况的确逐年向好。但这并不意味着大学生马克思主义认同是没有问题的，因为人的思想和行为实在难以通过调查数据真实全面地反映出来。比如，有些大学生认同马克思主义，但也只是把马克思主义、把高校思想政治理论课所学的内容当作一种知识来学习，或者是当作一项任务来完成；再比如，有些大学生认同马克思主义，却难以对马克思主义产生深厚的感情，也不知如何将其运用于生活实践。马克思主义变成了大学生日常生活中“熟悉的陌生人”，这不得不说是高校思想政治理论课教学的又一现实悖论。

（三）教学效果的悖论：“强调”与“弱化”

高校思想政治理论课教学改革的最终目标是要全面提升教学效果，高质量地完成立德树人的根本任务。而高校思想政治理论课的教学效果如何体现？是教师的尽职尽责，还是教学手段的花样翻新？是学生的高出勤率、高满意度，还是考试的高分数？这本身就是一个值得深度思考的问题。习近平总书记对这一问题曾做出明确回答：“我们党立志于中华民族千秋伟业，必须培养一代又一代拥护中国共产党领导和我国社会主义制度、立志为中国特色社会主义事业奋斗终身的有用人才。”① 从中可以看出，高校思想政治理论课从本质来说，就是要让当代大学生认同马克思主义，成为社会主义合格建设者和可靠接班人。又因为“教学实效性是指一定课程的教学效果对于教学目标的实现与否和实现程度”②，所以，高校思想政治理论课的教学实效性要从教学实际效果与教学目标的比照中寻找答案，即大学生上了高校思想政治理论课以后对马克思主义的认同状况，与上课之前相比是否发生了变化，发生了哪些变化。简言之，大学生对马克思主义认同程度的变化，才应该是检验高校思想政治理论课教学是否具有实效性的核心指标。

---

① 用新时代中国特色社会主义思想铸魂育人　贯彻党的教育方针落实立德树人根本任务[N]．光明日报，2019-03-19（01）．

② 何博．“中国近现代史纲要”课“四个选择”认同教育实效性探析[J]．思想理论教育导刊，2017（11）：121．

而对于当代大学生而言，当前教师在高校思想政治理论课教学过程中有意无意流露出的反复强调、先入为主、非做不可的态势，很容易让他们产生越要求越逆反的抵触情绪，不利于大学生马克思主义认同度的提升。调查显示，目前依然有 24.05% 的大学生对高校思想政治理论课的重要性认识不足，如图 3 –4 所示。

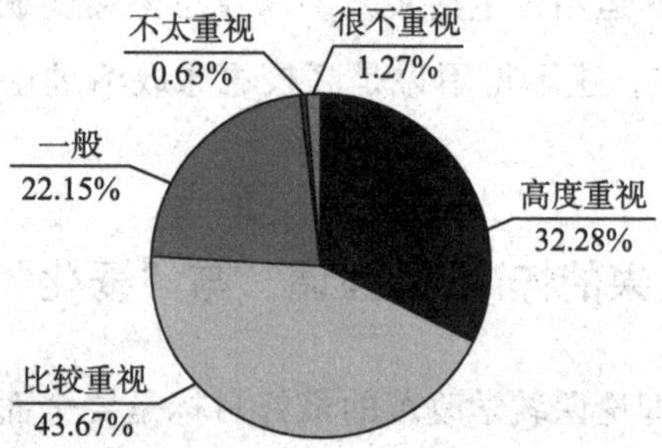

图 3 –4　受访大学生对“高校思想政治理论课重要性认识”的回答

在领会不到高校思想政治理论课重要性的情况下，大学生经过课程学习建立的对马克思主义的理性认知、情感皈依和行为实践，往往不是大学生主体自发的行为，而是在社会舆论的不断宣传和高校思想政治理论课教师的反复强调下的被动选择。教师对高校思想政治理论课教学效果的反复强调与大学生对这种强调的抵触情绪而引发的马克思主义认同情况弱化，无疑是目前高校思想政治理论课教学的现实悖论之一。

（四）教学评价的悖论：“高开”与“低走”

教学评价不仅是对教学实效性的评估和检验，也是一种督促方式。目前全国高校对高校思想政治理论课的教学评价主要还是依据大学生的成绩。但伴随多年的教学改革，高校思想政治理论课的成绩构成与配比也在不断发生变化。“05 方案”实施以来，高校思想政治理论课教学评价发生了重大变化，由原来纯粹看大学生考试分数的评价方式，向考察大学生考试分数与实际表现相结合的评价方式的转变。全国各高校也都摒弃了“一纸试卷定成绩”的做法，选用考试、研讨、辩论、论文、调查报告等多种方式对大学生的学习情况开展评估考核。而现实问题是，高校思想政治理论课的教学评价是很难量化的。一方面，评价主体、评价客体、评价标准、评价方法等的细微差异都有可能对评价结果产生重大影响；另一方面，高校思想政治理论课的教学内容有一些可以对大学生产生直接影响，有一些则需要在大学生日后的生活实践中去检验。所以，现有的教学评价能否真实地反映大学生的学习效果，能否为我们以后的教学提供借鉴和参考，还有待进一步分析。

如果单纯从大学生的成绩来看，目前全国大学生思想政治理论课的成绩普遍是“高开”的态势：其中不乏成绩优良的大学生，大部分成绩中等，极少数不及格。但这并不能真实地反映高校思想政治理论课的教学效果。因为大学生马克思主义认同，是一个包含大学生对马克思主义的理性认知认同、归属性情感认同和行为认同的完整过程，而考试成绩一般而言只能对大学生马克思主义认知认同的情况进行检验，却无法衡量大学生对马克思主义的情感和行为认同情况。如有些大学生对马克思主义的知识掌握得很好，却难以对马克思主义产生强烈的归属感，敬而不亲；有些大学生接受马克思主义的思想，却不付诸实践或者不知道如何去实践，学而不做。受访大学生中，能做到以一名“马克思主义者”的身份严格要求自己、能较好地将马克思主义运用于实际行动之中的比例分别为 22. 15% 和 26. 58%，也就是说，能较好地把马克思主义行为认同落到实处的大学生不到受访大学生总数的一半，如图 3 －5 所示。

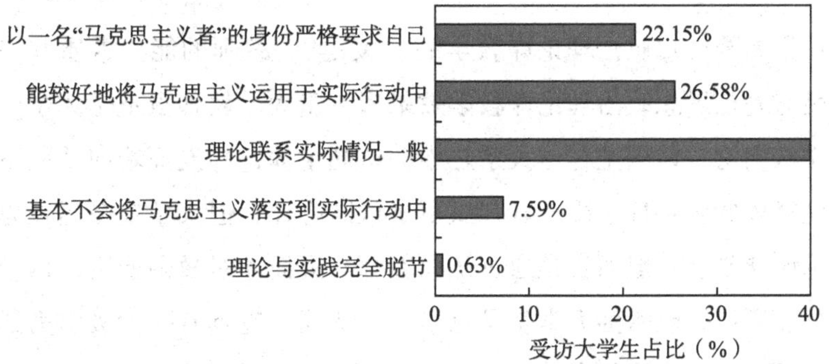

图 3 －5　受访大学生对“马克思主义行为认同状况”的回答

这种现象显然是与高校思想政治理论课的初衷相背离的，大学生学习成绩的“高开”与实际行动的“低走”成为高校思想政治理论课教学的另一个现实悖论。

三、认同教育视域下高校思想政治理论课教学问题的成因

上述高校思想政治理论课教学中产生的问题和悖论引人深思：我们一直在反复强调并努力彰显高校思想政治理论课的地位和功能，我们一直在不断探索和改革高校思想政治理论课的教学理念和教学方法，我们的教学也确实取得了喜人的成果，可为什么在现实场域下还存在诸多问题呢？要解决问题，还需从高校思想政治理论课上述问题和悖论的成因中去寻找答案。对高校思想政治理论课教学问题的成因分析，旨在拨开谜团，让高校思想政治理论课回归到认同教育的本质上来，更好地完成立德树人的根本任务。

在认同教育的视域下，在高校思想政治理论课教学中，上述现实问题产生的原因主要有以下五个方面。

（一）教师的能力和素质没能对大学生马克思主义认同产生强大磁场

作为高校思想政治理论课教学的“关键”，教师的能力素质和一言一行无疑对高校思想政治理论课教学效果影响重大。教师虽不是大学生马克思主义认同这一认同主客体关系之中的认同主体，却发挥着向认同主体推介认同客体的主导性作用；教师虽不是认同客体，但大学生在高校思想政治理论课课堂上一般而言是通过认同教师，进而才对教师所讲的内容产生认同的。所以，能否为大学生马克思主义认同营造具有强大吸引力的磁场是对教师能力和素质的考验。

教师队伍建设是高校思想政治理论课教学举足轻重的关键环节。这支

队伍与其他教师队伍的区别在于：对教师基本素质的要求更高，让大学生认同的对象，认同教育的教师首先要认同；对教师的“共情”能力有特殊要求，教师要能够建立起与大学生之间的“共情”关爱，站在大学生的立场去思考、去表达，而不是自说自话；对教师准入机制的要求更严，认同教育的教师不是想做就能做，更不是其他专业做不好“改行”就能来做的。

首先，教师要对教学内容高度认同。高校思想政治理论课教师除了要具备教师基本的专业能力、语言表达能力、逻辑能力、归纳总结能力、感染力、亲和力等素质外，最重要的一点是，让大学生认同的教学内容，教师首先要认同。这样无形中就建立起了认同的基础——“同一性”，带着这种“同一性”，“我”就会慢慢扩展为规模宏大的“我们”。高校思想政治理论课教师必须是教学内容的认同者。假如教师不能做到认同，那么教师就成了“他”，在参照物“他”主导的教学活动中，任凭教师如何高谈阔论，大学生也很难和教学内容互动建立起认同。因此，教育者首先受教育，让大学生认同的内容，高校思想政治理论课教师首先要认同。

其次，教师应具备良好的“共情”能力。共情是一种积极主动的换位思考，是站在对方的立场去思考问题。“有共情能力的人能够将心比心，能够让自己站在别人的立场去思想、去体验、去表达，进而在感情上得以共振，在共情的体悟之中达到理解。”① 在高校思想政治理论课教学中，打破教师、大学生和教学内容之间的隔阂和壁垒，主要靠的是“共情”。拥有“共情”能力的教师会想方设法从大学生的需求和喜好出发，设计教学活动，为大学生与教学内容之间搭建认同的桥梁。高校思想政治理论课教师以坚定的理想信念、高超的智慧和才华、积极健康的心态、得体的举止仪态感染和陶冶大学生，其本身就是一个良好的范本，是大学生走近教师，进而认同教学内容的重要媒介。

最后，教师准入机制和培养机制要规范健全。高校思想政治理论课教学和研究不应该是一个又浅又宽的“专业学术槽”，“一方面，参与者的广

① 吴飞．共情传播的理论基础与实践路径探索［J］．新闻与传播研究，2019（5）：66.

泛，成果数量之庞大，研究场面之热烈，令人叹为观止；另一方面，成果水平之低、选题之重复也令人感叹”①，而且研究结论多是“正确的废话”。这不应该是高校思想政治理论课教学和研究的应然景象。高校思想政治理论课教师既要有教师从业的基本要求，还要有认同教育教师的特殊要求，特别是涉及信仰教育的内容时，绝不能让没有信仰的人讲信仰，这不仅无法达成认同教育的目标，反而会引起反作用。因此，必须严格认同教育教师的准入机制和淘汰机制，对“四个意识”不强、无法胜任教学要求、无法达成认同教育目标的教师进行分流或淘汰；对在岗教师要定期开展业务培训，不断提升综合素质和认同教育的本领；通过多种方式对教师开展马克思主义认同度测评，监测教师的思想动向，坚决阻止错误思想甚至是反动言论进入课堂。

（二）教学内容的呈现没能有效激发大学生对马克思主义的归属意识

教学内容不同于教材，它基于教材，又高于教材。高校思想政治理论课的教学内容以统编教材为基础，是全国统一、不容随意修改的。但是统一的教学内容却有不同的呈现方式，如专题式、研讨式、辩论式等。教学内容不同的呈现方式会对大学生马克思主义认同产生不同的影响。从目前一些大学生学习高校思想政治理论课以后仍然对马克思主义表示“疏离”“陌生”甚至“抵触”的现实问题来看，部分大学生马克思主义认同效果之所以不理想，是因为这些大学生对马克思主义的归属意识不明确。

认同的本质是归属感，判断大学生马克思主义认同生成与否的标准就是大学生是否对马克思主义产生了归属感。如何生成归属感？需要认同主客体在互动中，认同客体在某些方面或某种程度上满足认同主体的需要。这对于高校思想政治理论课教学来说，仍具有相当难度，原因有以下三个方面。第一，一部分大学生不接受也不愿意发自肺腑、心悦诚服地认同马克思主义，而去认同非马克思主义、宗教信仰、封建迷信等，第二，一部

① 张澍军．试论思想政治教育学科前沿的若干重大问题［J］．马克思主义研究，2011（1）：132.

分大学生即便选择认同马克思主义，初衷也是各不相同，如工具认同是将马克思主义视为升学、考试、入党、求职的工具，知识认同是将马克思主义当作一种学说来学习，并不将其运用在实际行动中。试想，如果人们对于一个对象的认同仅限于工具认同和知识认同，那么当他们借此工具实现了自己的目的，或者当他们掌握了更多更新的知识以后，就会将其抛诸脑后。万一马克思主义出现了与大学生的日常生活相脱节，或者无法直接满足大学生利益需求的情况，就会诱发大学生对马克思主义的价值怀疑。第三，当代大学生身处的信息网络时代，为大学生马克思主义认同造成了巨大压力。网络上的海量信息鱼龙混杂，尤其是一些反马克思主义的言论，对部分大学生马克思主义认同的生成造成了巨大干扰。高校思想政治理论课教师在课堂上精心培育的大学生马克思主义认同，课后在网络上或许瞬间就会被抹杀掉。

这些都是干扰大学生对马克思主义的归属感，进而阻碍大学生马克思主义认同生成的重要因素，也是高校思想政治理论课教师在向大学生呈现教学内容时务必要思考和解决的问题。必须看到的是，马克思主义可以在很大程度上为大学生日常生活问题的解决提供帮助，马克思主义并不与大学生日常生活相疏离，而是在大学生社会交往、职业规划、团队合作等问题中无时无刻不存在着，并发挥着作用。一旦大学生运用马克思主义解决了某一现实问题，满足了自身某一方面的需要，高校思想政治理论课教学的"任督二脉"就打通了，大学生对马克思主义的归属意识就会油然而生。

（三）教学方法的选用没能有效促进大学生与马克思主义的良性互动

高校思想政治理论课出现教师一端将教学改革进行的热火朝天，而有些大学生一端却表现冷漠的问题，原因前面已然论证，高校思想政治理论课的教学目标就是培养当代大学生马克思主义认同。确立了教学目标，那么高校思想政治理论课教学不管怎么改革，都不能背离大学生马克思主义认同这一目标，要选用有效的教学方法为实现这一目标而服务。

“互动”是培育认同的前提，认同的培育需要主体在“互动”中发觉自身与客体的“同一性”。主客体间的“同一性”有些是客观存在的，如民族、国家等，有些则是主观构建的，如思想观念、价值体系等。大学生对马克思主义的认同显然需要在教师的引导下进行主观构建，没有“互动”，这种构建便没有可能。所以，高校思想政治理论课教学选用的方法，要重点考虑如何促进大学生、高校思想政治理论课教师、马克思主义三方的有效互动。

首先，高校思想政治理论课应着重强调教师与大学生的平等互动和交流。缺乏互动或是互动不足的高校思想政治理论课所呈现的一定是教师侃侃而谈而大学生却无动于衷的尴尬局面。马克思主义本身就具有鲜明的批判精神，高校思想政治理论课课堂也应该营造互动、开放、争鸣的学习氛围，允许大学生发表意见，提出问题和质疑。教师不回避问题，不阻塞言路，不强势施压，用大学生喜欢的语言、喜欢的方式积极回应和正面引导，这样的“互动”更能赢得大学生对马克思主义心悦诚服地认同。

其次，在教师与大学生良性互动的前提下，教师还需进一步引导大学生与马克思主义“互动”。于当代大学生而言，之所以掌握马克思主义的人很多，而亲近它的人却很少，就是因为马克思主义站位很高，没有突破政治领域而真正浸入大学生的日常生活，大学生无法构建起自身与马克思主义的“同一性”，也就失去了认同培育的土壤。认同的生成需要认同教育发挥强有力的外部传导作用，而高校思想政治理论课刚好是将马克思主义推介给大学生的重要平台。高校思想政治理论课教师要引导大学生善于运用马克思主义这个“大智慧”，用马克思主义的立场、观点和方法解决现实问题，指导生活实践。

最后，高校思想政治理论课教师也要与马克思主义互动。新时代的高校思想政治理论课对教师提出了极高的要求，不仅要做到习近平总书记提出的“六个要”，还要做到在马言马、懂马信马、传马护马，紧跟时代变化，关注多元思潮，明辨是非，立场坚定。因此，要做一名优秀的高校思想政治理论课教师就必须不断学习，不断提升自己的马克思主义素养，坚定自己的马克思主义信念，践行马克思主义者的身份要求，以实际行动影响和感染大学生。

（四）教学环境的营造没能有效强化大学生对马克思主义的真情实感

大学生在幼儿园、小学、中学阶段接受过不同层次的、连贯的马克思主义教育，到了大学，本应该对马克思主义无比亲切并高度认同，可为什么一些大学生对马克思主义感情不深呢？原因就在于，决定大学生马克思主义认同能否在程度上不断增强的关键，是情感这一“催化剂”，情感认同的缺失，阻挡了大学生马克思主义认同的强化。

当代大学生，特别是本科生已经普遍是“95后”“00后”的一代，他们所接受的马克思主义是从课堂上、书本上来的，是通过反复记忆和背诵来的，因为缺少“共情”，大学生对马克思主义缺乏情感支撑。加之高校思想政治理论课对马克思主义的宣传教育偏向于政治化和学术化，使大学生对马克思主义产生深奥、强势、刻板的印象。大学生普遍感觉高校思想政治理论课讲国家大事的多，讲百姓身边事的少；讲政治要求多，对大学生成长的关注少；讲理论多，用理论分析社会现实少；正面表扬多，回应质疑少。这些印象的形成并固化，直接在大学生与马克思主义之间设立了一道屏障，阻挡了部分大学生马克思主义认同的持续。

因此，高校思想政治理论课教学不能是冰冷的说教，而应该是有情怀、有温度、直击内心的教育和引导。高校思想政治理论课要破除大学生与马克思主义之间的情感屏障，就要营造能够强化大学生对马克思主义真情实感的良好环境，大力开展情境教学，通过组织红色教育基地参观、红色歌曲演唱、历史情景剧大赛、微电影创作等不同类型的情境教学活动，激发大学生对马克思主义的深厚感情，从而引导大学生产生对马克思主义的科学信仰。

（五）教学评价没能有效反馈大学生马克思主义认同的真实状况

为什么大学生学习高校思想政治理论课的考试成绩都很好，甚至可以将一部分马克思主义理论倒背如流，但在日常生活中却不懂得如何将马克思主义付诸实践？就是因为缺少实践介入的马克思主义只停留在了大学生的书本上和试卷中，却没能影响大学生的日常生活。这也说明目前高校思想政治理论课教学效果评价，侧重于强调认知认同。如果教学评价缺少对大学生马克思主义行为认同的考察，便不能够有效反馈出大学生马克思主义认同的全貌。因为行为认同是大学生马克思主义认同的落脚点和终极目标，大学生只有善于运用马克思主义分析和解决现实问题，才算是真正的“马克思主义者”。

大学生马克思主义认同所出现的“学做分离”的现象很大程度上是因为不知道如何做，表现在：第一，大学生没能找到自身成长发展与马克思主义之间的价值关联；第二，大学生没能发现马克思主义在日常生活中的鲜活例证；第三，大学生在生活实践中不会运用马克思主义。简言之，实践的弱化影响了部分大学生马克思主义认同的持续。

实践性是马克思主义的鲜明特征。因此，高校思想政治理论课教学绝不能纸上谈兵，必须为大学生搭建不同层次的实践平台，精心设计和开展主题鲜明、内容丰富、既有意义又有意思的社会实践活动，让大学生在实践中深切体认马克思主义逢山开路、遇水架桥的思维伟力。大学生只有经过全面系统的学习和反复的实践体验，才能形成对马克思主义稳定、持久、强烈的认同。而高校思想政治理论课教学评价也应该重点考察大学生在日常生活中践行马克思主义的行为表现，真正将立德树人的根本任务落实到大学生的一言一行、一举一动之中。

本章小结

在明确了高校思想政治理论课的课程本质之后，本章将研究重点聚焦到高校思想政治理论课教学层面，从正反两方面客观分析高校思想政治理论课教学所取得的积极成效，查摆高校思想政治理论课教学存在的主要问题，并在认同教育的视域下分析问题的成因，为下一步构建解决这些问题的理论逻辑和实践路径提供依据和参考。

高校思想政治理论课历经新中国成立70多年的不断发展，在“85方案”“98方案”和“05方案”的改革创新中实现了系统升级和全面转型，取得的积极成效是全方位、多角度和深层次的。教学方面的突出成效表现在：教学理念与时俱进、教学管理越发科学、教材编写系统规范、教学组织不断翻新、学科建设水平提升。高校思想政治理论课越来越符合时代发展的要求，越来越贴近大学生成长的要求，越来越具有实效性。

高校思想政治理论课教学在改革中涌现出了专题教学法、互动教学法、研究教学法、情境教学法、网络教学法、实践教学法等一批特有的教学方法，这些新方法也让高校思想政治理论课在新时代呈现出崭新的面貌。

大学生对马克思主义的认同状况是衡量高校思想政治理论课教学实效性的重要指标。从教育部每年公布的《中国大学生思想政治教育发展报告》上来看，经过多方长期努力，当代大学生马克思主义认同呈现出不断好转、不断持续、不断增强的新气象，这与高校思想政治理论课教学效果的提升是分不开的。

然而，多年来教学改革所取得的积极成效并不意味着高校思想政治理论课教学可以从此高枕无忧，改革中的新问题也随之出现。用认同教育的视域审视高校思想政治理论课教学的现实场景，就会发现高校思想政治理论课“应然”与“实然”之间呈现出了两种截然不同的场景，甚至产生了教学形式的“热闹”与“冷清”、教学内容的“熟悉”与“疏离”、教学效果的“强调”与“弱化”、教学评价的“高开”与“低走”等一系列悖论。

回归认同教育的视域，分析高校思想政治理论课现实问题产生的原因，主要有五个方面：教师的能力和素质没能对大学生马克思主义认同产生强大磁场；教学内容的呈现没能有效激发大学生对马克思主义的归属意识；教学方法的选用没能有效促进大学生与马克思主义的良性互动；教学环境的营造没能有效强化大学生对马克思主义的真情实感；教学效果的评价没能有效反馈大学生马克思主义认同的真实状况。

高校思想政治理论课的课程本质和特定价值，决定了其重要地位和神圣使命。运用认同教育的理论与方法，构建新时代高校思想政治理论课教学的理论逻辑和实践路径，已成为当前高校思想政治理论课教学改革亟待解决的重要问题。

第四章　认同教育视域下高校思想政治理论课教学的理论逻辑

新时代为高校思想政治理论课教学吹响了奋进的号角。在肯定成效、查摆问题、分析问题的基础上，如何推进高校思想政治理论课教学回归认同教育的本质，彰显高校思想政治理论课的核心价值，切实做到大学生与马克思主义的双向归属和深度认同，是每一位思政学者和思政教师都应认真思考的重要问题。当务之急不应该是“一窝蜂”地跟风改革，而应该是在理论与实践两个维度上，为高校思想政治理论课教学问题的解决和教学实效性的提升，建立逻辑、构建路径。

科学研究是站在巨人肩膀上的再创造。中外关于认同的研究成果不胜枚举；关于高校思想政治理论课的研究成果也颇丰，且热度不减；关于认同教育，虽有关于不同主体、不同客体、不同视域的研究成果，但是系统建构认同教育基础理论的研究却并不多见，也就是说，认同教育的基础理论是缺失的。而认同教育恰好是高校思想政治理论课的课程本质。在没有建立理论体系的情况下提出的方法与对策，看似有的放矢，却容易顾此失彼、流于形式，只有构建起理论逻辑和理论体系，才能牵住“牛鼻子”，现实难题方能有效破解。因此，本章将围绕认同教育视域下高校思想政治理论课教学的主要规律和基本原则等方面问题进行理论研究和探索，致力于初步建立起高校思想政治理论课教学的理论逻辑，在一定程度上弥补认同教育核心理论体系的空白。

一、认同教育视域下高校思想政治理论课教学的主要规律

世间万物都有内在的规律。规律的定义是“事物之间的内在的本质联系”①。规律在事物发展过程中反复出现，整齐而有规则，并对事物发展趋势起决定性作用。在哲学的语境下，规律和本质都是隐藏在事物背后却对事物发展变化起决定性作用的方面。但二者又有所不同，一般而言，本质由事物内部的矛盾决定，体现的是事物内部的联系；而规律则是由事物之间的本质关系或稳定联系决定，体现的是事物的外部联系或事物的发展过程。对于教育而言，尽管教育现象千千万万，教育类型多种多样，但无论是哪一阶段的教育，不管是何种形式的教育，也不论是由谁组织的教育，蕴含在教育活动中同一、普遍的东西只有一个，那就是教育规律。

高校思想政治理论课的课程本质是大学生马克思主义认同教育课程，而大学生马克思主义认同又是一个从培育、生成，到持续、强化的动态发展过程，所以在认同的不同阶段，高校思想政治理论课教学所要遵循的规律和要完成的任务也不尽相同。

（一）通过“互动”求同识异的规律

认同的培育是认同生成前的准备阶段，是为生成认同提供土壤、准备条件的过程。在这一阶段，认同主体和客体之间并不熟悉，所以要通过教育的手段增进主客体之间的“互动”，帮助主体找到与客体之间的“同一性”和与非客体之间的“差异性”，从而为认同的生成创造条件。对于大学生马克思主义认同而言，大学生是处于特定年龄段并肩负特定使命的社会群体，马克思主义是一部博大精深、内涵丰富的庞大理论系统，要培育大学生马克思主义认同，必然要通过教育的手段来实现。在诸多教育手段

① 中国社会科学院语言研究所词典编辑室．现代汉语词典［M］．北京：商务印书馆，2014：489.

之中，高校思想政治理论课教学无疑是实现大学生马克思主义认同最为重要、最为有效的手段。

从主体角度来看，大学生马克思主义认同的主体是群体主体，既有一定范围内的普遍性，又有特殊性。因为马克思主义是为了人民、来自人民、依靠人民的理论，人民性是马克思主义的根本属性。要真正发挥马克思主义在实践中的指导作用，就必须推进马克思主义大众化，使之面向最广大的人民群众，为大众所了解、所掌握，让具有普遍意义的大众发自肺腑地认同马克思主义，而不是将马克思主义局限于对少数社会精英或知识分子的引领和指导。“马克思主义只有为群众所掌握、所认同，才能成为实践指南，转化为物质力量，其价值和魅力才能显现出来。”① 马克思主义大众化中的“大众”内在包含了大学生群体，大学生是肩负时代使命的一部分大众。

从客体角度来看，大学生要认同的“马克思主义”究竟指的是什么呢？“人类思维活动的成果必须借助语言表达才能在社会中传播，被社会认同；思想也只有通过语言才能以符号化形式展现出来，才能为人们所理解和传播。从这个角度来理解，‘马克思主义’实际上就是一个符号。”②作为认同客体的马克思主义，能指和所指显然是不一样的。正如“玫瑰”的能指是某种特定花卉，所指为爱情；“大熊猫”的能指是具有一定特征的哺乳动物，所指为憨态可掬、惹人喜爱的国宝，等等，对马克思主义认同中“马克思主义”的理解也可以多种多样。一方面，马克思主义的能指是“由马克思和恩格斯创立，并由他们的后继者所发展的科学理论体系”③；另一方面，“马克思主义”在中国的所指为中国共产党带领人民实现国家繁荣富强和人民共同富裕，进而追求社会物质财富极大丰富、人的自由而全面发展的意识形态和强大精神力量。由此可见，作为概念存在的“马克思主义”是能指，作为意义存在的“马克思主义”是所指。那么大

---

① 陈金龙．马克思主义中国化的主体探析［J］．马克思主义研究，2010（5）：122.

② 易如．“马克思主义”：从符号到大众化：传播的视角［D］．上海：复旦大学博士学位论文，2009：5－6.

③ 徐光春．马克思主义大辞典［M］．武汉：崇文书局，2017：13.

学生所认同的，正是位于能指与所指之间形成的一个特定的语言符号，也就是符号化了的“马克思主义”。也正是由于认同教育视域下的“马克思主义”是一种符号，经历一系列传播和演绎，难免会与本来面貌不符，所以才要大力推进意识形态建设，让“马克思主义”这一符号既符合其本身的概念能指，又充分彰显其价值和意义的所指。

在认同教育的视域下，马克思主义这一认同客体是“授予”的还是“选择”的呢？一般理解为后者，因为作为意识形态的马克思主义是概念的马克思主义，能指的马克思主义，这样的客体只可能作为大学生的后天选择，大学生建立起的马克思主义认同必然是“选择”型认同。但是，作为无产阶级和全人类解放的思想武器的马克思主义是意义的马克思主义，是所指的马克思主义，承载的是对人的解放、人的自由而全面发展等人类基本价值的向往和追求，这种认同又是与生俱来的“授予”型认同。因此，“马克思主义”这一当代中国意识形态的符号，既有大学生经过比较、鉴别主动“选择”的因素，也内在蕴含了与生俱来的“授予”因素。也正因为马克思主义这一认同对象的特殊性，决定了党和国家必须用课程教学的手段，来促成并不断巩固大学生对马克思主义的认同效果。

马克思主义与大学生成长发展需求之间的“同一性”是调动大学生学习和研究马克思主义的关键环节。“同一性”的发觉，需要大学生与马克思主义进行充分“互动”，在“互动”中寻找马克思主义能在哪些方面、多大程度上满足大学生的成长发展需求。这就是在马克思主义认同培育阶段，高校思想政治理论课教学要紧紧抓住的规律。在教学过程中要竭力促成认同大学生与马克思主义之间的“互动”。通过“互动”，大学生会增进对马克思主义的了解，逐步发觉和体认到马克思主义所承载的意义与自身需求之间的“同一性”，基于这种“同一性”建立起对马克思主义的认同。

“同一性”的发觉还有赖于“差异性”的彰显。统治阶级从自身利益出发建构起一整套政治、经济、文化的理论体系，并以意识形态灌输的形式向人民大众推广，以此来捍卫其阶级统治。这是意识形态的天然本性。但马克思主义与其他意识形态或社会思潮有着明显的“差异性”。马克思主义自诞生以来，就与资产阶级和以往一切剥削阶级的意识形态或社会思潮划清了界限。作为解放无产阶级和全人类的科学，马克思主义所代表的无产阶级的利益与人民的普遍利益是一致的，即以人民为中心，人民利益至上。一方面，马克思主义从诞生之日起，所追求的就是无产阶级和全人类的解放事业，代表了人民群众的大多数，从形式上颠覆了以往少数人对多数人的统治；另一方面，马克思主义最崇高的社会理想是实现物质财富极大丰富、社会关系高度和谐、每个人自由而全面发展的共产主义社会。由此可见，马克思主义本身就内含着人类基本价值追求的全部内容，在内容上与大学生天然的价值需求相一致、相统一。

自诞生以来，马克思主义发展的脚步就未曾停歇。在马克思、恩格斯创造的理论蓝本的基础上，马克思主义既在时间上与时俱进、不断发展，又在空间上因地制宜、拓展疆域，并且已发展成为一部博大精深的科学理论体系。大学生在短时间内不容易做到深刻领会和高度认同。而且，以马克思主义为指导的意识形态又处于社会上层建筑的范畴，与大学生日常生活的关联性并不强，或者说不容易被大学生所感知、所领会。所以，在认同培育阶段，符合规律且行之有效的高校思想政治理论课教学至关重要。

（二）通过价值满足激发“归属感”的规律

大学生马克思主义认同是如何生成的，有无规律可循呢？对大学生马克思主义认同的生成机制的研究是问题的源头和起点。在生成机制不明确的前提下探索的方法与对策虽能一定程度上解决认同的相关问题，却也极易走上空化泛化、针对性不强、流于形式之路。正如烹制一盘佳肴，倘若只关注器皿和造型，而不分析食材配比和烹饪技巧，则很难掌握要领。这也是为什么当下围绕马克思主义、围绕高校思想政治理论课、围绕认同的研究层出不穷，而在现实中大学生马克思主义认同却依然处于困顿之境的原因之一。关于生成机制的研究是源头、是起点，也是打开当下大学生马克思主义认同谜题的第一把钥匙。

认同的本质是“归属感”，高校思想政治理论课教学的关键就在于促进大学生对马克思主义“归属感”的生成。既然认同的主体是大学生，那么不妨换位思考，从大学生的立场来反观以马克思主义为指导的意识形态。对大学生而言，马克思主义意识形态满足大学生的需求越多，就越容易被大学生所认同和拥护；反之，马克思主义意识形态满足大学生的需求越少，就越容易与大学生的日常生活相疏离，导致大学生马克思主义认同的泛化，甚至流失。如马克思主义在政治学习、各式会议和课堂上频繁被使用，却在大学生的日常生活中鲜被提及；马克思主义在国民教育体系中紧贴现实，并以实践性作为自己的灵魂，却在大学生的日常生活中难觅踪迹。尤其是多元社会思潮相互激荡冲淡了马克思主义在大学生思想观念中的核心地位，也分化了一部分大学生的思想，这些都是大学生对马克思主义的归属意识不明确导致的。

在大学生马克思主义认同生成过程中，人类基本价值和马克思主义意识形态价值又是如何运动的呢？认同的前提是“互动”，认同的基础是“同一性”，认同的本质是“归属感”。一个人倘若在学习和运用马克思主义的过程中，发觉马克思主义的意义和价值与自己进步和发展的要求具有“同一性”，就愿意以马克思主义的要求来指导自己的行为实践，并对马克思主义产生归属感，这标志着他对马克思主义的认同生成了。我们再将认同主体扩展为大学生群体，这里马克思主义承载的意义和价值就不仅要能够满足个体需求，还要能够满足大学生成长发展的普遍需求，即与人类基本价值追求具有“同一性”，而且大学生也能够发觉和体会、认识到这种“同一性”。大学生普遍对马克思主义产生“归属感”，大学生马克思主义认同便生成了。

由此可见，大学生马克思主义认同的生成，遵循的是人类基本价值认同和马克思主义意识形态认同两条线路“双螺旋式交互上升”的机制。“双螺旋”指的是在马克思主义认同生成过程中，人类基本价值认同是原生线，马克思主义意识形态认同是选择线，两条线相互缠绕，一张一弛、螺旋上升，其间既有重复和交叉，又有矛盾和张力；“交互上升”指的是二者的运动规律呈相互牵引、不断向前发展的趋势。

因为大学生马克思主义认同受认同主体、认同客体、认同环境等多重因素的影响，认同的生成不可能是瞬间动作，而是经过前期培育，到初步生成，再经受各种考验而在时间上不断持续、在程度上不断加强的，所以在高校思想政治理论课教学过程中，必须遵循认同生成的“双螺旋”矛盾运动规律，既不能偏向人类基本价值，致使马克思主义认同走向工具化、功利化，如单纯为了求职、求学、入党而对马克思主义“伪认同”，一旦借此工具实现了自己的目的，就将其抛诸脑后；也不能过度强调意识形态价值，以“喊口号”的方式进行社会动员，将马克思主义引向抽象、虚幻的境地，与大学生的日常生活相疏离。

（三）通过各种影响因素的“共振”明确身份的规律

明确了大学生马克思主义认同的生成机制，再来分析大学生马克思主义认同的现实问题，便会有豁然开朗之感。在现实生活中，大学生马克思主义认同问题看似纷繁复杂，实际上逃不出以下三种缘由。一是要素不全，要么大学生对马克思主义缺乏了解或存在误解，要么马克思主义与大学生的日常生活相远离，认同生成的“双螺旋”结构长期处于一方缺席的状态；二是互动不好，马克思主义意识形态价值与人类基本价值没有建立联系，“双螺旋”不仅没有交互缠绕，反而呈现松散的态势；三是动力不足，马克思主义意识形态没有及时兑现承诺，没能满足大学生成长发展的需求，认同生成的“双螺旋”交互上升机制缺乏“造血”功能，无法持久发力。

因此，认同生成并不意味着大功告成，认同生成后的补给也至关重要，否则辛苦培育的认同也有可能短时间内就被瓦解和分化。在认同生成以后，高校思想政治理论课教学还要继续发挥作用，促进“授予”和“选择”之间的“共振”，坚定主体对归属于客体之身份，以确保既有的认同效果在时间上能够不断持续。

授予型的人类基本价值和选择型的马克思主义意识形态价值在大学生日常生活空间不断运动，相互博弈，可能会产生以下四种不同的结果。第一，人类基本价值追求单边突进。当大学生对自身物质生活和精神生活的需求不断增长时，马克思主义意识形态为获取大学生的认同，必须着眼于大学生成长发展的基本需求的满足，为大学生服务。一旦大学生经由马克思主义意识形态实现了自身需求的满足，对马克思主义的认同感便会生成。而这种情况可能会引发的问题是，如果马克思主义意识形态一味地去满足大学生的利益需求会导致意识形态异化为大学生满足自身利益的工具。第二，马克思主义意识形态价值单边突进。纯粹的马克思主义教育与思想宣传，虽然能够实现马克思主义教育的全覆盖，但也可能会将马克思主义引入抽象的境地，引发大学生的反感。“抽象化”的马克思主义不仅不接地气，难以被大学生所认同，还会成为大众“最熟悉的陌生人”。第三，人类基本价值与意识形态价值都陷入颓废状态。马克思主义既在人类基本价值追求的问题上没有及时充分地回应，教育和宣传也陷入空洞和僵化，大学生在精神层面陷入空虚，甚至出现信仰危机。这显然是最糟糕的一种情况。第四，人类基本价值与马克思主义意识形态价值交互上升。大学生既能够在日常生活空间得到基本价值满足，又能在马克思主义意识形态的引领下不断提升获得感、幸福感、安全感，大学生马克思主义认同便自然而然地生成了，而且认同在这种环境下还会随着时间的推移，不断持续和增强。

基于此，高校思想政治理论课教学必须站在人民的立场上，让大学生不断认知和感受到，正是因为有了马克思主义的指导，中国共产党才有了强大的思想武器，逐步增进民生福祉，逐步兑现承诺，距离实现中华民族伟大复兴的中国梦也越来越近。因此，大学生对马克思主义的“归属感”也应该比任何时候都更加坚定、更加持久。

（四）通过长期反复实践固化认同成果的规律

经过高校思想政治理论课教学的精心培育，大学生生成了对马克思主义的认同，并让这种认同在一定的时间内存续，那么下一步高校思想政治理论课教学要做的就是通过实践增强认同程度，巩固认同效果。

认同来源于实践，落脚于实践。大学生在知晓马克思主义、认同马克思主义、亲近马克思主义的基础之上，还必须学会在实践中运用马克思主义。而在现实生活中，对马克思主义只停留在课程学习、科学研究和各类会议上，在实践中却不去运用或是不会运用，是大学生马克思主义认同的突出问题。实践性是马克思主义的鲜明特征。高校思想政治理论课教学要在马克思主义与大学生成长发展的内在需求上建立“同一性”，就要善于运用马克思主义来分析和解决大学生日常生活的实际问题，主动将马克思主义的立场观点方法以实践的形式体现出来。只有在实践中用马克思主义解决了现实问题，大学生才能深刻领会到马克思主义的理论价值和指导意义。大学生在实践中收获的参与感和成就感，也将不断提升对马克思主义的认同程度。

大学生践行马克思主义的实践可以在多个维度、多种层次和多种方式下进行。一方面，高校思想政治理论课教学应该把握重大时间节点、重大活动的仪式感，促进大学生马克思主义认同的强化，“建立和规范礼仪制度，组织开展形式多样的纪念庆典活动，传播主流价值，增强人们的认同感和归属感”①。另一方面，还可以为大学生搭建不同层次的实践平台，精心设计各种层次、各种类型的实践活动。尤其要在大学生关注的就业创业和民生问题上多动脑筋，正面回答，积极应对，让理论落地，让认同生根。

总之，规律是客观的，既不能凭空捏造，也不能置之不理。无论人们承认或是不承认，理解或是不理解，规律总是在深层次默默发挥着作用。高校思想政治理论课教学只有尊重认同教育的规律，认真把握规律，充分利用规律，才能在大学生马克思主义认同培育、生成、持续和强化的各个阶段发挥其应有的重要作用。

二、认同教育视域下高校思想政治理论课教学的基本原则

高校思想政治理论课教学在科学把握认同培育、生成、持续和强化各

① 习近平总书记系列重要讲话读本［M］. 北京：学习出版社，人民出版社，2016：192.

阶段的客观规律的基础上，要切实提升教学实效性，实现大学生马克思主义认同的教学目标，更好地完成立德树人的根本任务，还必须紧紧抓住认同教育的课程本质，在教学过程中始终遵循以下基本原则。

（一）教师主导、学生主体原则

谁是认同教育的主体？这本身就是一个值得深入探讨的问题。在学界关于教育主客体问题的论争中，起初人们普遍认为教师是主体，学生是客体，这种观点主要是基于哲学上的主客体判断。因为教育是人作用于人的一种对象性活动，教师是教育者，是教育活动的主动方、发起者，学生是受教育者，是教育活动的受动方、接收者。但这很快就出现了理论争议，因为人本身就具有主观能动性，受教育的学生更是思维活跃，他们不只是消极、被动地接受教育，而是具有强烈的积极性、主动性、选择性和创造性。尤其是随着网络技术的异军突起，学生掌握的信息资源甚至可能比教师还要多、还要全面、还要深刻。于是，人们开始反思教师主体性和学生客体性的问题。有学者提出“学生主体论”，认为教学应该以学生为主体，从学生的实际需求出发，为学生提供教师期望与学生需求相吻合的教学内容；有学者提出“主客体转化论”，认为教师在教学过程中也会受到学生的启发，在这种情况下师生的主客体关系就发生了互换，学生启发老师，所以学生变成了主体，教师变成了客体，而且教育过程中师生的主客体关系始终处于变化之中；有学者提出“双主体论”，认为在教育活动中，教师和学生处于平等地位，师生双方都应该是教育的主体；还有学者提出“多元主体论”，认为教育活动的主体不仅限于教师或学生，家庭、社会也是教育的主体；等等。关于思想政治理论课的主体问题，“要坚持主导性和主体性相统一，思政课教学离不开教师的主导，同时要加大对学生的认知规律和接受特点的研究，发挥学生主体性作用”①。

回到认同教育的视域上来，“教师为主导、学生为主体”的教育原则

① 用新时代中国特色社会主义思想铸魂育人　贯彻党的教育方针落实立德树人根本任务［N］. 光明日报，2019－03－19（01）.

无疑是与认同教育的本质和规律相吻合的。因为“教师主体论”忽视了作为“客体”的学生的主观能动性；“学生主体论”又片面强调学生的主动性，把教师这一教育的发起者冷落一旁；“主客体转化论”虽然关注到了矛盾双方相互转化的过程，却无法论证矛盾双方不转化时主体的客体性和客体的主体性问题；“双主体论”把教师和学生都认定为教育主体，却无法回答“客体是谁”的问题；“多元主体论”虽然关注到来自各个层面的教育实施者的能动性，但主体过多又相当于没有主体，冲淡了教师和学生的核心地位。因此，学者们的观点具有深刻的理论意义和实践意义，但同时又都具有一定的局限性。而对思想政治理论课中的主客体问题的“教师主导、学生主体”的定位，显然可以很好地解决以上问题。一方面，教师主导是毋庸置疑的，任何一个课堂，无论采用何种授课方式，教师都是主导者，即便采用颠覆传统教学的“翻转课堂”的教学手法，由学生来讲，教师总结和纠补，这种形式的课堂依然是由教师来设计和引导的。情境教学、网络教学、实践教学等也都是在教师的主导下实施的。因此，以教师为主导，既把主体地位交还给学生，又充分肯定了教师在教育过程中的重要作用。另一方面，以学生为主体不得不说是改革开放以来中国教育理念的重大提升，学生在接受教育的过程中是享有主动权并具有主观能动性的，学生是真正的主体，这已经在学界达成共识。以学生为主体就是要把教育的主动权交还给学生，让学生真正成为学习的主人。

在认同教育的视域下，高校思想政治理论课教学的目标显然是为了培育、生成、持续和强化大学生对马克思主义的认同，这一认同的主体是大学生，所以在高校思想政治理论课教学中，主体依然是大学生，教师发挥主导作用。正是在教师的主导下，通过各种教育手段，才培育起大学生对马克思主义的认同。其中，教师主导，指的是高校思想政治理论课教学的内容、方法、教学组织和管理由教师来设计和实施，教师对高校思想政治理论课教学的质量和效果负责。教师的主导作用既体现在将教学内容传导给大学生上，又体现在提升大学生的主体意识，引导大学生成为教育的主体上，因此，教师主导是教师对大学生这一认同主体的主导。而学生主体，指的是在教师主导下的大学生，同时又是马克思主义认同的主体，大学生不仅要参与教学活动，还要充分发挥其积极性和主动性，主动获取知识，主动接受实践锻炼，主动向马克思主义靠拢。由此可见，认同教育的视域下的教师主导，是高校思想政治理论课教师对大学生这一认同主体的主导；认同教育的视域下的学生主体，是在高校思想政治理论课教师主导下的认同主体，二者辩证统一、缺一不可。

认同教育与其他类型的教育的相同之处在于，都是通过“教师教、学生学”来实现教育目标；认同教育与其他类型的教育的不相同之处则在于，认同教育的最终目标是培育起某种认同，而认同的主体是学生，所以认同教育必须遵循以教师为主导、学生为主体的教育原则。高校思想政治理论课教学要反对教师一言堂，明确并坚持大学生的主体地位，因时制宜、因地制宜、因材施教地设计和开展教学活动，让每个大学生都真正参与其中，真正有所收获。

（二）政治原则

认同的本质是“归属感”，高校思想政治理论课教学的核心任务是促成大学生与马克思主义的双向归属，并使之不断持续和强化。既然强调归属，高校思想政治理论课教学就无论如何也不能背离政治立场和站位。高校思想政治理论课教学必须促成大学生对马克思主义的认同，对马克思主义在中国的政治代表——中国共产党的认同，对在马克思主义指导下我们成功探索出的实践路径——中国特色社会主义道路的认同，以及对在马克思主义指导下社会主义实践的伟大探索——改革开放的认同，让广大青年紧密团结在党中央周围，坚定政治立场。

政治性是高校思想政治理论课的本质属性，高校思想政治理论课教学毫无疑问要旗帜鲜明地讲政治，牢牢把握正确的政治方向。高校思想政治理论课要培养的是有理想、有本领、有担当的时代新人，是对马克思主义有着强烈的归属感和认同感的一代青年，而绝不是当面一套背后一套的“两面人”。

前些年，北京大学中文系退休教授钱理群先生的一段话曾在社会上引起不小的反响，他说："我们的一些大学，包括北京大学，正在培养一些'精致的利己主义者'，他们高智商、世俗、老到、善于表演、懂得配合，更善于利用体制达到自己的目的。这种人一旦掌握权力，比一般的贪官污吏危害更大。"钱理群先生虽然用了"一些""一般"等限定词来表达所谓的"精致的利己主义者"并非普遍现象，但这样的问题还是让人触目惊心。"精致的利己主义者"多数是社会精英，一般具有高智商、高学历，善于见机行事，所做的一切都合理合法，但又都是为了一己之私利，是当面一套背后一套的"两面人"。而这样的大学生，正在被我们培养成接班人。"两面人"最根本的问题在于没有信仰，一个没有信仰的人，就永远逃不出"利益"的牢笼，就不会考虑社会责任与担当，更不会有胸怀天下的格局。对此，高校思想政治理论课教学要高度重视，一定要毫不动摇地坚持正确的政治立场，引导大学生树立马克思主义的科学信仰，做言行合一的马克思主义者。

（三）一体化原则

教育不是一蹴而就的，尤其是针对某一国家、政党、思想观念、价值观念的认同，很难通过短期的教育就形成良好的认同效果。况且认同是不断变化的，不仅存在认同是否生成的问题，还存在认同生成后的持续和强化问题，在这期间认同效果随时可能发生变化，所以认同教育必须着眼长远，推进对国家、政党、指导思想、核心价值观念等重大认同教育内容在幼儿园、小学、中学、大学等不同阶段的一体化，在纵向上逐层推进认同效果。

幼儿园阶段的认同教育重点在认识，通过符号化、具体化的认同客体形象，让孩子们感知认同客体的"在场"，并与之建立联系；小学阶段的认同教育重点在认知，通过概念的阐释，培养小学生对认同客体的理解，增进与认同客体的"互动"；初中阶段的认同教育重点在理性，培养理性认同，初步构建起认同双方的"同一性"，分辨出与"参照物"的差异性；高中阶段的认同教育要加深理性认同，增强学生的理性逻辑，并引入情感因素，培育学生对认同客体的“归属感”；大学阶段的认同教育要在前期努力的基础上，查缺补漏、巩固强化，着眼于大学生认知认同、情感认同和行为认同的统一，让认同效果在时间上不断持续，在程度上不断加强。简言之，幼儿园和小学阶段认同教育的侧重点是思想启蒙和认知，中学阶段的侧重点是培养理性，增进情感，而大学阶段则是知行合一，树立信仰。

以我国的国家认同教育为例，幼儿园阶段主要教孩子们认识国旗、国徽、国歌、北京、天安门、长江、黄河等中国的具体符号，知道“我是中国人”；小学阶段主要学习中国的领土面积、人口数量、行政区域划分等基本常识；初中阶段学生需要学习的是中国的政治、经济、文化、历史等基本国情；高中阶段学生则要进一步掌握中国与世界的关系、中国发展进步的基本经验、中国的制度优势、发展方向以及正确分析中国发展道路上的各种问题，增进学生对中国的深厚感情；大学阶段主要培养学生认知认同、情感认同和行为认同的全面统一，从历史与现实、国内与国际、国家经济社会发展的各个方面进一步加深学生对中国的理性认知，厚植学生的爱国情怀和对中国的强烈归属感，并通过鲜活的生活实践增进学生对中国的行为认同，自觉做忠诚的爱国者。

高校思想政治理论课教学也同样如此，面对一套从幼儿园、小学、中学到大学的内容，马克思主义这一认同对象以怎样的方式呈现出来才能既让大学生感觉到熟悉和亲切，又让大学生保持学习的新鲜感和兴趣，这是每一位高校思想政治理论课教师必须思考的问题。要做到这一点，教师不仅要吃透大学教材，还要对幼儿园、小学、中学相关课程的教材进行比对分析；不仅要接稳“接力棒”，还要跑出好成绩；不仅要讲出深度和厚重感，还要讲出滋味和亲和力。

此外，高校思想政治理论课还要加强课程体系和教材体系建设，特别要关注认同生成的逻辑闭环的完整性。无论是幼小中大一体化的思想政治理论课，还是专业课程、技能课程、实践课程，在课程教学中，首先都要讲清楚知识点，让学生对教学内容建立起理性认知；其次要重视逻辑线索，帮助学生理性分析所学内容，知其然，也知其所以然；再次要注重情感培育，让学生在所学内容中找到与“我”的需求的契合点，在教学内容与学生之间建立起情感联系；最后要注重行为养成，将认知认同和情感认同落实到日常生活的行为实践中。“基础知识—逻辑分析—情感培育—实践养成”这四个环节在认同教育中逐层递进，相辅相成，缺一不可。

（四）协同原则

大学生在接受认同教育的同时，还要接受专业教育、技能教育等其他类型的教育，而且很多时候这些教育形式是交织在一起的。高校思想政治理论课与其他课程是“各唱各的戏”还是“同唱一出戏”，将直接影响到认同教育的效果。仍然有很多老师持“高校思想政治教育是思政课教师的事，与其他教师无关”的观点。这不仅是不负责任的表现，也不利于大学生马克思主义认同的培育和生成，更是与高校立德树人的根本任务相背离的观点。以中国的国家认同教育为例，如果大学生在接受马克思主义认同教育的同时，一些任课教师却在课堂上大力鼓吹其他国家的民主和自由，引导大学生不必被国籍所束缚，国外前景大好，要争取出国留学就业，创造精彩人生。此类言论不仅对大学生的国家认同不利，还有可能造成大学生思想深处的困惑与质疑，对前期形成的认同教育成果带来巨大冲击。

认同教育视域下的高校思想政治理论课教学必须遵循与其他课程同向同行、协同一致的原则，正确处理思政课程与课程思政的关系。第一，高校思想政治理论课教学与其他课程教学要在政治方向上保持一致，坚定政治立场；第二，高校思想政治理论课教学与其他课程教学都要坚持以人为本，遵循大学生成长发展的基本规律，科学开展教育活动；第三，高校思想政治理论课教学要与其他课程教学打破学科壁垒，互为补充，协同发展，高校思想政治理论课不仅关注于大学生对马克思主义的归属程度，也要挖掘课程中的知识性和学理性，其他课程教学不仅要关注于大学生对专业知识或专业技能的掌握程度，还要关注认同教育的发展需求，回答好“为谁培养人”的问题；第四，高校思想政治理论课教学与其他课程教学在教学效果上共同体现为大学生专业知识、专业技能和认知、情感、行为认同的全面提升。

（五）比较原则

认同主体和客体间“同一性”的构建有赖于“差异性”的彰显，也就是说，高校思想政治理论课教学不仅要允许参照物的存在，允许批评和质疑的声音存在，还要通过与参照物的比较和鉴别，从侧面提升认同的效果。

先进的理论不会在人的头脑中自发产生，尤其是对于马克思主义这样博大精深、内涵深邃的理论学说，一般而言，要经过理论阐释，运用教育的手段传导给人们。马克思早在《黑格尔法哲学批判》导言中就曾指出：“哲学把无产阶级当做自己的物质武器，同样，无产阶级也把哲学当做自己的精神武器。思想的闪电一旦彻底击中这块素朴的人民园地，德国人就会解放成为人。”① 这说明无产阶级的革命和斗争需要科学理论的指导，无产阶级要用哲学、用先进的理论武装自己的头脑。而先进的理论不会自发产生，共产党人必须加强对无产阶级和人民大众的马克思主义教育。列宁在著作《怎么办？（我们运动中的迫切问题）》中指出：“工人本来也不可能有社会民主主义的意识。这种意识只能从外面灌输进去。”② 进一步强调了灌输教育的重要性。

尽管理论灌输在高校思想政治理论课教学中必不可少，但现实生活中，理论灌输却经常被人们曲解为一种硬性的、强制的、高压的教育方式，反复强调、非做不可的灌输态势不仅不利于对马克思主义认同度的提升，还容易让大学生产生“被洗脑”的错觉。所以，高校思想政治理论课教学应坚持比较的原则。通过比较和鉴别，会帮助大学生区分善恶美丑，澄清事实。正如尼采所言，这是一个比较的时代，未经批判和比较的价值秩序一定是肤浅和茫然的。认同也同样如此，认同主体只有经过反复比较和鉴别，才能使认同走向理性自觉。

---

① 马克思恩格斯文集：第1卷［M］．北京：人民出版社，2009：17－18．

② 列宁专题文集：论无产阶级政党［M］．北京：人民出版社，2009：76．

真理总是越辩越明。民主和科学、自由和法治等观念之所以深入人心、备受拥护，是它们在实践中自我论证或自我辩护的结果。作为科学的理论体系，马克思主义自身的理论魅力毋庸置疑。自从在欧洲诞生以来，马克思主义就一直不断地与各种社会思潮展开交锋，如“幽灵”一般在资本主义上空徘徊不绝。与其说马克思主义认同是一场危机，不如说马克思主义又迎来了“战斗”的新机遇，多元社会思潮的博弈将重燃马克思主义的战斗激情。

因此，高校思想政治理论课教学切不可夜郎自大、闭门造车。在社会思潮多元碰撞的今天，各种意识形态和价值观念粉墨登场，一旦大学生接收的信息与教师讲解的相违背，就会稀释认同教育的教学效果。在这种情况下，一方面教师要主动作为，不仅要将课堂空间延伸到实践中，延伸到网络上，还应在日常生活中、在网络空间中密切关注大学生的思想动态，主动参与大学生的讨论，坚定大学生的政治立场，纠正大学生在思想和行为上的偏差；另一方面，要建立健全国家利益、社会利益、家庭利益与大学生个人利益有机结合的协同工作机制，构建“大思政”格局，为大学生马克思主义认同营造万众一心的良好舆论氛围和清朗的网络空间。

（六）共情原则

认同的本质是归属感，归属感来自人的内心深处，是一种经过长期积淀厚植而生的情感。高校思想政治理论课教学要想引导大学生建立对马克思主义的深厚感情，就要遵循共情的原则，为大学生创设特定的认同情境，并且寓教于情。

在科学技术飞速发展、社会生活日新月异、意识形态多元碰撞的时代，人们很容易迷失自我，大学生恰好处在世界观、人生观、价值观尚未完全定型的年龄阶段，他们对“我是谁”的回答更是十分茫然。于是当代大学生便被贴上了“连根拔起的一代”“无家可归的人”“漂泊者”之类的标签。其实，对于自我意义和自我价值的归属感的模糊并不是因为大学生本身对马克思主义这一社会意识形态不了解，而是因为这一代人没有经历过战争的洗礼，也没有经历过新旧社会的对比，所以他们对马克思主义这一指导我们历尽千辛万苦才赢得今天幸福生活的强大思想武器，不容易产生情感上的共鸣。

高校思想政治理论课教学要想在当代大学生和马克思主义之间架起认同的桥梁，就必须使用好情感催化剂。高校思想政治理论课教师要善于与大学生交朋友，认真细致地观察大学生在日常生活中的言行举止，考察他们的思想动态，并尝试深入他们的内心世界，体验他们的所思所想，进而依靠各种教育手段，不失时机地将自己对马克思主义的情感传递给大学生。共情力是教师对大学生倾听、尊重和换位思考的表现，毕竟认同不是强迫来的，与其暴风骤雨式地说教，不如和风细雨式地走进大学生的内心，通过共情，厚植大学生对马克思主义的真情实感和心灵皈依。

（七）实践原则

经过认知认同和情感认同，最终上升为自觉的行为认同，是认同教育效果的最终体现。这也决定了认同教育的讲台决不能仅限于课堂上，而应该扩展到广阔的生活实践中去寻找。实践原则是高校思想政治理论课教学必须遵循的基本原则。

任何理论都离不开实践的检验，理论只有与实践相结合才能最大限度地发挥作用。马克思主义能否满足大学生成长成才的需求？怎样建立起马克思主义与大学生之间的价值联系？如何引导大学生在实践中运用马克思主义？这些都是高校思想政治理论课教学无法回避的现实问题。一种理论学说被人们所接受、所认同，在于它提供满足人们某方面需求的内容而形成的吸引力。"'思想'一旦离开'利益'，就一定会使自己出丑"①，人们对马克思主义的认同也总是从对马克思主义产生肯定的价值判断开始的。马克思主义的真理性和科学性是毋庸置疑的，但如何将其与大学生的成长和发展需求之间建立价值桥梁，则需要高校思想政治理论课教学来发挥作用。

---

① 马克思恩格斯文集：第1卷［M］. 北京：人民出版社，2009：286.

马克思主义是党和国家的指导思想，也是我们每一个个体成长发展的行动指南，与我们每一个人息息相关。在日常生活中，正确处理“大我”与“小我”的关系、个人与集体的关系、个人与国家的关系，勤勉学习、踏实工作，在实践中实现人生价值，为社会创造价值，这是将马克思主义由理性认同到情感认同，再落脚到实践认同的完整体现。

因此，高校思想政治理论课教学不能纸上谈兵，要把握住马克思主义这个大智慧，着重培养大学生的理论判断力、思考力和逻辑力，培养大学生运用马克思主义解决现实问题、促进自身发展的能力。在实践活动的具体设计上，应从人文关怀、机制创新、环境营造等方面不断优化实践教学方案，为大学生搭建不同层次的实践平台，让大学生对马克思主义真学、真懂、真信、真用，引导大学生在遇到日常生活中的实际问题时能从马克思主义中寻找答案，在生动的实践中去寻找认同，激发认同，做到认知认同、情感认同和行为认同相统一。

本章小结

本章解决的是认同教育视域下高校思想政治理论课教学的理论问题，根据高校思想政治理论课教学的认同教育本质，从高校思想政治理论课教学的主要规律和基本原则等方面进行理论探索，初步构建起解决高校思想政治理论课教学问题的理论逻辑。

规律是客观且不可违背的，由于认同的发展过程可以分为认同的培育、生成、持续和强化四个阶段，所以不同阶段的高校思想政治理论课教学也需遵循相应的规律，具体体现在以下四个阶段。在认同培育阶段，通过“互动”求同识异的规律；在认同生成阶段，通过价值满足激发“归属感”的规律；在认同持续阶段，通过各种影响因素的“共振”明确身份的规律；在认同强化阶段，通过长期反复实践固化认同成果的规律。高校思想政治理论课教学只有尊重规律，把握规律，利用规律，才能更好地发挥立德树人的主渠道作用。

要实现大学生马克思主义认同的特定目标，高校思想政治理论课教学还应该遵循以下七项基本原则。坚持“教师主导、学生主体”的原则，让大学生成为认同的主人，反对教师一言堂；坚持政治原则，坚定政治立场，明确“为谁培养人”，反对当面一套背后一套的“两面人”；坚持一体化原则，推进思想政治理论课幼小中大一体化建设，逐层递进认同效果，反对重复说教；坚持协同原则，让思政课程与课程思政同向同行，协同一致，反对各自为政；坚持比较原则，允许批评和质疑，主动澄清事实，反对闭门造车；坚持共情原则，站在大学生的立场去思考和表达，厚植大学生对马克思主义的真情实感，反对自说自话；坚持实践原则，理论联系实际，在生动的实践中激发大学生对马克思主义的认同，反对纸上谈兵。

高校思想政治理论课教学的理论逻辑是破解当前高校思想政治理论课教学改革难题，有效构建实践路径的理论依据和基本遵循。

第五章　高校思想政治理论课的认同教育范式

在全国高校思想政治理论课教学改革如火如荼的时代背景下，创新高校思想政治理论课的理念和方法，不能忽视对课程本质的把握，要按照认同培育、生成、持续和强化的基本规律开展教育活动。高校思想政治理论课是党和国家贯彻落实立德树人根本任务的重点课程，是开展大学生思想政治教育的主阵地，本质是面向当代大学生开展的马克思主义认同教育课程。从认同教育的视域来看，高校思想政治理论课教学还存在一些现实问题，大学生马克思主义认同这一教学目标尚未完全实现，高校思想政治理论课的教学实效性亟待进一步提升。于是，一套新时代高校思想政治理论课认同教育的新范式便呼之欲出了。

“范式”这一学术用语由美国哲学家库恩提出，是指科学共同体的成员共同拥有的研究传统、研究方式、理论框架和话语体系等。所谓“范式”是指在一定范围内被人们公认的一整套规范、科学、严密的运行模式。范式也可称为“模式”或“模型”，因为范式的规范性和系统性，所以可在一定范围内被复制和推广。高校思想政治理论课教学由传统范式向认同教育范式转换是由思政课的认同教育本质决定的，是教学理念、教学模式、教学方法的整体性变革。当然，高校思想政治理论课的认同教育范式并不是对传统教学范式的全盘否定或因果替代，而是对传统范式的积极扬弃和有效更新，从而“不断完善高校思想政治理论课教学模式，以强化大学生意识形态教育为核心推动当代中国马克思主义大众化"①。

查摆问题、分析问题是为了在实践中有效地解决问题。本章力求用认同教育的视域构建实践路径，以培养大学生对马克思主义的认同为首要目标，在"什么样的人讲高校思想政治理论课更容易被认同""讲什么内容更容易被认同""怎么讲更容易被认同""在什么环境下讲更容易被认同"以及"高校思想政治理论课教学实效性如何评价"等一系列问题的追问下，围绕教师队伍、教学内容、教学方法、教学环境和教学评价等主要方面，探索构建新时代高校思想政治理论课的认同教育范式，从而在一定程度上破解高校思想政治理论课教学改革的难题，更好地完成高校思想政治理论课立德树人的神圣使命。

一、教师队伍建设

作为高校思想政治理论课教学的主导者，教师在整个教学环节中至关重要。而现有高校思想政治理论课教师的能力和素质能否满足认同教育的目标要求呢？还需把哪些人以怎样的方式组合起来才能保障认同教育的效果？仅凭教师这支队伍够不够？在认同教育的视域下，高校思想政治理论课教师队伍建设还有很多现实问题亟待解决。

教师队伍建设是办好高校思想政治理论课举足轻重的关键环节。建设一支政治立场坚定、有良好的专业素养和道德情操、有创新精神、值得大学生尊敬和信赖的教师队伍，是解决高校思想政治理论课教学问题的必然之举，也是新时代高校思想政治理论课教学改革的客观要求。

必须澄明的是，高校思想政治理论课虽然特指教育部面向大学生开设的几门指定必修课程，但是从大学生的角度来说，他们接受的思想政治教育却是经历时间上的长期积淀，受到空间上的广泛影响的。也就是说，高校思想政治理论课以集中授课的方式对大学生开展思想政治教育，而大学

---

① 王永贵. 意识形态领域新挑战与马克思主义大众化［J］. 当代世界与社会主义，2010（6）：25.

生对马克思主义的认同和自身思想政治素质、道德素质、法律素质的提升，则不仅仅是依靠高校思想政治理论课来实现的，即高校思想政治理论课是培育大学生马克思主义认同，提升大学生综合素质的必要而非充分条件。

既然如此，那么我们在思考什么样的人讲高校思想政治理论课更容易被认同的问题时，就不能只考虑高校思想政治理论课教师。诚然，高校思想政治理论课教师的主导作用不可替代，但高校党政领导、学生工作队伍、其他专业课教师等因素对大学生的影响也不容忽视，而且他们中的一部分人也承担高校思想政治理论课教学的任务。因此，为了避免出现课上高校思想政治理论课教师辛苦培育的大学生马克思主义认同，到了课下，转眼间就被他人的某些言论抹杀，甚至清零的情况，就必须构建起政治方向统合的高校“大思政”育人格局，塑造一支强有力、高素质的高校思想政治理论课教师队伍。这支队伍以思政课专职教师为主体，涵盖高校党政领导、学生工作队伍、其他专业课教师以及宣传、后勤、图书馆等相关职能部门在内的专兼职结合的高校教职工群体。这支队伍在分工上虽有所不同，但在政治上要高度统合、协同一致。也就是说，教育者首先要受教育，高校思想政治理论课教师队伍要引导大学生认同马克思主义，自己首先要以一名坚定的马克思主义者的要求来规范自己的言行，站稳师德高地，守住师德底线，彰显育人情怀，淡泊名利、无私奉献，做大学生成长的引路人和贴心人。

（一）高校思想政治理论课教师

百年大计，教育为本。教育大计，教师为本。在大学生通过学习高校思想政治理论课继而生成马克思主义认同这一过程中，高校思想政治理论课教师所处的地位和发挥的作用是至关重要且不可替代的。我国古代第一本教育专著《学记》中有云：“亲其师，信其道；尊其师，奉其教；敬其师，效其行。”这句古训点明了良好的师生关系对于学生的重要作用和影响。高校思想政治理论课同样如此，教师是关键。要让大学生通过课程学习认同马克思主义，教师首先要成为一名坚定的马克思主义者。

《光明日报》2019年1月10日头版曾专题报道过年届九旬仍活跃在思政课堂的西南交通大学教授朱铃："他一生只干了一件事，那就是培养人、培养国家的未来。如今年届九旬、几近失明，他仍然坚持给大学生上思政课，用真实而感人的故事，激发90后爱国、爱党、爱社会主义的情感；他仍然坚持学习，坚持给思政教师做指导，通过影响他们去影响更多的90后。"这样一位思政课教师的先进楷模当年也曾遇到过我们当下面临的问题："初上讲台时，朱铃发现思政课堂存在'言者谆谆、听者藐藐'的现象，学生觉得思政课抽象枯燥，不爱听。他说：'在革命战争年代，我们的党都能用马列主义引导一批又一批青年走上革命道路，现在也一定能用马列主义真理赢得青年的心！'朱铃认为，不是学生不需要马列，关键在于我们怎样用马列去解决他们的困惑，点准他们思想上的'穴位'。为深入了解学生的思想，朱铃主动承担学生工作，住进学生宿舍，与学生同吃同住同学习，与学生交朋友，把自己融入学生之中。他用各种形式了解学生的思想动态，每学期开始，他都让学生围绕时事或历史提出十个问题，他从中去了解学生的关注点和疑惑点，并选择带有普遍性的问题融入课堂教学之中，收到良好的效果。"①

显然，这就是认同的力量！以朱铃教授为代表的一批批优秀高校思想政治理论课教师，点准了大学生思想上的"穴位"，用自身的人格力量拉近了大学生与马克思主义之间的距离，培育起了大学生对马克思主义的认同。可见，高校思想政治理论课教师的能力和素质对大学生马克思主义认同的重要性。

什么样的人讲高校思想政治理论课更容易被认同呢？什么样的高校思想政治理论课教师才能满足认同教育的要求呢？2019年，在学校思想政治理论课教师座谈会上对思政课教师提出了"政治要强、情怀要深、思维要

① 用真理赢得青年的心：记年届九旬仍活跃在思政课堂的西南交大教授朱铃［N］. 光明日报，2019-01-10（01）.

新、视野要广、自律要严、人格要正”的明确要求。[①] 教育部于2020年1月印发的《新时代高校思想政治理论课教师队伍建设规定》也对高校思想政治理论课教师的职责与要求等做了具体规定。基于高校思想政治理论课的认同教育本质，遵循认同教育的主要规律和基本原则，新时代的高校思想政治理论课要培养和塑造一支政治立场坚定、有良好的专业素养和道德情操、有创新精神、值得大学生尊敬和信赖的教师队伍，还需在以下四个方面做出努力。

1. 旗帜鲜明，让有信仰的人讲信仰

思想政治理论课教师要“让有信仰的人讲信仰”。这句话内涵丰富、发人深省。相较于其他专业教师在课堂教学中只需扮演“传道者”的角色，高校思想政治理论课教师还需要成为真正的“信道者”，只有自己真正信仰马克思主义，才能更好地引导大学生树立起马克思主义科学信仰。

高校思想政治理论课教学是教师与大学生之间心灵的对话、思想的交流、情感的碰撞和行为的牵引。高校思想政治理论课教师的思想政治状况对大学生具有极强的影响作用。要完成高校思想政治理论课教学目标，教师要先成为马克思主义者，成为“有信仰的人”。无法想象一个教师能把自己都有质疑或不相信的理论学说给大学生讲好，更不用说获取大学生的认同。高校思想政治理论课教学与其他课程教学的最大的不同，就在于高校思想政治理论课对教师的要求更高，要求任课教师本身要认同教学内容，再通过课程教学的方式将教学内容传导给大学生，培育起大学生对教学内容的认同。“如果一个教师仅仅把思想政治理论课教学当作一种职业或一种工作任务的话，那么其行为只是一种谋生的手段，这何以打动心灵、直抵生命？”[②] 如果一个高校思想政治理论课教师自己都不信仰马克思主义，又怎么能给大学生讲好马克思主义？怎么能引领大学生认同马克思主义？所以，讲信仰的人必须有信仰，也只有有信仰的人，才能讲好高校

---

① 用新时代中国特色社会主义思想铸魂育人　贯彻党的教育方针落实立德树人根本任务［N］. 光明日报，2019-03-19（01）.

② 李萍，林滨. 试谈高校思想政治理论课教学实效性的三个基本维度［J］. 思想理论教育导刊，2005（9）：62.

思想政治理论课。

马克思主义信仰有别于其他信仰，马克思主义的真理性力量来源于对自然、社会、人类思维发展和社会历史发展一般规律的揭示。牢固树立马克思主义信仰是马克思主义认同不断持续和强化的必然结果。在人类思想史上，没有哪一种思想能像马克思主义那样有关心无产阶级和全人类的解放视野，没有哪一种理论能像马克思主义那样博大精深、逻辑严密，没有哪一种学说能像马克思主义那样对人类历史的发展进程产生如此翻天覆地的影响。知之愈深，爱之愈切，信之愈笃。高校思想政治理论课教师要成为“有信仰的人”，就要掌握马克思主义的看家本领，原原本本、一字一句、反反复复地研读马克思主义经典著作，感受马克思主义真理的磅礴力量，厚植马克思主义信仰大厦的根基。

2. 理直气壮，上好思政课

理直气壮、坚定自信、饱含深情地为大学生讲好马克思主义的故事，是高校思想政治理论课教师的职责之所在。高校思想政治理论课教师对马克思主义的态度会直接影响大学生的马克思主义认同状况。所以从认同教育的视域看，高校思想政治理论课教师要理直气壮地上好思政课。只有这样，才能和大学生建立起“同一性”，为大学生讲授“我们的马克思主义”，而不是事不关己的冰冷说教。

当前，意识形态领域的斗争异常激烈，高校思想政治理论课教师在政治立场问题上必须始终与党中央保持一致，牢固树立马克思主义信仰，切实增强“四个意识”，坚决做到“两个维护”。在与能够对大学生马克思主义认同造成更多干扰的多元社会思潮的比较和鉴别中，高校思想政治理论课教师要充分发挥自身马克思主义理论的专业优势，结合大学生存在的思想困惑和实际问题，及时予以回应和关切。要敢于同多元社会思潮作斗争，理直气壮地上好思政课，帮助大学生分析问题本质，明辨是非曲直，纠正错误认识，站稳政治立场，坚定马克思主义在意识形态领域的指导地位。充分利用大学生喜闻乐见的网络平台，积极推动马克思主义大众化。

3. 教研结合，提升教学本领和业务能力

要让大学生学懂、弄通马克思主义，高校思想政治理论课教师必须在知识储备、科学研究和业务能力上有过硬本领，具有较高的马克思主义理论素养、科研能力和教学水平，将自己塑造成一名集理论家、科研工作者、教学能手于一身的“全才”。

首先，扎实的专业基本功是教师讲好高校思想政治理论课的前提。高校思想政治理论课教师要具备马克思主义的“看家本领”，形成马克思主义理论基本视域，认真研读马克思主义经典作家的原著，深刻领会马克思主义的思想精髓。高校思想政治理论课教师还要广泛涉猎哲学、政治学、经济学、教育学、社会学等领域的知识，紧跟时代发展潮流，丰富自身的知识储备和理论功底，为大学生马克思主义认同提供源头活水。其次，着眼课堂教学，深入开展科学研究，是讲好高校思想政治理论课的关键。习近平总书记指出：“过去讲，要给学生一碗水，教师要有一桶水，现在看，这个要求已经远远不够了，应该是要有一潭水。”[①] 高校思想政治理论课教师把在教学过程中遇到的问题加以提炼，深入思考，形成原创性研究成果，并将成果及时纳入教学环节，以科研促进教学，教研相长，这样既解决了教学中的实际问题，又提升了自身的科研水平。最后，高超的业务能力是上好高校思想政治理论课的根本。高校思想政治理论课教师不仅要具备其他专业教师应有的语言表达能力、组织协调能力、分析和解决问题的能力、教学反思和提高的能力，还应具有政治意识、国家观念、国际视野，有和大学生打成一片的亲和力和感染力，有德才兼备的修养，有堂堂正正的人格。这些能力和素质是大学生通过高校思想政治理论课教师，对教学内容产生认同的“催化剂”。

4. 言传身教，做马克思主义行动派

人们相信自己的眼睛，往往优于相信自己的耳朵。也就是说，大学生

---

① 习近平同北京师范大学师生代表座谈时的讲话（全文）[EB/OL].（2014 - 09 - 10）[2014 - 12 - 10]. http://www.chinanews.com/gn/2014/09 - 10/6575002.shtml.

不仅会听老师怎么说，还会看老师怎么做。高校思想政治理论课教师不仅是马克思主义理论的“宣讲者”，也是身先垂范的“领路人”，应该在口头上和行动上都成为一名坚定的马克思主义者，用实际行动引领大学生成长成才。

高校思想政治理论课教师“言传”固然重要，在课堂上豪情满怀，用真理的力量感召大学生，获取大学生的认知认同。但下了课应该怎么做，课堂上的理论应该怎么用，一部分大学生并不知晓。在不会做的情况下，人的本能反应是“模仿”，而高校思想政治理论课教师就是大学生模仿的首要对象。因此，相较于“言传”，“身教”的意义更加重大。高校思想政治理论课教师唯有将课堂上所讲授的马克思主义落实到实际行动中，做到课上课下言行一致、知行合一，才会潜移默化地将马克思主义融入大学生的日常生活空间，让理论落地，让认同生根，获取大学生由认知到情感再到行为的完整认同。

案例1：把思政课讲出理讲出味讲出彩①

每堂课，笑声都会在课堂上多次响起；下课时，学生自发长时间鼓掌……这几乎是河北师范大学教授朱月龙多年来讲授思想政治理论课的常态。

从教近40年，朱月龙全身心投入。他的课，堂堂精彩、节节精品。学生们说，“听朱老师的课是一种享受”；许多毕业的学生也说，“听朱老师讲课，是自己美好而难忘的青春记忆之一”。

一堂好课的“真、亲、深、活”四字诀

“思政课，上容易，上好难。要想把思政课讲出成色、讲出效果，就要体现和紧扣‘真、亲、深、活’这四字诀。”朱月龙说。

“真，就是向哲学要高度，真学、真信、真用、真传马克思主义理论，讲出历史发展中存在的普遍真理；亲，就是授课贴近学生、贴近生活、贴近实际，要带着责任、诚意和感情传道授业；深，就是向

---

① “真、亲、深、活”是他的秘籍，紧跟时代是他的法宝，河北师范大学教授朱月龙：把思政课讲出理讲出味讲出彩［N］. 中国教育报，2017-04-05（01）.

历史要深度，上课时做到由浅入深、深入浅出，讲出自己独到的见解，力使课业内容深、学生领悟也深；活，就是向学科前沿要新度，向其他学科要广度，充分利用教学语言艺术，还要增加政治课的鲜活性、生动性，真正做到吸引学生，促使他们想听爱听、入心入脑。”朱月龙向记者解释道。

“朱老师上课从不照本宣科。他只需一支粉笔，就能像说评书那样激情四溢、感染力十足地给我们讲授中国革命史。他的课，一学期没人缺勤。”时隔20多年，河北师范大学1994届音乐专业毕业生、现河北外国语职业学院学生处处长迟会军，对朱月龙当年讲课的场景记忆犹新，“有一节课讲‘七七事变’，我清楚记得朱老师引用两句话描绘当时政局：‘华北之大，已安放不下一张平静的课桌。’‘爱国有罪，冤狱遍于国中；卖国有赏，汉奸弹冠相庆’。”

近40年里，不管学生是哪个专业，有怎样性格，朱月龙从不担心他们上课精神不集中、情绪不呼应、知识没收获。

“如果说当下不少高校教师授课有简单问题复杂化的倾向，那么朱老师可以说是坚持思想政治理论课大众化的典范。这种大众化、普及化、差异化的授课方式，是受众的客观需要，是高校思政课改革的内在需要，也是思政课取得更好教育教学效果的实际需要。”河北师范大学马克思主义学院党委书记于建春说。

“想让学生信服、佩服，教师就得具备真功夫”

近40年来，朱月龙注重对教学内容、教学方法的不断研究、改进，根据形势变化及时修改和补充讲义，把最前沿、最新颖、最精彩、最有说服力的观点和实例纳入课程，让学生感受到思政理论课的新颖性、现实性和前瞻性，让他们愿意听、喜欢听。

“我们要让学生对思想政治理论课信服、对任课教师佩服，自己就要下硬功夫、具备真功夫。”朱月龙是这么说的，也是这么做的。

在近40年的教学生涯中，他先后教过“中共党史”“中国革命史”“毛泽东思想概论”“中国近现代史纲要”等多门课程。每门课都深受学生欢迎，每学期学生给他的教学评分都在95分以上。

“朱老师对教学内容烂熟于胸，案例选择恰如其分，翔实数据信手拈来，语言精练让人身临其境。”河北师范大学马克思主义学院院长李素霞说。

“五遍教学法”“日读万字书”是朱月龙多年来坚持的两个习惯。

“五遍教学法”是指在进入课堂讲授之前，要对所讲内容反复演练五遍；“日读万字书”是指每天不管多忙多累，都要雷打不动阅读报刊、专业书籍至少1万字，并写出心得体会。

“思政课不但要讲出劲儿，还要讲出理、讲出味、讲出彩。要做到这些，没有平时的长期积累和深入思考绝对不行。”朱月龙说。

南京大屠杀惨案，小学讲过、中学讲过，大学再讲，学生会不会产生懈怠情绪？怎样才能调动起学生对熟知内容的关注度，激发出学生强烈的爱国情感呢？为了讲好这堂课，朱月龙集中阅读了近90本书，对事件发生前后的历史细节了然于胸。课堂上，众多听课大学生眼含热泪、愤慨满怀，爱国之情油然而生。

这就是新时代有马克思主义信仰、有使命感、有责任心的高校思想政治理论课教师的典型代表。在这样的课堂上，大学生会被老师所讲的内容深深吸引，会随着老师教学内容的跌宕起伏而眼含热泪，会效仿老师的兢兢业业而勤奋学习，接过老师的接力棒，做一名马克思主义的坚定拥护者和身体力行者。有这样的好老师，高校思想政治理论课教学何愁不成功呢？因此，要让学生认同思想政治理论课，教师首先要有真本领、真功夫。

（二）高校党政领导

火车跑得快，全靠车头带。高校思想政治理论课教学能否达到预期效果，教师们的积极性、主动性和创造性能否充分发挥，全校思想政治工作队伍能否各司其职、形成合力，全部离不开党的坚强领导。2019 年学校思想政治理论课教师座谈的讲话以加强党的领导收尾，特别提出：“学校党委要坚持把从严管理和科学治理结合起来。学校党委书记、校长要带头走进课堂，带头推动思政课建设，带头联系思政课教师。"① 可见，高校党政领导不仅对高校思想政治理论课的建设和改革负领导责任，他们本身还是思政课教师，不仅负责办好思政课，还要自己讲好思政课。

我国的高校是党领导下的中国特色社会主义高校，坚持党的领导是我国高校最显著的特征和最大的政治优势。高校党政领导，应切实抓好思想政治理论课的整体设计规划和发展方案，围绕立德树人的根本任务，大力推进教学改革创新，在高校思想政治理论课的师资队伍建设、教学质量、条件保障等方面采取有效措施，解决实际问题，并建章立制，形成一套行之有效的思想政治理论课建设制度体系。"作为高校的领导班子，更应该立足高校'立德树人'的根本任务，明白要培养什么样的人才、如何培养人才这项时代课题。"② 要坚决杜绝高校党政领导班子将高校思想政治理论课一面"高高举起"，一面又"轻轻放下"的情况出现。

高校思想政治理论课应该由学校党委和行政领导亲自谋篇布局，亲自抓制度建设，由马克思主义学院具体负责思政课的教学组织和业务培训，学校相关职能部门齐抓共管，切实做好保障课程正常运行的配套设施建设。一是要坚持和完善党委领导下的校长负责制，党政齐心、分工合作、协调运行，确保高校思想政治理论课的各项要求落到实处。二是要校院联动、齐抓共管。充分调动学校各职能部门、各二级学院党政领导班子的积极性，确保政策落地，执行有力，全员参与，分工明确，通力合作。三是要推进学校各级党委理论中心组学习的制度化和规范化，提高领导干部的理论水平。党委书记、校长要带头走上讲台，讲好高校思想政治理论课；带头参加教研活动，分析教学问题，优化教学方案；带头联系教师，了解教师的思想动态，切实解决教师存在的实际问题。四是要完善考核与奖惩制度，将思想政治理论课建设作为高校党政领导干部管理水平和工作成效的重要指标之一，确保高校思想政治理论课建设沿着正确的方向前进。

---

① 用新时代中国特色社会主义思想铸魂育人 贯彻党的教育方针落实立德树人根本任务［N］. 光明日报，2019-03-19（01）.

② 龙献忠，陈方芳. 新形势下高校主流意识形态认同教育：困境、契机与路径［J］. 求索，2017（6）：75.

案例2：学校领导带头上课[①]

教育落地，理念先行。按照教育部高校“形势与政策”教育教学要点，华东理工大学为改革形势与政策课设计了100余个课程专题，授课内容从中国特色社会主义经济、政治、文化、社会、生态文明建设“五位一体”总体布局出发，通过专题化教学内容和方式，教育引导学生树立“四个正确认识”，不断坚定“四个自信”。

强大的授课队伍，是上好形势与政策课的有力保障。“五四”当晚，校党委书记带头上课，正是课程改革的体现。如今，在华东理工大学的形势与政策课上，校领导、部处负责人，学院书记、院长，人文社科领域学者、教授以及校外专家、杰出校友等，都将走进课堂。

课程要改革，既要有内涵提升，也要有形式的新，更要主动适应网络环境。从5月3日起，华东理工大学的形势与政策课登陆“爱课程网”，10名校内外专家主讲课程在线开放。这10个专题既有聚焦经济建设的“全球化与中国对外直接投资”，也有围绕生态文明展开的“能源革命与中国可持续发展”，还有关注社会建设的“互联网时代的社会治理”。

“没有调查就没有发言权。”高校党政领导只有亲自走进课堂，才能直观感受到大学生的课堂反应，才能发现高校思想政治理论课教学的现实问题，才能提升对高校思想政治理论课教学重要性的认识，从而因地制宜，当好高校思想政治理论课的“设计师”和“工程师”。

（三）高校学生工作队伍

如果说高校思想政治理论课教师从事的是课内教育，即“课程思政”，那么高校学生工作队伍从事的就是课外教育，即“日常思政”。高校学生工作队伍，指的是对大学生开展思想政治教育和日常管理服务的高校学生工作部（处）人员、共青团干部、辅导员、班主任以及相关职能部门的工

① “漫灌”加“滴灌”，效果更明显：华东理工大学提升“形势与政策课”吸引力［N］. 人民日报，2017-06-01（18）.

作人员。在这支队伍中一部分人是高校思想政治理论课的兼职教师，一部分在本职工作中以“日常思政”的方式为“课程思政”服务。

新形势下各高校的学生工作队伍已经基本解决了“有人干”的职业化问题，还需要进一步解决“干得好”的专业化问题。高校思想政治工作越来越系统化、综合化，这就需要从专业化的角度发挥每个人的优势和特长，有针对性地进行精细化分工，并定期开展职业能力的轮训。学校党委要狠抓学生工作队伍建设，一方面，严格准入制度、考核制度、淘汰制度，精选、配齐、配强学生工作队伍；另一方面，要科学部署、统筹规划，在学术发展、行政发展、职称评聘等方面搭建平台，对学生工作队伍精培优育。在学生工作队伍中尤其要抓好高校辅导员队伍建设，因为辅导员的工作直接面对大学生，他们是离大学生最近、与大学生最亲的“良师益友”。辅导员不仅要会“干”，还要会“说”，要上得了讲台，讲得好高校思想政治理论课。

案例3：高校辅导员要培养“思政课思维”①

高校辅导员要上得了讲台。办好思想政治理论课的关键在教师。作为高校思想政治工作队伍的重要组成部分，辅导员的工作直接面对广大同学，是离学生最近、与学生最亲的“良师益友”。作为辅导员，做好学生的思想引领工作不单要会“干”，还要会“说”。近年来，华中科技大学启动了辅导员素质能力提升计划，一大批辅导员走上讲台，成为学生“形势与政策”课程、党课、团课的兼职教师，还有许多辅导员在课外为学生开设了大学生就业指导、学业指导等学生素质拓展课程。辅导员走上讲台，把日日夜夜伴随学生成长的故事、点点滴滴积累的感悟融入课程之中，把思政实践中零散的、活生生的“思政元素”梳理成系统的、热腾腾的“思政故事”，让思政课贯穿课上课下，打通“第一课堂”与“第二课堂”的壁垒，让辅导员队伍在“大思政”格局中有为有位，让思想政治工作贯穿教育教学全过程，

① 高校辅导员要培养“思政课思维”［EB/OL］．（2019－05－07）［2019－08－06］．http：//qnzz. youth. cn/tgjyz/sjgw/201905/t20190507_11946468. htm.

实现全程育人、全方位育人。

各高校应大力推进学生工作队伍的专业化和职业化发展，打造一支“专家化、学者型”的学生工作队伍，抓好课上课下、线上线下的要素协同，共同为高校思想政治理论课认同教育目标的达成保驾护航。

（四）高校其他专业课教师

高校其他专业课教师也属于思政课教师队伍中的一员吗？答案是肯定的。因为教师的神圣职责是“教书育人”，其中，“教书”主要是传授知识，“育人”则是为党和国家培养建设者和接班人服务。“教书”和“育人”是一个不可分割的整体。从这个意义上讲，任何一名高校教职员工，无论其专业背景如何，无论其从事何种工作，无论工作领域在课上还是课下，都必须承担“教书育人”的职责，肩负对大学生开展思想政治教育的任务。“大思政”育人格局下，立德树人不仅是高校思想政治理论课教师的职责，也是全校教职工当仁不让的义务，更是家庭、社会共同的使命和担当。

思想政治理论课从时间的纵向维度来看，分为幼儿园、小学生、中学生、大学生和硕士研究生、博士研究生等相关思政课程，也就是说，学生从小就开始接受系统的思想政治教育；从横向维度来看，又分为“思政课程”和“课程思政”，大学生在同一时期分别通过不同的课程接受思想政治教育，其中既包括国家制定开设的思想政治理论课，也包括其他专业课程，即非思想政治理论课。一般而言，在高校的常规课程设置中，其他专业课程的课时数远远超出思政课程。之所以要通过其他专业课程开展思想政治教育，就是为了发挥“课程思政”的隐性教育作用，弥补“思政课程”显性教育的局限性，从而形成更强大的育人合力。

“课程思政”是让高校各类专业课程或其他非思政课程能够做到与思想政治理论课目标一致、同向发展，把所有课程的教学目标都提升到思想政治教育的高度，挖掘所有课程的思想政治教育资源，发挥所有教师的主动性和创造性，齐心协力，共同完成立德树人根本任务的一种综合教育理念。高校其他专业课教师，即非思政课教师在他们各自掌控的课堂上，面对他们要教的大学生，要在完成本专业教学任务的同时，深度挖掘讲授的课程中对大学生思想政治教育有意义的素材，打通思政课程与非思政课程之间的隔阂，使两类课程相辅相成，形成相互促进的协同效应。“高校各门课程与思想政治理论课同向同行，不仅要在根本方向上保持一致，而且要在具体教学实践中实现协同推进。”①

案例 4：思政之“盐”化于课程之“水”②

“DNA 的复制过程可谓环环相扣，每个环节需要不同类型的酶来完成催化工作。一旦有任何一个酶‘掉链子’，整个工程就可能前功尽弃。这就像我国的抗击疫情，只有千千万万的医护人员、志愿者、居家民众携手合作，才能共同战胜疫情……”这是专业课“分子生物学”上的一幕。

近日，华中师范大学生命科学学院教师李睿在网络课堂上，结合我国的抗疫故事，深入浅出地讲解疑难知识点。不少学生通过弹幕留言：“这样的确比较容易理解!”“在海外疫情日益严重之际，应当强调国际合作!”

如何破解思政教育与专业教育存在相互隔绝的问题，让所有教师都挑起“思政担”，所有课程都上出“思政味”呢？华中师大通过抓住教师队伍“主力军”、课程建设“主战场”、课堂教学“主渠道”，逐步探索形成具有教育元素、师范特点、信息化特色的课程思政建设模式。

从 DNA 到我国的抗疫故事，在非思政课程上讲出“思政味”，华中师范大学的案例告诉我们，非思政课教师也是大学生思想政治教育的重要力量。只有人人参与，同心协力，才能形成全员全过程全方位育人的立德树人新格局。

那么，认同教育视域下高校思想政治理论课教师队伍与传统教师队伍

---

① 张志元．高校各门课程与思想政治理论课同向同行研究［J］．思想理论教育，2019（2）：67.

② 思政之“盐”化于课程之“水”［N］．中国教育报，2020－06－23（01）.

的差别体现在哪里呢？第一，认同教育视域下，高校思想政治理论课教师，首先必须认同马克思主义。包括高校思想政治理论课教师在内的高校党政领导、学生工作队伍、其他专业课教师，首先要对自我进行马克思主义教育，让自身成为“我”，而不是空洞地讲解“它”，进而通过“同一性”的建构，塑造和大学生共同的“我们”，引导大学生对马克思主义产生“归属感”，最终完成认同教育的目标。即教育者首先要受教育，让别人认同首先要自己认同。这是被原来高校思想政治理论课教学所忽视的问题。第二，认同教育视域下，高校思想政治理论课教师队伍必须政治方向统合，目标一致。上好思想政治理论课，办好思想政治教育，高校思想政治理论课教师队伍虽分工不同、职责不同、工作领域不同，但在目标上、方向上、立场上必须保持一致，要把高校思想政治理论课放在国际局势中看待，放在中国的发展目标和发展方向中看待，放在大学生终身学习、全方位受教的过程中看待。这与原来高校思想政治理论课教学中的“各自为政”显然是有区别的。第三，在认同教育视域下，高校思想政治理论课教师队伍还应该彰显并践行“马克思主义者”的身份，并视为自己最珍惜、最重要的身份，在时间和空间两个维度上去实践这一身份的行为准则。高校思想政治理论课教师要坚持用党的创新理论武装头脑，立场坚定、言行一致，在任何情况下为党育人的使命不能忘，为国育才的初衷不能改，培养青年马克思主义者的职责不能丢。这无疑是在原来高校思想政治理论课教学的基础上，对教师队伍建设提出了更高的要求。总之，高校思想政治理论课教师队伍只有达到前述要求，所讲的思政课才更容易被大学生认同。

二、教学内容建设

高校思想政治理论课教师在课堂上讲什么内容更容易被认同，或者说高校思想政治理论课教师在课堂上怎样将统编教材的内容呈现给大学生更容易被认同，这是高校思想政治理论课在教学内容建设上需要考虑的问题。

教学内容不同于教材，教材是教学的“蓝本”，教学内容则是在此“蓝本”的基础上师生共同的“绘画”。一般而言，教学内容基于教材，并高于教材。高校思想政治理论课的课程本质要求我们全面梳理每一门课程的教学内容，从认同教育的主要规律和大学生成长成才的实际需求出发，选准重点，找准切入点，聚焦大学生的思想困惑和实际问题，将高校思想政治理论课的教材体系转化为有利于大学生马克思主义认同的教学体系。

高校思想政治理论课在国家明确规定的课程框架内实施，有统编的教材，有明确的学时、学分等要求，所要达到的教学目标就是让大学生了解马克思主义，培育大学生对马克思主义的理性认知和“归属”感，进而把马克思主义的各项要求落实到实际行动中，养成良好的德性和品行，升华为坚定的马克思主义信仰。因此，高校思想政治理论课的本质是面向当代大学生的马克思主义认同教育课程。在认同教育的视域下看高校思想政治理论课的教学内容便会发现，六门课程分别对应大学生马克思主义认同的不同内容：“原理”课是对马克思主义作为无产阶级和全人类解放科学的价值认同；“概论”课是对中国化马克思主义的理性认同；“纲要”课是对“四个选择”的历史认同；“德法”课是对马克思主义的生活化认同；“形势与政策”和“当代世界经济与政治”课是对党的政策和国内外形势的认同。

其中，在“05 方案”中的“中国近现代史纲要”这门课是原来的“98 方案”中没有的，之所以要新开设这门课，就是因为以往的课程设置没有形成大学生马克思主义认同的完整的逻辑闭环。高校思想政治理论课在培养大学生对马克思主义的认同这一课程本质上，六门课程讲授的内容各有侧重：“原理”课侧重讲授马克思主义原本的样子，“概论”课侧重讲授马克思主义在中国的样子，“德法”课侧重讲授马克思主义在日常生活中的样子，“形势与政策”和“当代世界经济与政治”课侧重讲授马克思主义在当今国际国内局势下的样子。但这还不完整，因为其中就缺少了一个环节，即马克思主义是怎么来到中国的？又是怎么指导中国的？而“05 方案”增设的“中国近现代史纲要”课恰好填补了这一空白，此课侧重讲授马克思主义来到中国之前、在中国的早期传播和指导中国革命建设改革的整个历史发展进程。这样马克思主义认同的逻辑链条才形成完整的闭环（见表5-1）。

表5-1　高校思想政治理论课在大学生马克思主义认同教育中的不同内容

高校思想政治理论课	认同教育的内容	认同教育的侧重点
马克思主义基本原理	对马克思主义作为无产阶级和全人类解放科学的价值认同	马克思主义原本的样子
毛泽东思想和中国特色社会主义理论体系概论	对中国化马克思主义的理性认同	马克思主义在中国的样子
中国近现代史纲要	对马克思主义、中国共产党、社会主义道路和改革开放的历史认同	马克思主义是怎么来到中国并指导中国的
思想道德与法治	对马克思主义世界观、人生观、价值观的生活化认同	马克思主义在日常生活中的样子
形势与政策	对党的政策和国内外形势的认同	马克思主义在当今国际国内局势下的样子
当代世界经济与政治		

因此，在“05方案”指导下的高校思想政治理论课，形成了一个结构完备、功能互补的认同教育逻辑闭环。“课程体系以马克思主义基本原理为基础，构架起包括马克思主义理论、中国特色社会主义理论体系、中国近现代史、思想政治教育理论和实践、法律基础等在内的教材体系。”① 把本来的马克思主义、中国的马克思主义、历史中的马克思主义、生活中的马克思主义和国际国内环境下的马克思主义，通过一套课程体系完整地体现了出来，构成了大学生马克思主义认同的全部内容。

高校思想政治理论课教学实效性这一问题，既包含教学是否取得了实际效果的意思，也有教学是否实现了教学目标之意蕴。“取得一定的实际效果”是必然的，“是否达到了教学目标”和“多大程度上达到了教学目标”便成为考察教学实效性的重点内容。也就是说，对高校思想政治理论课教学实效性问题的考察，要从这门课的教学内容和教学活动是否实现以及在多大程度上实现了教学目标的比对中去寻找。因此，基于高校思想政

① 赵国友．高校思想政治理论课教育教学新范式的建构及其意义［J］．思想政治教育研究，2013（3）：51.

治理论课的认同教育本质，建设高校思想政治理论课教学内容，就要在对几门课程进行“整体把握”的前提下，结合课程不同的认同教育目标，以专题教学的形式进行“理论供给”，为大学生提供更有利于认同的优质“食材”。其中的“整体把握”就是把几门高校思想政治理论课作为一个整体，围绕思政课的整体教学目标，即大学生马克思主义认同，来设计教学模块；“理论供给”就是根据不同课程的不同目标要求，将教学模块细化，选准重点内容，精心设计相关专题，服务于大学生马克思主义认同的某一部分、某一方面教学目标的实现。

认同教育视域下高校思想政治理论课的教学内容建设路径，要从教学目标与教学内容的比对中去设计更有利于大学生马克思主义认同的教学专题。具体建设路径围绕五个方面展开。

（一）对马克思主义作为无产阶级和全人类解放科学的价值认同

“马克思主义基本原理”课（简称“原理”课）是“05 方案”课程体系中本科生必修课的其中一门。目前使用的最新教材是中央“马工程”的统编重点教材 2021 年版的《马克思主义基本原理概论》。

1. “原理”课的教学目标

“原理”课的教学目标是对大学生进行系统的马克思主义理论教育，全面准确地阐释马克思主义基本原理，帮助大学生从整体上把握马克思主义产生和发展的历史过程，了解马克思主义的鲜明特征，掌握人类社会发展的基本规律，增强运用马克思主义指导实践的本领，为大学生马克思主义认同打下坚实的理论基础。

2. “原理”课的教学内容

“05 方案”对“原理”课的教学内容有明确规定，即“着重讲授马克思主义的世界观和方法论，帮助学生从整体上把握马克思主义，正确认识人类社会发展的基本规律。”①

“原理”课的教学内容是对马克思主义基本原理、马克思主义的三大组成部分、马克思主义世界观和方法论的高度概括，包括导论和七章内容（见表5－2）。

表5－2 “原理”课的教学内容

导论	一、什么是马克思主义；二、马克思主义的创立与发展；三、马克思主义的鲜明特征；四、马克思主义的当代价值；五、自觉学习和运用马克思主义
第一章	世界的物质性及发展规律
第二章	实践与认识及其发展规律
第三章	人类社会及其发展规律
第四章	资本主义的本质及规律
第五章	资本主义的发展及其趋势
第六章	社会主义的发展及其规律
第七章	共产主义崇高理想及其最终实现

3. 认同教育视域下“原理”课的教学内容建设

通过教学内容与教学目标的比对，可以看出，“原理”课在高校思想政治理论课的课程体系中至关重要，处于根本性地位，是构建马克思主义认同大厦不可撼动的根基。从认同教育的视域来看，认同的本质是主体对客体在价值肯定和身份确认的基础上凝结而成的归属性心理，认同的过程也是主体对客体的价值判断过程，而“原理”课的教育内核指向的就是价值认同。“原理”课要实现的教学目标是培养大学生对马克思主义作为无产阶级和全人类解放科学的价值认同。这正是大学生马克思主义认同最基本、最核心的内容。因为人类解放与“我”的自身成长和发展密切相关，这种“同一性”是生成认同的基础。

认同教育视域下，“原理”课的教学内容可围绕4个专题开展教学。

一是对马克思主义的价值认同：介绍马克思主义、马克思主义基本原理、马克思主义的鲜明特征以及如何从整体上把握马克思主义和学习马克

① 教育部思想政治工作司组．加强和改进大学生思想政治教育重要文献选编（1978—2014）［M］．北京：知识产权出版社，2015：298.

思主义等。

二是对马克思主义哲学的价值认同：介绍马克思主义哲学的基本内容，重点讲授辩证唯物主义、历史唯物主义和马克思主义认识论等。

三是对马克思主义政治经济学的价值认同：介绍马克思主义政治经济学的基本内容，重点讲授劳动价值论、剩余价值论、商品生产理论、社会化大生产理论以及资本主义被社会主义所代替的必然性等。

四是对科学社会主义的认同：介绍科学社会主义的基本内容，重点讲授社会主义五百年的历史进程、科学社会主义的一般原则、共产主义的基本特征、树立远大理想和共同理想等。

在教学过程中，高校思想政治理论课教师可将每个专题分解为若干节课，每节课专门讲授一到两个知识点。在师生充分“互动”的前提下，教师将知识点讲清楚、讲透彻，解答大学生思想深处的困惑，从而培育起大学生对马克思主义作为无产阶级和全人类解放科学的的价值认同。

（二）对中国化马克思主义的理性认同

“概论”课也是“05 方案”中的一门必修课，课程名称原为“毛泽东思想、邓小平理论和‘三个代表’重要思想概论”，于 2008 年改为“毛泽东思想和中国特色社会主义理论体系概论”。“概论”课目前使用的最新教材是中央“马工程”统编重点教材 2021 年版的《毛泽东思想和中国特色社会主义理论体系概论》。

1. “概论”课的教学目标

“概论”课的全部内容均围绕马克思主义中国化和中国化马克思主义展开。课程的教学目标旨在引导大学生科学把握毛泽东思想和中国特色社会主义理论体系的精神实质，增强“四个自信”，运用中国化马克思主义考察和解决现实问题，培养社会主义合格建设者和可靠接班人。

2. “概论”课的教学内容

按照“05 方案”，“概论”课“着重讲授中国共产党把马克思主义基本原理与中国实际相结合的历史进程，充分反映马克思主义中国化的三大理论成果，帮助学生系统掌握毛泽东思想、邓小平理论和‘三个代表’重要思想基本原理，坚定在党的领导下走中国特色社会主义道路的理想信念”①。2005 年以后，“概论”课教材经历多次修订，所修订的内容充分体现了中国共产党与时俱进的理论品质。2018 版的“概论”课教材，新增了习近平新时代中国特色社会主义思想这部分内容，并分七章进行重点介绍。整个教材体系在这次改版中也做了重大调整，改版后的“概论”课教材由原来的十二章增加到了十四章，内容更加丰富，体系更加完善。2021 版“概论”课教材在 2018 版的基础上，进一步修改，凸显中国共产党为什么能、马克思主义为什么行、中国特色社会主义为什么好，引导学生坚定“四个自信”（见表 5-3）。

表 5-3 “概论”课的教学内容

导论		马克思主义中国化的历史进程及理论成果
毛泽东思想	第一章	毛泽东思想及其历史地位
	第二章	新民主主义革命理论
	第三章	社会主义改造理论
	第四章	社会主义建设道路初步探索的理论成果
邓小平理论、“三个代表”重要思想、科学发展观	第五章	邓小平理论
	第六章	“三个代表”重要思想
	第七章	科学发展观
习近平新时代中国特色社会主义思想	第八章	习近平新时代中国特色社会主义思想及其历史地位
	第九章	坚持和发展中国特色社会主义的总任务
	第十章	“五位一体”总体布局
	第十一章	“四个全面”战略布局
	第十二章	实现中华民族伟大复兴的重要保障
	第十三章	中国特色大国外交
	第十四章	坚持和加强党的全面领导
结束语		坚定“四个自信”，担当民族复兴大任

① 教育部思想政治工作司组. 加强和改进大学生思想政治教育重要文献选编（1978—2014）[M]. 北京：知识产权出版社，2015：298.

3. 认同教育视域下“概论”课的教学内容建设

“概论”课是为培养大学生全面掌握毛泽东思想和中国特色社会主义理论体系的基本内容和精神实质而专门开设的一门必修课，是培育大学生中国化马克思主义认同的主渠道。从课程内容上看，“概论”课坚持将中国化马克思主义视为一个整体，全面梳理中国化马克思主义的历史逻辑和理论逻辑，同时强调马克思主义中国化几大理论成果的侧重点和各自解决的不同问题。从教学目标上看，“概论”课力求向大学生准确诠释马克思主义中国化的理论成果，帮助大学生理解毛泽东思想、邓小平理论、“三个代表”重要思想、科学发展观、习近平新时代中国特色社会主义思想是一脉相承又与时俱进的科学体系，其教学目标就是要培养大学生对中国化马克思主义的理性认同。

认同教育视域下，“概论”课的教学内容可分为三大部分，围绕 12 个专题来开展教学。

第一部分　对毛泽东思想的理性认同

（1）毛泽东思想的主要内容、形成和发展的社会历史条件、活的灵魂、实事求是地评价毛泽东和毛泽东思想。

（2）新民主主义革命理论形成的依据、新民主主义革命的总路线和基本纲领、新民主主义革命的三大法宝。

（3）从新民主主义向社会主义转变的思想、党在过渡时期的总路线、社会主义改造的道路及其历史经验、社会主义基本制度在中国的确立。

（4）社会主义建设道路初步探索的重要思想成果、正确认识改革开放前后两个历史时期的关系。

第二部分　对邓小平理论、“三个代表”重要思想和科学发展观的理性认同

（5）邓小平理论提出的背景、邓小平理论的科学内涵、邓小平理论的重大意义。

（6）“三个代表”重要思想的形成、“三个代表”重要思想的主要内容、“三个代表”重要思想的历史地位。

（7）科学发展观提出的背景、科学发展观的内涵、科学发展观的理论价值和现实意义。

第三部分　对习近平新时代中国特色社会主义思想的理性认同

（8）习近平新时代中国特色社会主义思想的孕育、新时代的内涵、新时代与新思想之间的关系、习近平新时代中国特色社会主义思想的主要原创性内容及其当代意义。

（9）实现中华民族伟大复兴的中国梦的战略安排。

（10）“五位一体”总体布局。

（11）“四个全面”战略布局。

“概论”课认同教育目标的达成，需要高校思想政治理论课教师系统、全面、准确地向大学生讲授中国化马克思主义的基本原理，特别要注意联系中国的实际，从中国的具体国情出发，真正给大学生讲清楚什么是社会主义，怎样建设社会主义；建设什么样的党，怎样建设党；实现什么样的发展，怎样发展；坚持和发展什么样的中国特色社会主义，怎样坚持和发展中国特色社会主义。大学生只有在准确把握毛泽东思想和中国特色社会主义理论体系的基本内容的基础上，才能进一步学会运用其基本观点和方法分析和解决现实问题，进而生成对中国化马克思主义的理性认同。

（三）对“四个选择”① 的历史认同

“中国近现代史纲要”课（简称“纲要”课）是“05 方案”中新增设的一门高校思想政治理论课。“纲要”课有明显的历史课特征，但其本质上并不是一门历史课，而是一门高校思想政治理论课。目前使用的最新教材是中央“马工程”统编重点教材 2021 年版的《中国近现代史纲要》。

1. “纲要”课的教学目标

“纲要”课的教学目标在于帮助大学生树立正确的历史观，把握中国近现代史的发展进程和发展规律，做到“两个了解”，理解“四个选择”。

① “四个选择”是指选择马克思主义、选择中国共产党、选择社会主义道路、选择改革开放。

全面领会历史和人民为什么会做出“四个选择”，掌握“四个选择”与“两大历史任务”的逻辑关系，以及“四个选择”的正确性，增强大学生的历史意识、历史逻辑和历史情感，建立起对“四个选择”的历史认同。

2. “纲要”课的教学内容

根据“05 方案”的规定，“纲要”课“主要讲授中国近代以来抵御外来侵略、争取民族独立、推翻反动统治、实现人民解放的历史，帮助学生了解国史、国情，深刻领会历史和人民是怎样选择了马克思主义，选择了中国共产党，选择了社会主义道路”。[①] 2013 年修订版的“纲要”课教材，将“05 方案”中的“三个选择”修改为“四个选择”。2018 年，为推动党的最新理论成果第一时间进入高校思想政治理论课课堂，中宣部、教育部再次对“纲要”课教材进行修订。2018 版“纲要”课新教材的内容分为上中下三编，共十一章。2021 年，在中国共产党建党百年之际，“纲要”教材又结合习近平总书记在庆祝中国共产党成立 100 周年大会上的重要讲话等重点内容，进行了新一轮修订（见表 5－4）。

表 5－4　“纲要”课的教学内容

导言	一、中国近代史综述；二、中国现代史综述；三、学习中国近现代史的目的和要求
第一章	进入近代后中华民族的磨难与抗争
第二章	不同社会力量对国家出路的早期探索
第三章	辛亥革命与君主专制制度的终结
第四章	中国共产党成立和中国革命新局面
第五章	中国革命的新道路
第六章	中华民族的抗日战争
第七章	为建立新中国而奋斗
第八章	中华人民共和国的成立与中国社会主义建设道路的探索
第九章	改革开放与中国特色社会主义的开创和发展
第十章	中国特色社会主义进入新时代

① 教育部思想政治工作司组．加强和改进大学生思想政治教育重要文献选编（1978—2014）[M]．北京：知识产权出版社，2015：298.

3. 认同教育视域下“纲要”课的教学内容建设

“纲要”课的教学重点在于坚持和运用唯物史观，引导大学生理解历史和人民在什么情况下做出、为什么要做出“四个选择”，深刻领会“四个选择”是怎样从根本上改变了中国历史的发展进程，挽救了中华民族的前途命运，彻底结束了一个世纪以来半殖民地半封建的屈辱历史，开启了中华民族辉煌伟大历史进程。“纲要”课的认同教育就是要通过揭示历史中的“同一性”意义，使大学生明白中国近现代历史就是“我”的历史，是“我”和“我们”共同利益的体现。当代大学生虽未经历过战火纷飞的岁月，却归属于历史，是历史的“剧作者”也是“剧中人”，并将在历史的接续奋斗中扛起实现中华民族伟大复兴的重任。

认同教育视域下，“纲要”课的教学内容可分为三大部分、10 个专题来开展教学。

第一部分　从鸦片战争到五四运动前夜（1840—1919）

（1）近代中国由强盛转向衰败的根源、近代中国的社会性质和主要矛盾。

（2）太平天国农民战争、洋务运动、戊戌维新运动的兴衰成败。

（3）辛亥革命的历史背景、基本过程和历史价值，中国民主革命的必然历史走向和规律。

第二部分　从五四运动到中华人民共和国成立（1919—1949）

（4）历史和人民怎样选择了马克思主义，中国共产党成立的社会条件和历史过程、中国共产党成立的初心使命和伟大意义。

（5）以毛泽东为主要代表的中国共产党人对中国革命新道路的艰辛探索和历史意义。

（6）中国人民抗日战争的发展历程、中国共产党在抗日战争中的中流砥柱作用。

（7）抗日战争胜利后国民党政权的反动本质、“第三条道路”的破灭、中国新民主主义革命胜利的基本经验。

第三部分　从中华人民共和国成立到社会主义现代化建设新时期（1949 年至今）

（8）中华人民共和国的成立开创了中国历史新纪元、中华人民共和国成立后向社会主义过渡的历史进程、历史和人民是怎样选择了社会主义制度、中国共产党领导人民探索社会主义道路中的成就与挫折。

（9）改革开放和社会主义现代化建设的理论与实践。

（10）中国特色社会主义进入新时代。

因为“纲要”课的课程性质不是历史课，而是高校思想政治理论课，所以具体的历史知识或历史事件并不是“纲要”课的教学重点，而是让大学生在历史进程的回顾中，通过专题学习的方式，建立历史逻辑，生成历史认同。对“纲要”课教师来说，最重要的任务就是帮助大学生找到社会存在，与当前大学生追求的成长发展之间的“同一性”，建立起“我”与“四个选择”的价值联系。在对中国近现代历史有了理性认知的前提下，激发大学生的历史归属感，培育和生成大学生对于“四个选择”的历史认同。

（四）对马克思主义的生活化认同

“思想道德修养与法律基础”同样也是“05 方案”规定必修的一门高校思想政治理论课。2021 年，随着教材改版，课程名称改为“思想道德与法治”（简称“德法”课）。目前使用的最新教材是中央“马工程”统编重点教材 2021 年版的《思想道德与法治》。

1. “德法”课的教学目标

“德法”课从当代大学生的日常生活空间出发，通过深入浅出的教学方式，帮助大学生领悟人生真谛，树立崇高的理想信念，做坚定的爱国者，弘扬中国精神，践行社会主义核心价值观，形成正确的道德认知，提升法治意识和法治思维，自觉扛起时代重任，成为一名坚定的马克思主义者。

2. “德法”课的教学内容

“05 方案”明确指出，课程“主要进行社会主义道德教育和法制教育，帮助学生增强社会主义法治观念，提高思想道德素质，解决成长成才过程中遇到的实际问题”。[①] 2021 版“德法”课新教材的逻辑理路是人生观—理想信念—精神状态—价值理念—道德觉悟—法治素养。教材内容包括绪论和六章（见表 5－5）。

表 5－5 “德法”课的教学内容

绪论	担当复兴大任　成就时代新人
第一章	领悟人生真谛　把握人生方向
第二章	追求远大理想　坚定崇高信念
第三章	继承优良传统　弘扬中国精神
第四章	明确价值要求　践行价值准则
第五章	遵守道德规范　锤炼道德品格
第六章	学习法治思想　提升法治素养

3. 认同教育视域下“德法”课的教学内容建设

与其他几门高校思想政治理论课相比，“德法”课无疑是最贴近生活的。这门课旨在引导大学生树立科学的世界观、人生观、价值观、道德观和法治观，运用辩证唯物主义和历史唯物主义的原理，解决大学生在成长成才道路上遇到的实际问题。尽管如此，我们仍不能乐观地认为这门课就容易被大学生认同，虽然“接地气”的课程特点容易拉近大学生与课程内容之间的距离，但“有价值”才是认同生成的关键。能否培育起大学生对马克思主义的生活化认同，关键在于“德法”课的教学内容能否在大学生的日常生活空间里满足他们的实际需要。所以，“德法”课看似浅显，却富有深意，讲“德法”课不难，但讲好这门课却极其不易。

在认同教育视域下，“德法”课的教学内容可按照世界观、人生观、价值观，道德观，法治观等专题开展教学。

---

① 教育部思想政治工作司组．加强和改进大学生思想政治教育重要文献选编（1978—2014）［M］．北京：知识产权出版社，2015：298．

第一模块　世界观、人生观、价值观

（1）做担当民族复兴大任的时代新人。

（2）树立正确的人生观、马克思主义关于个人和社会之间关系的根本观点。

（3）树立马克思主义信仰、中国特色社会主义共同理想、共产主义远大理想。

（4）中国精神的科学内涵，培育和弘扬以爱国主义为核心的民族精神和以改革创新为核心的时代精神。

（5）坚定社会主义核心价值观自信，践行社会主义核心价值观。

第二模块　道德观

（6）社会主义道德建设的核心和原则。

第三模块　法治观

（7）我国社会主义法律的本质、全面依法治国、培养法治思维、依法行使权利与履行义务。

“德法”课作为多数大学生迈进大学校园后接触到的第一门高校思想政治理论课，其认同效果将对其他几门课程产生重要影响，并最终影响大学生马克思主义认同的培育、生成、持续和强化。认同是认知认同、情感认同和行为认同的统一，“德法”课教学要牢牢把握实践原则，在专题讲解中遵循由抽象到具体、由理论到实践、由认知到情感到行为的规律，紧贴大学生的生活实际，用大量鲜活的案例引发大学生的思考和共鸣。

（五）对党的政策和国内外形势判断的认同

“形势与政策”课承担着向大学生传播党的路线方针政策、介绍国际局势和国内形势的重要任务，是高校思想政治理论课中不容被忽视的一门必修课。“形势与政策”课的教学目标是通过定期、适时的国内外形势和党的政策教育，引导大学生运用马克思主义科学理性地分析和研判国内和国际局势，尤其是对一定时期内国内外的重大事件、社会热点难点问题做出理性分析和判断，引导大学生正确理解党的现行政策，拥护党的基本路线，增强社会责任感和使命感。与其他高校思想政治理论课不同的是，“形势与政策”课的教学内容不固定，根据国内、国际形势和党的路线、方针、政策的变化而变化。每学期开课前，根据教育部印发的“形势与政策”课教学要点，对课程教学做出整体部署。各高校根据教学要点和中宣部、教育部编辑的《时事报告》（大学生版）等教辅资料，自行设计教学专题，执行教学任务，开展教学活动。

“当代世界经济与政治”是“05 方案”规定的本科生高校思想政治理论课中唯一的一门选修课。这门课的教学目标是使大学生了解当今世界经济与政治的发展格局，掌握世界上主要国际力量的基本情况，以及它们在世界经济、政治发展中的地位和作用，树立人类命运共同体意识，培养和塑造当代大学生的全球视野和国际胸怀，加深对中国外交政策的理解，自觉承担国际责任和国际义务。

从认同教育的视域来看，“形势与政策”和“当代世界经济与政治”这两门课的教学目标，是培养大学生对党的路线、方针、政策和国内、国际形势的认同。认同是在特定时空背景下生成的，反之，要生成认同也需要营造一定的时空背景。就时间背景而言，当代大学生身处新时代，了解党的路线、方针、政策，是生成、持续和强化大学生马克思主义认同的必然选择。就空间背景而言，当今世界正在经历百年未有之大变局，各个国家以各种形式紧密联系在一起，作为世界第二大经济体的中国，更是与世界各国休戚与共、祸福相依。只有在意识形态领域的斗争中彰显马克思主义的思想伟力，坚持马克思主义在意识形态领域的指导地位，把大学生隐匿起来的马克思主义认同调动起来，才能培育起大学生对马克思主义的归属性情感，并实现大学生马克思主义认同在时间上的不断持续和程度上的不断增强。因此，“形势与政策”和“当代世界经济与政治”这两门课从营造认同的时空背景的角度，为培育大学生对党的政策认同、对国内外形势认同的教学目标服务。

三、教学方法探索

认同教育是教育者为了塑造教育对象对某一客体的认同，按照认同的本质和认同培育、生成、持续、强化的基本规律而开展的教育活动。基于认同的内涵、本质和层次，认同教育便有了不同于其他教育形式的特定的规律和原则。因此，高校思想政治理论课教学也应该基于认同教育的规律和原则，选择恰当的教学方法。

高校思想政治理论课在历史发展中不断改革创新，已经形成了一系列具有代表性的教学方法，这些方法对促进大学生马克思主义认同具有一定的积极意义，但还不够系统。在新的历史条件下，要回归认同教育的课程本质，仍需进一步思考教师在高校思想政治理论课教学中，运用哪些教学方法更有利于大学生马克思主义认同。

认同教育视域下高校思想政治理论课教学方法的建设，需结合认同教育的特点，对现有的五花八门的教学方法进行认真筛选、主动扬弃和有效更新。

（一）认同教育的权威性与课堂教学

认同教育具有鲜明的权威性的特点：一是教育者的权威，教师首先必须是教学内容的坚定拥护者和践行者，有明确的教师资质要求和严格的教师准入制度；二是教学内容的权威，教学内容直接指向认同对象，往往严谨规范，价值导向明确；三是教学方法的权威，主要采取“灌输＋启发”的方式开展认同教育。西方的宗教教育、中国回族的伊斯兰经堂教育、中国封建社会的儒家经典教育，都有上述特点。

高校思想政治理论课教学致力于塑造大学生的思想认识，因此不宜滥用权威，采取强迫、命令、高压的方式对大学生进行“强制洗脑”，这样做的结果必然“适得其反”。应该通过循循善诱的灌输和启发式的思考，引导大学生深刻领会真理的味道，培育大学生内生性的马克思主义认同。

习近平总书记在学校思想政治理论课教师座谈会上提出了“八个相统一”的战略部署。其中，坚持政治性和学理性相统一、价值性和知识性相统一这两项要求，明确指出了高校思想政治理论课政治性、学理性、价值性和知识性的特点，而带有这样显著特点的高校思想政治理论课教学，离不开基于专题的“灌输+启发”式的课堂教学范式。

课堂教学永远是高校思想政治理论课的主阵地，完全抛弃课堂教学而单纯地求新求变，无异于舍本逐末。实践教学、情境教学、网络教学等一切新的教学方式与方法只能是在坚守课堂教学基础上的拓展和补充，是为持续和强化大学生马克思主义认同效果服务的，而在大学生马克思主义认同尚未生成的阶段，稳扎稳打地抓好课堂教学才是明智之举。高校思想政治理论课中的任何一门都不能脱离课堂教学而存在，高校思想政治理论课教学最终还是要向理论的厚重和高度来要核心竞争力的。如果缺乏厚重理论的支撑，缺乏价值高度的引领，我们何以吸引学生？“如果把主要精力放在如何以生动性取悦学生，而不是以理论本身的思想魅力掌握学生，一堂课再热热闹闹，教师再自得其乐，学生最后对马克思主义特别是其中国化的理论成果不甚了了，谈何实效性?”① 高校思想政治理论课教学改革应该不断加强课堂教学这一主阵地，而不应该为了取悦大学生而动摇这一主阵地。所以，课堂教学的主阵地无论何时都要坚守，理论灌输的方法时至今日仍不能丢。

在人们既有的观念里，“灌输”是“照本宣科”“满堂灌”“填鸭式教学”的代名词，所以一提到“灌输”，人们总是质疑声不断。而基于专题的“灌输+启发”式的课堂教学方法将颠覆人们的既有观念，大大提升高校思想政治理论课教学的吸引力和感召力。

基于专题的“灌输+启发”式课堂教学方法在教学实践中要重点把握三个关键词：一是专题。高校思想政治理论课教学要以教材为蓝本、以认同为目标、以问题为导向，科学设置教学专题，利用一节课到两节课专门

---

① 陈锡喜，张濠．推动高校思想政治理论课建设内涵式发展的要义和路径［J］．思想理论教育，2019（11）：70.

解决一个问题，从历史到现实、从理论到实践把一个问题讲精、讲深、讲透。二是灌输。专题教学中免不了师生互动，面对大学生的思想困惑，教师要及时介入，用马克思主义的科学理论武装大学生的头脑，抓住教学的重点和难点问题，理直气壮地讲好思政课。面对存在的问题，高校思想政治理论课教师不能避而不谈或蜻蜓点水，而要在大是大非面前保持政治清醒。三是启发。专题教学法在一定的问题情境下，要求大学生独立思考，学生之间、师生之间充分交流，开展思维碰撞。高校思想政治理论课教师要以启发大学生的思考为核心，善于提出问题，善于引导大学生发表观点，善于带领大学生找到解决问题的路径或对策，善于将大学生学习的积极性和热情充分调动起来。

认同教育视域下高校思想政治理论课的教学方法首先体现在课堂教学中，这一方法的基本要求是高校思想政治理论课教师精心设计问题导向式的教学专题，采用基于专题的“灌输＋启发”式的课堂教学方法，完成对教学重点难点的“互动”式讲解，全面提升大学生对高校思想政治理论课的参与度和满意度，让大学生在思维碰撞中品尝真理的味道。

案例5：厦门大学“问题导向式专题教学”，思政课让学生上得过瘾①

每逢周一下午，厦门大学软件学院2016级本科生曹育娟早早来到海韵教学楼阶梯教室，准备上“思政课系列”之“思想道德修养与法律基础”。但前排的位置早被先来的同学“捷足先登”了，曹育娟只能在教室后几排的位置坐下。

像这样需要抢位的“思政课”，在厦门大学并不少见。老师们将思政课上得“风生水起”，出勤率、抬头率通通不再是问题。

“中国经济增速和大学生就业有何联系？中国梦得到实现的标准是什么？”在“毛泽东思想和中国特色社会主义理论体系概论”主讲教师石红梅的讲义上，记录了来自学生的上百个问题。这些年，开学

---

① 厦门大学“问题导向式专题教学”　思政课让学生上得过瘾［N］．光明日报，2017－05－09（4）．

第一堂课，收集、梳理、分类学生关注的问题，已成为石红梅的“固定动作”。

“必须知道他们喜欢什么，然后再根据思政课的具体教学内容为学生准备‘菜品’，只有这样，菜才能合他们的胃口。”石红梅的做法是厦大思政课“问题导向式专题教学”改革的一个缩影。

2014 年，厦门大学思想政治理论课教学改革领导小组成立，正式启动实施思政课综合改革创新工程，在本科四门思政课中全面推行以问题为导向的专题教学新模式。每学期初，思政老师通过网络征集、课上调查等方式了解学生关注的热点、难点问题。在深入剖析教材的基础上，结合学生们“想听”的问题，经过分析提炼，形成既有针对性又系统化的教学专题。

改革后的专题式教学采用教学讨论、集体备课的方式，将思政教师队伍分成若干个教学团队，老中青教师聚在一起共同商议教学方式、教学专题。每个教师一个学期只讲授一两个自己“拿手”的专题，并在学校该年级各班进行循环。这样，教师对专题的内容就能全面地理解和把握，能对教学专题的案例等进行不断修改和完善，做到专题内容既满足学生的关注点，又不脱离教材本身，真正实现了由教材体系到教学体系的蜕变。

这是厦门大学思政课教学改革的缩影，成功经验值得向全国高校推广。在案例中，石红梅老师采用的便是基于专题的“灌输 + 启发”式课堂教学方法，收到了良好的教学效果。要把高校思想政治理论课这盘“大餐”烹制好，首先要清楚大学生的喜好和口味，再结合教材和教学内容所提供的“食材”，加以艺术化地加工，这样的“大餐”不愁没人吃，同样，这样的课堂教学不愁没有吸引力。

（二）认同教育的互动性与情境教学

“互动”是培育认同的前提，认同的培育需要主体在“互动”中发觉自身与客体的“同一性”，而主客体间的“同一性”，有些是客观存在的，有些则是主观构建的，高校思想政治理论课的教学内容就属于需要教师主导大学生主观构建“同一性”的认同对象。

要促成“互动”，除“灌输＋启发”式的专题教学外，高校思想政治理论课教师还需要精心设置一些教学情境，让大学生参与其中，亲身体验。高校思想政治理论课的情境教学主要有三种可供借鉴的模式：“翻转课堂”、角色扮演和情景感召。

“翻转课堂”是高校思想政治理论课教师将学习的主动权交给大学生，课前让大学生利用各种渠道自学，课上教师让大学生分享学习收获或就某一问题展开深入讨论，课后教师反馈大学生学习结果的一种新兴的教学方法。“‘翻转课堂’教学模式在推动教学元素更加优化的基础上实现排列结构更加科学化的有机重组，从而打破传统教学模式下存在的‘教—学—考’教学流程……将之转化为‘自主学—互动学—反馈学’。”[①] “翻转课堂”将大学生与马克思主义“互动”的主动权交还给大学生，为大学生创造了主动学习、主动寻求认同的条件。

角色扮演是高校思想政治理论课教师结合教学内容，为大学生布置诗歌朗诵、微电影、情景剧等学习任务，引导大学生自编、自导、自演某一具体故事情节，或是对某一经典故事情节进行原景重现，寓教学内容于具体形象的情境之中的一种教学方法。这种教学方法用轻松的体验方式，辅之以音乐、舞蹈、诗歌等艺术手段，激发大学生去发觉所学内容与自身所追求的价值“同一性”，促成大学生马克思主义认同的生成。

情景感召是高校思想政治理论课教师有意识地带领大学生深入社会生活中，在红色革命教育基地、历史博物馆、生态环境保护区等特定场所，结合教学内容对大学生开展马克思主义教育的一种教学方法。利用特定情景所提供的线索和仪式感，可以起到唤醒或启迪大学生心灵的作用，培养起大学生对马克思主义，尤其是对中国化马克思主义的深厚情感。

认同教育与知识教育最大的区别在于前者是有情感因素的。认同不仅意

① 王向明，张廷广．高校思想政治理论课“翻转课堂”的理论与实践［J］．思想教育研究，2018（12）：78.

味着认可，也意味着深厚的归属性情感。因此，高校思想政治理论课教学必然要运用情境教学法，让大学生在理性认知的基础上，通过参与和体验各种教学情境，萌生出对马克思主义强烈的、深厚的情感皈依。

案例6：浙江大学思政课有新招①

初夏午后，在浙江大学的一间教室里传出一阵阵你来我往的辩论声，不时还有一片笑声。

一个自称“资本家”的声音正在盘点经济全球化带来的诸多好处，而另一个声音则在反驳他“完全不考虑我们工人的立场”，还有一位“教授”，用更加学术性的语言归纳、引导。

这不是哪家电视台在录制访谈节目，而是浙大马克思主义学院原理教研中心主任张彦教授的课堂。

这一回的题目是“当代资本主义的新变化”。张彦说，为了较好地阐释这一问题，同学们首先要找准切口，其次要了解资本主义产生发展的源流，从过去讲到现在，才看得出“新变化”来。

“不仅需要看教材，我还给同学们开列了一批参考书。他们还要结合当前时事。”

有一组同学选择从经济层次看当代资本主义新变化，上台后模拟了一段电视新闻，由“主持人”连线多位专家，探讨欧债危机问题。

还有更具创意的。一组同学精心选择了资本主义发展阶段中几个有代表性的时期，演出生活在不同年代的社会中的人们是如何求婚的。

“他们巧妙运用情景剧的方法回答了这种颇具理论深度的问题。”张彦说，另一组同学用类似的方法还原了资本主义战争史，从而分析资本主义战争的实质，都牢牢吸引了全班同学的目光。

张彦始终认为，花哨的形式不能取代思政课的最终目的，一切教学手段的根本，是要让这些大一、大二的年轻学子掌握马克思主义的基本观点、立场和方法。

---

① 美女当家浙大思政课，枯燥理论一点即活［EB/OL］.（2015-05-25）［2015-12-15］. https://zj.zjol.com.cn/news/102266.html? from=timeline&isappinstalled=0.

（三）认同教育的体认性与实践教学

课堂教学是高校思想政治理论课的主渠道，但是单纯凭借“坐而论道”的教学方法无法满足学生知、情、意、行的全方位成长需求，而且容易导致课程所学内容与实际所作所为的脱节，无法把理性认知转化为行为认同。认同是主体通过体验和观察客体与自身的“同一性”而生成“归属感”的过程，这一过程他者无法替代。认同的体认性，对认同教育提出了要通过实践、体察的方式开展实践教学的要求。理论学习只有与生活实践相结合，才能更好地夯实认同的基础，促进认同向着更长时间、更深程度发展；因此，高校思想政治理论课教学要拓展教学空间，把思政小课堂同社会大课堂结合起来，把读万卷书与行万里路结合起来，让大学生在广阔的天地中通过自己的亲身实践来领会马克思主义。

在认同教育视域下，高校思想政治理论课的实践教学法可重点围绕以下两个方面展开。一方面，组织社会调研活动，围绕大学生关注的社会热点问题，组织下乡实践或基层调研，用自己所学到的知识、掌握的本领帮群众分析问题、解决问题。这样的社会调研活动，既能督促大学生走出教室，走向田间地头，锻炼动手能力，提升实践本领，也能提升大学生的马克思主义理论素养和科学研究能力。另一方面，鼓励大学生参与各类志愿服务活动，为群众办实事、做好事，尽己所能为有需要的人提供帮助。通过劳动和奉献，大学生的思想境界也将得到升华，对社会、对国家的责任意识和使命精神也会油然而生，进而在实践中主动向“马克思主义者”的要求靠拢。

案例7：思政课：上出“实践味”挑起“信仰担”①

特区何以能立？特区经济何能勇立潮头？特区精神如何与时俱进？东北大学文法学院梁晓伟团队在“思想政治理论实践”课授课教师的指导下，赴深圳一周寻找答案。

① 思政课：上出“实践味”挑起“信仰担”［EB/OL］．（2018－12－25）［2019－02－25］．http：//www.moe.gov.cn/s78/A13/moe_773/201812/t20181225_364764.html.

“在一周的社会实践中，我们深入走访了5个城区，采访了14位常住居民，最终形成了2万多字的调研报告。我们发现原来思政课上的理论并没有落伍，而是指导我们解决实际问题的利器。”梁晓伟团队荣获学校社会实践优秀团队、优秀报告多项殊荣。

梁晓伟团队只是东北大学百余支思政课实践调研团队的一个缩影。全国高校思想政治工作会议以来，东北大学为深入实施思政课教学质量年、思政课教师队伍建设专项工作，全面推动习近平新时代中国特色社会主义思想进教材进课堂进学生头脑，坚持实践求真，设置思政课实践教学环节，让青年学生在实践中体悟真理的魅力、在学理中坚定信仰的力量，切实增强了大学生对思政课的获得感。

从高楼林立的现代特区到挥汗如雨的田间地头，从朴素的革命先贤故居到令人肃然起敬的烈士陵园……每年，东北大学师生离开校园，走向祖国各地，在红色教育中传承精神，在踏实劳动中增长才智，在服务社会中滋润心灵。

学校按照“全年布局、全员参与、全程指导”和“分段实施、分类立项、分层保障”的工作目标和推进原则，结合学校人才培养工作，面向全体本科学生设立“思想政治理论实践”必修课。课程构建了涵盖“暑期、日常、寒假、专项、海外”等多位一体的社会实践活动体系，探索建立社会实践与思想教育、专业学习、服务社会、勤工助学、择业就业、创新创业相结合的内容模块，逐步实现在大学本科阶段的全覆盖，营造了“实践育人和实践成才”的浓郁氛围。

高校思想政治理论课的认同教育本质，决定了要将实践教学有机融入每一门课程的教学过程之中，根据教学目标和教学内容，精心设计开展理论与实践相结合、短期与长期相结合、分散与集中相结合的实践教学活动，并要求全体大学生参与，引导大学生将对马克思主义的认知认同和情感认同，转化为实实在在的行为认同。

（四）认同教育的比较性与网络教学

认同教育之所以具有比较的特点，是因为认同主客体之间“同一性”

的构建有赖于“差异性”的彰显，只有经过比较和鉴别，才能明辨出“我们”与“他们”，使认同走向理性自觉。因此，高校思想政治理论课教学不仅要允许参照物的存在，允许批评和质疑的声音存在，还要引导大学生通过与参照物的比较和鉴别，领会什么才是真正是马克思主义，在纷繁芜杂的表象下看清各种意识形态和社会思潮的本质，巩固和加深对马克思主义的归属感，侧面提升马克思主义认同的效果。

受到课堂教学时间和空间的限制，认同教育的“比较”往往无法在课堂上充分展开。在网络信息化的时代，互联网已经成为多元社会思潮斗争和博弈的主战场，大学生更是普遍与网络为伴，被称为“网络的一代”。多元社会思潮线上线下的相互激荡，对认同教育的挑战也明显加大。因而，网络教学法就成了高校思想政治理论课教师在课堂教学之外与大学生深度交流的重要方式。

青年在哪里，认同教育就要做到哪里。高校思想政治理论课教学除了要在课堂上、情境里、实践中体现外，尤为重要的一点是要占领网络阵地。高校思想政治理论课教师不能拘泥于课堂教学，上课来下课走，而是要采取主动有效的措施，运用网络教学的方法拓展课堂教学的时间和空间限制。教育部已开发和引入一批适合大学生的网络互动学习交流平台，高校思想政治理论课教师要善于运用“慕课”等网络教学手段辅助教学，利用互联网积极参与大学生们的讨论。教师要鼓励大学生提出疑问，不怕问，怕不问，大学生有疑问恰恰代表了他们对某一问题的关注，因此要允许他们发表意见，允许不同的声音存在。教师要针对大学生的疑问和困惑，用他们喜欢的语言、喜欢的方式做出及时的回答和正确的引导，抓住干扰大学生马克思主义认同生成的不利因素，在比较和鉴别中各个击破。这种网络教学法不仅会起到事半功倍的教育效果，让网络为大学生马克思主义认同教育服务，还会让马克思主义在网络空间奏响主旋律，影响大学生，掌握大学生。

案例 8：创新网络教学新课堂，重庆邮电大学让思政课“动”起来①

值得一提的是，该校在积极探索思政课教育教学改革过程中，主动利用学校专业优势和特色，使用互联网、移动通信技术、新媒体技术，结合思政教育教学中学生们需要掌握的知识点及社会热点问题，设计开发移动端产品，开展线上线下教学。

该校利用“雨课堂”等教学软件或网络教学平台与学生积极互动，当学生有疑惑时，可以在课后通过手机、邮件、QQ 群、微信群等和任课教师及时交流沟通，实现了较大规模的师生互动，及时解决了学生在知识、理论、思想上的疑虑与问题。

此外，学校将思政课教学内容通过图文、TVC、H5 小游戏或小测试、功能性小程序等形式有效转化，增强教学内容传播的趣味性，真正实现了思政课“全程管理”“全时互动”“高效教学”的教学目标。

同时，学校还加强了“重邮微校”微信公众号、“重邮青年”等微信公众号建设和运营。借助大学生们日常接触的终端平台，用学生乐于接受的形式，让思政课真正的“动”起来，成为学生主动去“上”的课程。

（五）认同教育的归属性与隐性教学

认同的本质是归属感，认同问题归根结底是对“我是谁”“我归属于什么身份”的回答。其中，认知认同中“认知”的是什么？并非是对认同对象的认知，而是主体对于自身“归属”于认同对象的认知；情感认同中的“情感”，也并不是指对认同对象的情感，而是主体对自身“归属”于认同对象而产生的“身份”的情感；行为认同，则是指主体将自己“归属”于认同对象而获得的这种“身份”，当成自己的核心利益加以维护的

① 创新网络教学新课堂 重庆邮电大学让思政课“动”起来［EB/OL］.（2019-05-21）［2019-10-10］. http://edu.zjol.com.cn/jyjsb/gx/201905/t20190521_10169610.shtml.

行为选择。“认同教育的本质是‘身份’意识的培育和提升过程。”① 高校思想政治理论课教学的本质和认同教育的特殊性，决定了和风细雨的隐性教育往往会比强制灌输的显性教育更具说服力。

隐性教学法是一种独具特色而又必不可少的教学方法。它要求高校思想政治理论课教师引导大学生在日常生活中以一种未曾察觉的方式去感受和体会马克思主义，潜移默化地接受和认同预先设定的教育内容。如在建党节、国庆节等重大节日，组织大学生集体观看阅兵式和人民游行；在国家公祭日、清明节，组织大学生祭扫先烈，缅怀英雄；在新冠病毒感染疫情防控中，结合真实的案例，与大学生一起分析和论证中国特色社会主义的制度优势……这些都是潜移默化地对大学生开展马克思主义认同教育的有效形式。以各类校园文化活动作为生动有效的载体，设计开展丰富多彩、灵活多样的日常教育活动，并建立常态化机制，为大学生马克思主义认同营造良好氛围。又比如，注重榜样育人，树立大学生先进典型和标兵，发挥朋辈效应，释放榜样力量，让榜样牵着大学生的手一起向前，带动大学生见贤思齐，躬行践履。

案例 9：用一杯春茶上一堂思政课，课程思政“润物无声”②

今天这堂茶课我们讲南京雨花茶。南京雨花茶其实是有红色故事的茶。1959 年，南京市政府召集了十几位专家试制雨花茶成功，把它做成紧细圆直的松针状，象征着革命烈士坚贞不屈，并取名为雨花茶。

4 月 25 日，在南京农业大学，一堂耐人寻味的思政课在“茶香”中开讲。如何将一杯春茶和“文化自信”“工匠精神”“奋斗精神”这些精神内涵连接起来的？学校园艺学院茶学教授、博士生导师房婉萍将茶中蕴含人生道理向青年学生娓娓道来：“茶文化是中国传统文化的一个不可分割的部分，从文化自信方面看，我们告诉学生，学生

① 何博．“中国近现代史纲要”课“四个选择”认同教育实效性探析［J］．思想理论教育导刊，2017（11）：123.

② 用一杯春茶上一堂思政课 课程思政“润物无声”［EB/OL］．（2019－04－25）［2019－11－12］．http：//news. jstv. com/a/20190425/f7da200f84a0441790c5a2375069b5db. shtml.

会觉得茶不仅是一个农作物、经济作物，更是一个有着深厚文化底蕴的专业。”

泡上一壶茶，看着茶叶在水中翻滚、慢慢沉淀、茶香扑鼻。这之中也包含着丰富的人生哲理。通过这样的课程思政，学生们收获颇丰。园艺学院学生段玉表示：“不管是喝茶还是泡茶都像人生一样。泡茶的时候通常茶先浮在表面，经过一定的沉淀之后慢慢沉下身子。品茶也是入口的时候先苦，回味是甜的，就像我们人生一样，奋斗的过程先苦后甜。”

在南京农业大学，用好课堂教学这个主渠道，把思政元素融入专业课堂。通过学生喜闻乐见的形式，巧妙又具信服力地展现其中所承载的思想内涵、价值理念，成为一项正在积极推进的工作。南京农业大学教务处处长张炜表示，学校对课程思政的设计，不是把思想政治的元素生搬硬套到专业课当中，要把家国情怀、社会责任，还有人文素养、科学精神跟思政和德育元素有关的元素内容融合到课程当中来。让思政课和课程思政同向同行，协同发力，形成这样一个育人的格局。

由南京农业大学党委宣传部策划出品的微视频《“稼”味思政·尚茶》也在课上同期发布。南京农业大学副校长董维春教授告诉记者，这堂“稼”味思政，好比将杯中之茶，融进专业课堂之水，在青年学生人生的“拔节孕穗期”，用春暖心田的方法，传递能量满满的“春”的气息。“尚”茶，“尚”的是绵延千年的文化自信，“尚”的是忠贞不屈的雨花精神，“尚”的是精益求精的工匠态度，“尚”的是“先苦后甜”的奋斗之歌。

传统的高校思想政治理论课教学，比较官方、比较强势，让一些大学生感到马克思主义晦涩难懂、不易亲近。因此，高校思想政治理论课教学的方式方法很重要，轻松的氛围和艺术化的手段，往往会大大提升教育效果。但同时也要看到，教育不是工厂里的流水线，人的思想观念也不能千篇一律地批量生产。高校思想政治理论课教学方法的选用，还必须结合实际，因事而化，因时而进，因势而新。

四、教学环境营造

环境是人赖以生存和发展的各种因素的总和。“人创造环境，同样，环境也创造人。”[①] 高校思想政治理论课教学环境，是指对高校思想政治理论课教学目标实现产生一定影响的诸多要素的存在样态，包括政策环境、学校环境、社会环境和网络环境。在意识形态领域斗争激荡的背景下，一些敌对势力出于各自不同的目的恶意诋毁马克思主义，攻击中国共产党的领导和中国特色社会主义制度，对大学生的内心世界造成极其恶劣的影响。当马克思主义在大学生心目中不再是意识形态领域唯一的焦点时，就会有一部分大学生选择背离马克思主义，去信仰西方社会思潮、宗教迷信等。这显然与高校思想政治理论课教学所要达成的大学生马克思主义认同的目标严重违背。可见，环境对于认同教育的重要性。

“在什么样的环境下讲高校思想政治理论课更有利于大学生马克思主义认同”，回答的是高校思想政治理论课教学环境营造的问题。基于认同教育视域下高校思想政治理论课教学的主要规律和基本原则，高校思想政治理论课教学要在大学生马克思主义认同的环境营造上下一番功夫，为大学生马克思主义认同营造多层立体、万众一心的良好氛围，而不是一些人致力于向大学生传播马克思主义，另一些人则通过言论和行动来诋毁马克思主义，将原有的认同教育效果全部清洗掉。

认同教育视域下高校思想政治理论课教学环境建设，应重点围绕政策环境、学校环境、社会环境、网络环境等方面展开。

（一）政策环境

2019 年 3 月，党中央组织召开全国性会议专题研究“思想政治理论课”问题，这在新中国成立以来尚属首次。回溯近五年以来，党和国家反复强调思想政治理论课的地位和作用及其建设问题。从 2016 年 12 月的全

---

① 马克思恩格斯文集：第 1 卷［M］. 北京：人民出版社，2009：545.

国高校思想政治工作会议，到2018年9月的全国教育大会，再到2019年3月的学校思想政治理论课教师座谈会；从2015年7月教育部印发的《普通高校思想政治理论课建设体系创新计划》、2015年9月印发的《高等学校思想政治理论课建设标准》，到2018年印发的《新时代高校思想政治理论课教学工作基本要求》、2019年印发的《关于深化新时代学校思想政治理论课改革创新的若干意见》和《“新时代高校思想政治理论课创优行动”工作方案》，再到2020年1月印发的《新时代高等学校思想政治理论课教师队伍建设规定》、2020年5月印发的《教育部关于印发〈高等学校课程思政建设指导纲要〉的通知》，直到2020年12月中共中央宣传部、教育部印发《新时代学校思想政治理论课改革创新实施方案》和2021年教育部印发《高等学校思想政治理论课建设标准》。党中央和国家教育主管部门根据时代的发展变化，适时出台相关指导方针和政策措施，为高校思想政治理论课的时代发展营造了良好的政策环境，提供了全方位的条件保障，思想政治理论课在新时代迎来了创新发展的“春天”。

政策的关键在于执行。教育政策一头连接着教育理念，一头连接着教育实践。每一项教育政策的出台都寄托着一定的教育理想。但是，再好的政策都离不开执行和落实。在高校思想政治理论课的“春天”里，在良好的政策环境下，各高校应认真对照政策，检查本校关于思想政治理论课的相关制度是否科学完备；高校思想政治理论课是否存在“一面高高举起、一面轻轻放下”的问题；高校思想政治理论课的教学安排和课时量有没有被挤压或挪用；课程结构、课程标准、课程评价是否做到了制度化实施；高校思想政治理论课的教师配备和薪金待遇有没有落到实处等。

彻底转变人们对高校思想政治理论课的漠视和偏见，自上而下地建立起高校思想政治理论课的相关政策、体制和机制，营造万众一心的良好政策环境。为此，各级党委责无旁贷，高校全体教职员工任重道远，社会各界义不容辞。

（二）学校环境

荀子曰：“蓬生麻中，不扶自直。”良好的学校环境是涵养大学生马克思主义认同的沃土。高校思想政治理论课的学校环境，不仅包括高校特有的教学楼、图书馆、实验室、校园风景、花草树木等“硬环境”，还包括大学精神、校风、教风、学风、校园文化活动等“软环境”。

营造高校思想政治理论课认同教育的“硬环境”，需要牢牢把握大学生马克思主义认同的情感认同需求和认同教育寓教于情的方法，深入挖掘环境中的育人资源，加强校园的人文景观建设，提升校园的文化底蕴，让大学校园举目之处皆风景，一草一木总关情。在高校思想政治理论课认同教育的“软环境”上，则要通过一系列学术科技活动、校园文体活动，学习宣传和贯彻马克思主义的基本原理和精神实质。借助校园文化宣传栏、校园广播、校园电视、校园网、校报校刊、新媒体平台等，把蕴含在高校思想政治理论课中的价值观念、思维方式和行为规范加以系统展现，营造积极向上的校园风气，发挥精神文化对人的熏陶和感染作用，让这些“虚”的校园风气转化为“实”的精神力量，为大学生马克思主义认同培育扎实的校园文化氛围。

（三）社会环境

2017 年 2 月，中共中央、国务院在印发的《关于加强和改进新形势下高校思想政治工作的意见》中提出“三全育人”的要求。其中全员育人不仅指高校全体教职工，还包括全社会。作为社会人，大学生马克思主义认同教育离不开良好的社会环境，也离不开社会教育的参与。

高校思想政治理论课教学只有改变高校“单兵作战”的教育模式，开辟“思政小课堂 + 社会大课堂”的育人格局，积极营造“学校教学、家庭帮学、社会助学”的良好社会环境，才能促使大学生马克思主义认同教育成果向纵深发展。

当前，高校思想政治理论课正处在最好的发展机遇期。在经济高速发展、政治相对稳定、法制日趋完善、科技文化勃兴的中国特色社会主义新时代，高校思想政治理论课教学具备对大学生开展马克思主义认同教育的良好社会氛围。但与此同时，我们也要清醒地看到，国际和地区争端不断，经贸摩擦频繁，意识形态领域的斗争尤为激烈。在我国，教育、医疗、住房等民生问题依然不同程度地存在，要实现中华民族伟大复兴中国梦，我们依然有很长的路要走。这些问题能否得到有效解决、如何正确认识这些问题，就成了高校思想政治理论课认同教育目标能否实现的关键，应该引起社会各界的足够重视。

必须明确的是，对大学生进行马克思主义认同教育不仅是学校的义务，还需要全社会共同努力，齐抓共管。只有学校、家庭、社会各界勠力同心，协调配合，坚定信念，改革攻坚，不断提升民生福祉，才能濡化和熏陶大学生马克思主义认同，催生大学生对马克思主义的崇高信仰。

（四）网络环境

互联网的开放性和共享性让信息网络时代的高校思想政治理论课教学有了更加广阔的发展空间。信息网络技术与高校思想政治理论课教学的深度融合，既是时代发展的大势所趋和必然要求，也是高校思想政治理论课教学改革与创新的实践路径。然而，网络是一把“双刃剑”，网络信息鱼龙混杂，尤其是国内外一些别有用心的人士，以言论自由为由，通过发布虚假信息或不实言论，如围攻四项基本原则、抹黑革命烈士、抵制新疆棉花、传播历史虚无主义思潮等，煽动话题，颠倒黑白，破坏社会秩序。网络发展和监管过程中存在的种种问题，以及由此可能对大学生马克思主义认同带来的各种负面影响，使得营造风清气正的清朗网络环境成为高校思想政治理论课教学环境营造的当务之急。

认同教育视域下，高校思想政治理论课教学网络环境的营造要把握“三个关键”：擅长使用网络的本领是关键；网络空间的激浊扬清是关键；网络安全监管是关键。

第一，无论是学校、家庭还是社会各界，在构建马克思主义认同教育的“同心圆”中，不仅要正确认识网络，还要擅长使用网络。须知当代大学生被誉为“网络的一代”，他们比谁都了解网络、熟悉网络，因此，在高校思想政治理论课教师中也应该培养擅长使用网络、能掌握网络话语权的“舆论领袖”。一方面，积极研发网络上的思想政治教育资源，为大学生马克思主义认同助力；另一方面，针对社会热点问题和大学生普遍困惑的问题及时发声，因势利导，用自身的声望影响和说服大学生。毕竟当今时代，谁掌握了互联网，谁就掌握住了时代主动权。第二，面对西方敌对势力的舆论攻势，面对网上屡禁不止的暴力、色情等负面信息，面对毫不负责的“网络水军”，要彻底整治网络生态，净化网络环境，在海量信息交互共享的条件下激浊扬清，始终坚持马克思主义话语权，用大学生喜闻乐见的网络语言和网络交流方式，打造马克思主义中国化、时代化、大众化的话语叙事模式，彰显社会主义意识形态的主导地位。第三，网络安全重于泰山。网络安全问题不仅牵连个人信息、财产和生命安全，更关乎党心民心、社会稳定、国家安全，关乎大众对以马克思主义为指导的社会意识形态的认同效果。因此，加强网络安全监管刻不容缓，全社会必须严格遵守网络安全法律法规，共同治理、重拳出击，严厉打击网络违法犯罪活动，构筑坚实的网络安全屏障。

高校思想政治理论课教学环境会以润物无声的方式影响大学生马克思主义认同的样态。2019 年，中共中央办公厅、国务院办公厅印发《关于深化新时代学校思想政治理论课改革创新的若干意见》，对思想政治理论课建设格局，特别是思想政治理论课环境建设提出了具体要求：“加大正面宣传和舆论引导力度，推动形成全党全社会努力办好思政课、教师认真讲好思政课、学生积极学好思政课的良好氛围。”① 营造高校思想政治理论课良好的育人环境，仍是下一阶段高校思想政治理论课教学改革创新的重点。

五、教学实效性评价

教学评价是依据教学目标对教学要件、教学过程和教学效果进行检测

① 中共中央办公厅 国务院办公厅．关于深化新时代学校思想政治理论课改革创新的若干意见［EB/OL］．（2019－08－14）［2019－09－15］．http：//www.gov.cn/zhengce/2019－08/14/content_5421252.htm.

评估，并以此为依据不断调整教学方案，增强教学实效性的活动。教学本来就是人作用于人的活动，教学评价又是评价人对这一活动的检测和评估，受不同人的知识结构、能力水平、主观感受等差异，教学评价要做到客观公正并非易事。原因有以下两个方面。一方面，评价主体、评价客体、评价标准、评价方法等细微差异都有可能对评价结果产生重大影响；另一方面，教学效果哪些可以立即检测，哪些需要长时间观察，哪些是浅层次的表象，哪些是深层次的稳定效果，哪些是课程教学产生的效果，哪些是社会教育的效果……对这些问题的深入研究和正确回答是开展教学评价活动的前提条件。评价结果直接为后续的高校思想政治理论课教学活动提供导向，因此，全面准确科学的教学评价是高校思想政治理论课教学体系中必不可少的重要内容。

尽管教学评价难以准确量化，但至少有三点可以提前明确：一是教学评价必须基于一定的标准，由于教学的复杂性和体系性，教学评价标准也一定不会只有一项指标，而是一整套完备的指标体系。在这套教学评价指标体系中，有一部分核心指标是教学评价的关键，它们将对评价结果产生重大影响。二是教学评价所评价的对象是教学实效性，而教学实效性是对教学活动是否实现，以及多大程度上实现了教学目标的表达。“教学实效性是指一定课程的教学效果对于教学目标的实现与否和实现程度。”① 三是教学评价要在一定的规范的评价流程下按步骤进行，真实的评价结果建立在规范的评价流程基础上，只有评价过程公正客观，才有可能做到评价结果的真实有效。

认同教育视域下高校思想政治理论课教学实效性的评价，应首先确立评价的核心指标，在此基础上构建全面系统的评价指标体系，在规范的评价流程下分阶段进行。

---

① 何博．“中国近现代史纲要”课“四个选择”认同教育实效性探析［J］．思想理论教育导刊，2017（11）：121.

(一)评价核心指标的确立

高校思想政治理论课的教学评价问题的主要观点和做法有要素评价、过程评价、结果评价等。要素评价主要是指针对高校思想政治理论课教师的教学要件的齐备情况和教学材料的质量进行评估和考核。教学要件的标准在各高校的要求也不尽相同,有的高校要求“五要件”,即教材、教案、教学大纲、教学进度表、点名册,有的高校要求“六要件”,即在“五要件”的基础上增加了教学课件。但是,教师教学要件的完整齐备和高质量,就一定意味着高校思想政治理论课教学效果良好吗?事实上也不尽然。我们经常看到在一些上课不带教学要件的高校思想政治理论课教师的课深受大学生欢迎,甚至“一课难求”。他们的做法显然不符合教学要素评价的要求,但因为他们早已将形式化的教学要件了然于胸,所以他们的课堂教学不受教学要件的限制依然可以做到精彩纷呈。过程评价是指对高校思想政治理论课教学活动的全过程进行评价。这一评价方式对教学活动的考察较为全面系统,但其弊端在于,大学生参与教学活动的出发点和目的不同,即使在课堂上积极踊跃,抬头率和点头率都很高,也不能说明大学生内心世界对教学内容的全面理解和认同。而结果评价,就是教师在完成教学任务后通过开卷或闭卷、知识点识记或论文撰写等多种方式对大学生的学习情况进行考核和检测。这种评价方式关注的更多的是大学生的认知学习效果,对大学生的情感和行为认同的检测结果则无法准确体现。

以上教学评价方式尽管可以一定程度上反映出高校思想政治理论课的教学效果,但任何一种单一的评价方式都无法全面客观地展现高校思想政治理论课教学的真实面貌。要评价高校思想政治理论课教学实效性,不能脱离课程的本质,必须回归到高校思想政治理论课的认同教育本质上来。

高校思想政治理论课的课程本质是面向当代大学生开设的马克思主义认同教育课程。“思想政治理论课是对大学生进行比较系统的马克思主义和中国特色社会主义理论教育的唯一课程,也是帮助大学生确立社会主义核心价值观的理论基础的课程，因此它的本质属性就是意识形态课。”① 高校思想政治理论课不是为了培养一般意义上的“合格公民”，而是为了培养高水平、强能力、有担当的“接班人”。高校思想政治理论课教学归根结底是要让大学生认同马克思主义，认同当今中国意识形态，凝聚社会力量，为共同理想而奋斗。基于课程的本质，高校思想政治理论课教学评价不能单纯以大学生的卷面成绩为依据，不能单纯以大学生在课堂上的出勤率、抬头率和点头率为依据，也不能单纯以课堂的热闹程度为依据。高校思想政治理论课教学实效性评价的核心指标应该是上课前后大学生对马克思主义认同度的变化。具体而言，就是通过高校思想政治理论课的学习，大学生对马克思主义是否由不认同变为认同，或者是否由时间较短、程度较浅的认同发展成为时间更持久、程度更深入的认同。

在高校思想政治理论课教学评价指标中，有两种误区应该予以纠正：一种是“一纸试卷定成绩”，重视大学生考试的分数，忽视大学生对教学内容的心理感受和行为表现。一般而言，多数大学生都能在高校思想政治理论课考试中取得较好的成绩，但卷面成绩良好恐怕无法与对马克思主义高度认同直接画等号。另一种是“教学效果由教师决定”，重点看教师讲什么、怎么讲，不关注大学生学得怎么样。但教师讲得精彩，大学生未必就学得精彩。大学生马克思主义认同的主体是大学生，高校思想政治理论课的主体也是大学生，考察教学实效性关键要看大学生的学习效果和实际表现。

认同教育视域下，高校思想政治理论课教学评价的核心指标应为大学生马克思主义认同度的变化，而对大学生马克思主义认同度的测量还需进一步细化为知识指标、情感指标和行为指标三项。

知识指标是大学生对所学内容的认知和理解能力的体现，以“闭卷+开卷”的考试方式为宜。其中，闭卷部分以填空、选择、判断等客观题型为主，主要考察大学生对马克思主义基本理论的记诵情况；开卷部分以简答、辨析、论述等主观题型为主，主要考察大学生在分析和解决现实问题

---

① 陈锡喜，刘伟．论把握高校思想政治理论课“有力支撑”的三个维度［J］．马克思主义理论学科研究，2019（2）：25．

时运用马克思主义的情况和能力。情感指标是大学生对所学内容的态度和感受的体现，适宜采用面对面或视频的方式进行，例如，就教学内容中的某一问题组织班级辩论赛、演讲比赛、经典阅读分享会、理论研讨会、微电影大赛、情景剧大赛、参观红色教育基地并撰写原创心得体会，等等。通过大学生在上述教学活动中的参与情况、创作情况、团队合作情况、最终表现情况等，考察大学生是否心悦诚服地归属于马克思主义，并对马克思主义产生深厚感情。行为指标是指大学生在实际生活中践行马克思主义的情况，可通过大学生参与志愿服务活动、社会公益活动、“三下乡”社会实践活动、学生干部履职、专业见习、毕业实习、就业创业等方面的实际表现，以及大学生日常生活中对所学内容的运用情况，考察其对所学内容是否学做结合，做的情况如何。

大学生马克思主义认同的知识指标、情感指标和行为指标在高校思想政治理论课教学评价中按一定比例折算后相加，最终得出的结果便是大学生马克思主义认同度（见图5-1）。根据高校思想政治理论课教学的本质，这一结果即为高校思想政治理论课教学评价的核心指标。

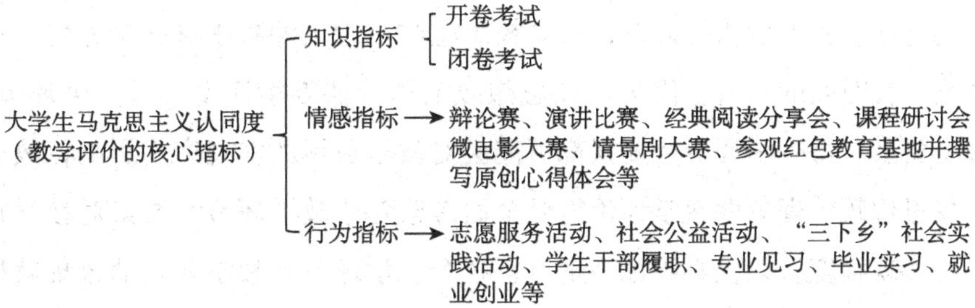

图5-1　高校思想政治理论课教学评价核心指标

在对H大学2019级和2020级大学生开展的马克思主义认同状况调查和访谈中可以看到，以“中国近现代史纲要”课为例，运用认同教育的方法完成“纲要”课的学习后，大学生对“四个选择”的知识指标、情感指标和行为指标都有明显提升，说明该门课程教学达到了大学生“四个选择”认同的核心教学目标，就核心指标而言，该门课程教学是具有实效性的（见表5-6）。

表5-6 学习“纲要”课前后受访大学生“四个选择”认同情况的变化

项目 比例 时间	学习“纲要”课之前		学习“纲要”课之后	
	非常认同、比较认同和基本认同所占比例（%）	不太认同和完全不认同所占比例（%）	非常认同、比较认同和基本认同所占比例（%）	不太认同和完全不认同所占比例（%）
对“四个选择”的认知认同情况	44.4	55.6	96.1	3.9
对“四个选择”的情感认同情况	94.4	5.6	98.5	1.5
对“四个选择”的行为认同情况	91.9	8.1	99.5	0.5

（二）评价指标体系的构建

高校思想政治理论课教学活动是一个精密的系统工程，虽有大学生马克思主义认同度这一核心评价指标，但也绝不能凭借单一指标对高校思想政治理论课的教学实效性下结论。所以，在确立核心指标的基础之上，还需构建起一套评价指标体系，对高校思想政治理论课教学进行全方位、立体化、长时间的评价。因为高校思想政治理论课教学活动具有多个环节、多个要素，每一个环节或要素都可能会对教学目标的实现产生影响，故而高校思想政治理论课教学评价需要全面考察各个教学环节和要素对教学目标的实现程度。以核心指标为重点，各个教学环节和教学要素的合集就构成了一套评价高校思想政治理论课教学实效性的指标体系。高校思想政治理论课教学评价指标体系一旦确定，就会对教学活动产生直接的影响，不仅是测量教学效果的一把“标尺”，也将成为规范教学行为、提升教学实效性的一套“准则”。

在认同教育的视域下，高校思想政治理论课教学评价指标体系中的一级指标首先应包括教师“教”的过程和大学生“学”的过程，因为教学是“教”与“学”的互动合作，二者相互依存。而在“教”与“学”之间，基于高校思想政治理论课的认同教育本质和大学生的认同主体地位，大学生的“学”应占有更大比重。“根据高校思想政治理论课的实际，建构新型评价理念需要实现由‘供给者本位’向‘需求者本位’的范式转换……突出思想政治理论课的最终受益人——大学生的核心地位。”①

此外，高校思想政治理论课教学赖以存在的各方面条件保障也是评价指标体系中的重要组成部分，比如高校党委的重视情况、政策的制定和落实、教师队伍建设等，又比如教师对高校思想政治理论课的教学研究情况，是否做到教研相长，以及社会各界对高校思想政治理论课教学效果的满意度评价，等等。

在认同教育视域下高校思想政治理论课教学评价的指标体系中，一级指标应包括组织管理、教学过程、学习过程、教学研究和社会评价五大方面。其中，每个一级指标还应该具体分解为若干二级指标，并有明确的要求。具体评价指标体系如表5－7所示。

表5－7　高校思想政治理论课教学评价指标体系表

一级指标	二级指标	具体要求	分值（百分制）
组织管理（10分）	1.1组织领导	1.1.1学校高度重视马克思主义学院的发展建设，出台关于思政课课程建设、队伍建设、师资待遇等相关政策文件，每学期至少召开1次专题会议研究思政课建设	1
		1.1.2学校领导高度重视马克思主义学院建设，每学期至少上一次思政课，学院领导和教授、副教授每学期至少承担一门本科生思政课教学任务	1
	1.2政策落实	1.2.1按照思想政治理论课“05方案”开课，严格落实学时、学分，使用统编最新版思政课教材，制定统一的教学大纲、教学进度表	1
		1.2.2有开展教学活动的基础设施，教室配有多媒体设备，学院有可供教师和学生开展教研活动、交流活动的场地、图书资料室等，有保障教学正常运转的专项经费	1

① 肖映胜，张耀灿．高校思想政治理论课教学评价理念新探［J］．高校理论战线，2011（7）：62－63.

续表

一级指标	二级指标	具体要求	分值（百分制）
组织管理（10分）	1.3 机构运行	1.3.1 按照思想政治理论课各门课程分别对应设置教研室，教学委员会、学术委员会等机构运转有效	1
		1.3.2 教研室有集体备课管理规范，每月至少召开一次集体听课、评课会；教学委员会开展定期和不定期课程督导，并反馈督导结果	1
	1.4 教师配备	1.4.1 专职思政课教师岗位的师生比不低于1∶350	1
		1.4.2 建立教师听课互评制度，取长补短，互助提高	1
	1.5 实践管理	1.5.1 实践教学管理规范，建立定点的社会实践基地，有完备的实践教学方案和过程材料	1
	1.6 考核评价	1.6.1 课程考核规范有序，教研室集中命题，试卷档案完整齐备	1
教学过程（20分）	2.1 教学要件	2.1.1 教师上课携带教材、教学大纲、教学进度表、教案、学生名单、教学课件等教学要件	2
	2.2 教学内容	2.2.1 严格按照认同教育的规律和原则开展专题教学，重难点突出，详略得当	3
		2.2.2 教师具有坚定的马克思主义信仰，坚定不移维护党中央权威和集中统一领导	2
	2.3 教学组织	2.3.1 教师注重课堂教学秩序管理，确保学生出勤率、抬头率、点头率，认真记录学生的课堂表现	2
	2.4 教学方法	2.4.1 教师综合运用认同教育的基本方法，善于启发学生思考	3
		2.4.2 尊重学生的主体地位，教师与学生深入交流互动，一节课中教师讲授时间不超过30分钟	2
		2.4.3 教师注重理论联系实际，开展学生喜闻乐见的实践教学活动，整合实践教学资源，拓展实践教学形式，实践教学覆盖全体学生	2
		2.4.4 教师充分运用网络新媒体手段开展教学，利用网络平台解答学生的思想困惑	2
	2.5 教学仪态	2.5.1 教师衣着得体，举止端庄，仪态自然，普通话标准，声音洪亮	2

续表

一级指标	二级指标	具体要求	分值（百分制）
学习过程（55分）	3.1 课堂表现	3.1.1 学生按时出勤，认真听讲，不旷课、不迟到、不早退	2
		3.1.2 学生积极参加教学活动，认真思考，主动回答问题	2
	3.2 课外表现	3.2.1 学生课外定期阅读马克思主义经典著作，并做读书笔记	2
		3.2.2 学生广泛开展自主学习活动，课前预习、课后复习，按时完成作业	2
		3.2.3 学生利用各种途径与老师和同学们交流所学内容	2
	3.3 知识掌握	3.3.1 学生熟练掌握马克思主义基本理论，生成对马克思主义的认知认同	10
		3.3.2 学生在课程考试中成绩优良	5
	3.4 情感深度	3.4.1 学生心悦诚服地归属于马克思主义，对马克思主义产生深厚感情，生成对马克思主义的情感认同	10
		3.4.2 学生积极参加教师组织的班级辩论赛、演讲比赛、经典阅读报告会、课程研讨会、微电影大赛、情景剧大赛等活动，表现优良	5
	3.5 实践养成	3.5.1 学生能理论联系实际，以一名“马克思主义者”的身份严格要求自己，生成对马克思主义的行为认同	10
		3.5.2 学生积极参加社会实践、专业见习、毕业实习等活动，表现优良	5
教学研究（10分）	4.1 以教学促科研	4.1.1 教师深入研究课程教学中的重点、难点问题和教学方法改革创新，积极参加各类理论研讨活动	2
		4.1.2 教师积极申报教育教学改革相关课题，撰写并发表教改文章	5
	4.2 以科研促教学	4.2.1 教师注重科研成果转化，将科研成果作为重要的教学资源，融入思政课教学中	2
		4.2.2 教师通过“周末理论大讲堂”“思政论坛”等活动，向师生分享研究成果，拓展思政课的教学空间	1

续表

一级指标	二级指标	具体要求	分值（百分制）
社会评价（5分）	5.1 家庭评价	5.1.1 学生家长对思想课教学评价较好，对学生的思想政治表现满意	1
	5.2 亲友评价	5.2.1 学生亲友对学生的思想政治素质评价较好	1
	5.3 单位评价	5.3.1 学生所在单位对学生的思想政治素质评价较好	1
	5.4 社区评价	5.4.1 学生学习、居住和生活所在社区、乡镇对学生的思想政治素质评价较好	1
	5.5 媒体评价	5.5.1 学生的优异表现得到新闻媒体的关注和报道	1

（三）评价流程的设定和评价结果的运用

高校思想政治理论课教学评价，是对大学生马克思主义认同教育实效性的系统考察。通过教学评价可以查摆问题、肯定经验，而问题的解决和经验的总结则是为了更好地服务于高校思想政治理论课的认同教育目标。这要求我们在教学评价中全面把握认同和认同教育的核心机理，切实建立科学的评价体系，制定规范的评价流程，不走形式，不走过场，将评价结果运用于下一步的教学改革和教学实践之中。

大学生马克思主义认同是一个动态的变化发展过程，评价高校思想政治理论课教学实效性应着眼于大学生马克思主义认同从无到有、从不稳定到稳定、从浅表到深入的变化，分三个阶段依次展开，并依据阶段性评价结果及时调整教学实践活动。

第一阶段是短期评价。首先，在大学新生入学一个月内，对全体新生开展马克思主义认同状况的摸底调查，了解大学生在修读高校思想政治理论课之前，对马克思主义理论的认知、情感、行为的原始样态，并将摸底结果反馈给高校思想政治理论课教师，以便教师有针对性地开展教学。其次，在单门高校思想政治理论课教学任务完成以后，由任课教师组织班内的学习效果评估，主要测量大学生对该门课程的满意度和获得感，以及大学生修完该门课后对课程内容认同度的变化。再次，在大学二年级第二学期末，高校思想政治理论课基本修完后，由马克思主义学院组织开展大学生马克思主义认同度的系统评估，追踪观察大学生入学两年以来，通过学习高校思想政治理论课，在思想政治素质、道德素质、法律素质等方面的变化，尤其是大学生对马克思主义的理性认知、情感归属和行为方式上的变化。

第二阶段是中期评价。大学生修完全部高校思想政治理论课，并不意味着认同教育也画上了句号。不可否认，当前很多大学生将高校思想政治理论课视为毕业、升学、入党、求职的工具，并不打算将其运用在实际行动中，更别说对其产生感情。那么，当他们借此工具实现了自己毕业、升学、入党、求职的目的后，会不会立即将高校思想政治理论课的所学所感抛诸脑后呢？这便是开展中长期教学实效性评价的原因所在。短期教育不能决定成败，认同教育必须着眼长远。高校思想政治理论课教学中期评价可安排在大学生毕业离校之前，测量大学生经过一两年的沉淀，对课程内容是日益精进还是早已遗忘，对马克思主义的认同是更深入、更持久，还是逐步消失，重点考察大学生是否在实践中向马克思主义靠拢。高校思想政治理论课教学中期评价的结果也是高校不断调整教学方案的指针，倘若中期评价结果不理想，高校务必加强三年级和四年级大学生在高校思想政治理论课课堂之外的补充教育，比如开设选修课、举办系列讲座、拓展实践空间、组织校园文化活动等，让大学生感受到高校思想政治理论课的学习并未结束，马克思主义的感召力无处不在，且与生活实践紧密同行。

第三阶段是长期评价。大学生毕业离校走上工作岗位后，高校思想政治理论课教学评价并未完结，还应该在5～10年保持跟踪评价。这一阶段重点考察的是大学生毕业以后的实际行动和社会表现，尤其是大学生在日常生活中对马克思主义的认知、情感和行为认同层面相对稳定的表现，对高校思想政治理论课教学实效性做出更加全面、更加客观的评价。

认同教育视域下，高校思想政治理论课教学评价流程如表5－8所示。

表5－8　高校思想政治理论课教学评价流程表

评价阶段	评价主体	评价时间	评价内容	评价方式
短期评价	教务部门或学生工作部门	大学新生入学一个月内	大学生马克思主义认同的原始样态	问卷调查
	思政课教师	单门思想政治理论课修完后	大学生对单门思政课的满意度和获得感，对课程内容认同度的变化	问卷调查、座谈
	马克思主义学院	所有思政课修完后	大学生修完课程后思想政治素质的新样态，尤其是对马克思主义的认知认同、情感认同和行为认同上的变化	问卷调查、学习交流会、个案访谈
中期评价	教务部门或学生工作部门	大学生毕业离校前	大学生对课程内容的掌握情况，对马克思主义认同时间和认同程度上的变化，重点考查学生是否在实践中向马克思主义靠拢	问卷调查、个案访谈
长期评价	教务部门、就业部门或学生工作部门	大学生毕业后5～10年	大学生毕业后的实际行动和社会表现，尤其是对马克思主义的认知认同、情感认同和行为认同上相对稳定的表现	问卷调查、走访、个案访谈

本章小结

本章解决的是认同教育视域下高校思想政治理论课教学的实践路径问题。在“什么样的人讲高校思想政治理论课更容易被认同”“讲什么内容更容易被认同”“怎么讲更容易被认同”“在什么环境下讲更容易被认同”“高校思想政治理论课教学实效性如何评价”等问题的追问下，围绕教师队伍、教学内容、教学方法、教学环境和教学评价等方面，探索构建新时代高校思想政治理论课的认同教育新范式。

什么样的人讲高校思想政治理论课更容易被认同呢？这是高校思想政治理论课在教师队伍建设上需要考虑的问题。建设一支政治立场坚定、有良好的专业素养和道德情操、有创新精神、值得大学生尊敬和信赖的教师队伍，是解决高校思想政治理论课教学问题的关键环节。这支以高校思想政治理论课教师为主体，包括高校党政领导、学生工作队伍、其他专业课教师等在内的思政课教师队伍，首先，自身要认同马克思主义，进而通过“同一性”的建构，塑造和大学生共同的“我们”，产生“归属感”，最终完成认同教育的目标；其次，这支队伍必须政治方向统合，目标一致，勠力同心；最后，这支队伍还应该彰显并践行“马克思主义者”的身份，在时间和空间两个维度上去实践这一身份的行为准则。无论何时都不能忘记为党育人的初心和使命。

高校思想政治理论课教师讲什么内容更容易被认同呢？这是高校思想政治理论课在教学内容建设上需要考虑的问题。高校思想政治理论课的本质，要求我们全面梳理高校思想政治理论课的教学内容，从认同教育的主要规律和基本原则，以及大学生成长成才的具体需要出发，选准重点，找准切入点，聚焦大学生的思想困惑和实际问题，将高校思想政治理论课的教材体系转化为有利于大学生马克思主义认同的教学体系。认同教育的视域下，“05 方案”所规定的四年制本科生的必修和选修课分别对应了大学生马克思主义认同的五个方面：“原理”课是对马克思主义作为无产阶级和全人类解放科学的价值认同；“概论”课是对中国化马克思主义的理性认同；“纲要”课是对“四个选择”的历史认同；“德法”课是对马克思主义的生活化认同；“形势与政策”课和“当代世界经济与政治”课是对党的政策和国内外形势的认同。基于高校思想政治理论课的认同教育本质，加强高校思想政治理论课教学内容建设，需要在对几门课程进行“整体把握”的前提下，结合课程不同的认同教育目标，以专题教学的形式进行“理论供给”，为大学生提供更有利于认同的优质“食材”。

高校思想政治理论课教师运用哪些教学方法讲思政课更容易被认同呢？这是高校思想政治理论课在教学方法探索上需要解决的问题。在新的历史条件下，要回归认同教育的课程本质，需对现有的五花八门的教学方法进行认真筛选、主动扬弃和有效更新。一是基于认同教育权威性，采用结合专题的“灌输 + 启发”式的课堂教学法；二是基于认同教育的互动性，采用“翻转课堂”、角色扮演和情景感召等情境教学法；三是基于认同教育的体认性，把思政小课堂与社会大课堂结合起来，拓展课堂教学空间，大力开展实践教学，提升学生实践能力；四是基于认同教育的比较性，运用好网络新媒体平台，让马克思主义在网络空间奏响主旋律；五是基于认同教育的归属性，开展润物无声的隐性教育，濡化大学生对马克思主义的认同。

高校思想政治理论课教师在什么环境下讲思政课更容易被认同？这是高校思想政治理论课在教学环境营造上需要考虑的问题，包括政策环境、学校环境、社会环境和网络环境。我们要营造大学生马克思主义认同多层立体、万众一心的良好环境，不能让教师在课堂上精心培育起的大学生马克思主义认同，课后被一些负面的声音全部瓦解掉。

如何评价高校思想政治理论课的教学实效性呢？高校思想政治理论课教学实效性评价的核心指标在于大学生对马克思主义认同度的变化，即通过高校思想政治理论课的学习，大学生对马克思主义是否由不认同变为认同，或者是否由时间较短、程度较浅的认同发展成为时间更持久、程度更深入的认同。评价的核心指标又细化为知识指标、情感指标和行为指标。以核心指标为重点，高校思想政治理论课各个教学环节和教学要素的合集就构成了一套高校思想政治理论课教学评价的指标体系。利用这套指标体系，不仅可以相对客观地测量高校思想政治理论课教学的实效性，还可以为引导和规范高校思想政治理论课教学行为提供“准则”。高校思想政治理论课教学评价，要在规范的评价流程下，按短期评价、中期评价和长期评价的步骤进行，并将评价结果运用于下一步的教学改革和教学实践之中。只有评价过程公正客观，才有可能做到评价结果的真实有效。

结 语

在全国高校思想政治理论课教学改革如火如荼的时代背景下，探究高校思想政治理论课教学问题绝不能忽视对课程本质的把握。作为党和国家落实立德树人根本任务的关键课程，高校思想政治理论课本质上是面向当代大学生开设的马克思主义认同教育课程。从认同教育的视域来看，目前高校思想政治理论课教学还存在着教学主导与主体的厘清、教学内容的建设、教学方法的整合、教学环境的营造和教学实效性的评价等现实问题亟待解决。高校思想政治理论课教学无论怎么改革，都应回归到认同教育的本质上来，认真思考和回答“什么样的人讲高校思想政治理论课更容易被认同”“讲什么内容更容易被认同”“怎么讲更容易被认同”“在什么环境下讲更容易被认同”“教学实效性该如何评价”等问题，为现实问题的解决建构实践路径，提供对策参考。

遵循“认同和认同教育的基础理论—高校思想政治理论课的认同教育本质—高校思想政治理论课教学问题分析—解决高校思想政治理论课教学问题的理论逻辑—解决高校思想政治理论课教学问题的实践路径”这一研究思路，笔者致力于构建起一套行之有效的高校思想政治理论课教学的理论和实践路径，以回归高校思想政治理论课的认同教育本质，更好地立德树人的根本任务。然而，在实际操作中笔者发现，这一研究的难度远远超出预期。首先，认同的理论浩如烟海。其次，认同教育的理论严重缺失。最后，构建高校思想政治理论课教学的理论逻辑和实践路径难度极大。尽管举步维艰，笔者依然求索不止，并在诸多专家、学者的帮助下形成了一定的研究成果。唯愿抛砖引玉，引发学界对这一问题的关注和思考，为新时代高校思想政治理论课教学改革创新略尽绵力。

本书的价值和意义在于对高校思想政治理论课的基础理论建构、课程本质挖掘和教学实践路径转换三个方面。

第一，初步构建起认同教育的基础理论。科学研究就是站在巨人肩膀上的再创造。关于认同，中外文献都比较多；关于认同教育，虽有关于不同主体、不同客体、不同视域的文章，但是系统建构认同教育基础理论的研究却不多见，也就是说认同教育的一般性理论建构是缺失的。本文围绕认同的内涵、本质和层次以及认同教育的内涵、功能、目标和影响因素等方面进行了理论研究和探索，虽不尽完善，却一定程度上弥补了国内外对认同教育理论研究的不足。

第二，让高校思想政治理论课教学回归课程本质。本书探究了高校思想政治理论课的课程本质，定位为马克思主义认同教育课程，目的在于正本清源，对高校思想政治理论课进行价值重塑，突出强调课程的本质，避免被表象所干扰，从而切实解决当代大学生马克思主义认同的诸多现实问题，促进大学生与马克思主义的“双向掌握”。从认同教育的视域考察高校思想政治理论课教学问题，研究视角较为新颖，研究成果也将成为推进大学生马克思主义认同，乃至促进马克思主义大众化的一种创新性尝试。

第三，推进高校思想政治理论课教学范式向认同教育范式转换。针对高校思想政治理论课教学的现实问题和问题产生的原因，本文从理论与实践两个维度，为高校思想政治理论课教学问题的解决建立理论逻辑、构建实践路径。高校思想政治理论课的改革创新一直在路上，多年来积累了无数宝贵经验和做法，也让高校思想政治理论课取得了长足发展。因此，本文所倡导的高校思想政治理论课教学在理论逻辑和实践路径上的转换，绝不是对已有经验的重建，而是“守正”与“创新”的辩证统一。我们要改变教师在课堂上的主体地位，赋予大学生以充分的自主权和强烈的主体意识，激发大学生思考、阅读、讨论、质疑、观察、体验的兴趣；要转变知识传授型的教学方式，在把握高校思想政治理论课教学内容的选择和取舍时，侧重问题的探究、价值观的确立和情感的熏陶；要转变生硬冰冷的说教方式，为高校思想政治理论课注入润物无声的感情线，打开大学生的心扉，引发大学生的情感共鸣；要走出思政课小课堂，走进社会大课堂，通过实践体验，反哺课堂学习的内容，增进认同的坚定性和持久性。这些教学经验和做法有些已达成共识，有些正在探索，有些尚未引起足够重视。随着中国特色社会主义进入新时代，高校思想政治理论课教学范式向认同教育范式的转换，不仅是实现大学生马克思主义认同这一核心教学目标的现实需要，也是高校思想政治理论课以理想信念铸魂，完成立德树人根本任务的必然要求。

囿于笔者能力和水平的限制，本书写作虽临近尾声，却依然留有诸多不足与遗憾。

第一，理论深度不足。在认同和认同教育的基础理论构建层面，由于笔者对心理学、社会学等专业领域涉猎不深，在中外相关文献的把握上难免存在错漏，对认同教育的规律、原则等关键问题所下的结论仍有待进一步商榷。

第二，实践检验不足。高校思想政治理论课的理论逻辑和实践路径源自对认同问题和认同教育问题的理论分析，源自对高校思想政治理论课的本质挖掘，源自于对现实问题的查摆和分析，虽尽可能从教师队伍、教学内容、教学方法、教学环境、教学评价等方面做到考虑周全，符合实际，但这一全新的教学范式是否能经得起时间的检验、在现实的场域下能够发挥多大的作用，还需要长期的实践检验和反复的修订打磨。

也许，一个口号式的结语可以让更多人欢欣鼓舞，但现实的问题不容盲目乐观。作为新时代的高校思想政治理论课教师，我们肩扛时代重任，唯有认真钻研，躬耕不辍。下一步，笔者希望能在长期的教学实践中不断使用和推广高校思想政治理论课的认同教育新范式，并在一定范围内分阶段进行试点。通过实践验证，反复修订和完善新范式的结构和内容，最终将其推介到全国高校思想政治理论课的课堂，让这一成果惠及更多师生，让高校思想政治理论课的认同教育本质真正落到实处。

路漫漫其修远兮，新时代高校思想政治理论课教学改革与创新，无论是基础理论的研究与构建，还是教学实践的探索与总结，都还有很长的路要走……

参考文献

一、马克思主义经典著作与党和国家领导人重要文献

[1] 马克思恩格斯文集：第 1 卷［M］．北京：人民出版社，2009.

[2] 马克思恩格斯文集：第 2 卷［M］．北京：人民出版社，2009.

[3] 马克思恩格斯文集：第 3 卷［M］．北京：人民出版社，2009.

[4] 马克思恩格斯文集：第 4 卷［M］．北京：人民出版社，2009.

[5] 列宁专题文集（论马克思主义）［M］．北京：人民出版社，2009.

[6] 列宁专题文集（论辩证唯物主义和历史唯物主义）［M］．北京：人民出版社，2009.

[7] 列宁专题文集（论无产阶级政党）［M］．北京：人民出版社，2009.

[8] 列宁专题文集（论资本主义）［M］．北京：人民出版社，2009.

[9] 列宁专题文集（论社会主义）［M］．北京：人民出版社，2009.

[10] 列宁全集：第 22 卷［M］．北京：人民出版社，1990.

[11] 毛泽东文集：第 1 卷［M］．北京：人民出版社，1993.

[12] 毛泽东文集：第 2 卷［M］．北京：人民出版社，1993.

[13] 毛泽东文集：第 3 卷［M］．北京：人民出版社，1996.

[14] 毛泽东文集：第 4 卷［M］．北京：人民出版社，1996.

[15] 毛泽东文集：第 5 卷［M］．北京：人民出版社，1996.

[16] 邓小平文选：第 3 卷［M］．北京：人民出版社，1993.

[17] 江泽民文选：第 3 卷［M］．北京：人民出版社，2006.

[18] 胡锦涛文选：第 3 卷［M］．北京：人民出版社，2016.

[19] 习近平总书记系列重要讲话读本［M］．北京：人民出版社，2016.

[20] 习近平谈治国理政：第一卷［M］．北京：外文出版社，2014.

[21] 习近平谈治国理政：第二卷 [M]. 北京：外文出版社，2017.

[22] 习近平谈治国理政：第三卷 [M]. 北京：外文出版社，2020.

[23] 习近平谈治国理政：第四卷 [M]. 北京：外文出版社，2022.

[24] 习近平新时代中国特色社会主义思想学习纲要 [M]. 北京：学习出版社，人民出版社，2019.

[25] 十六大以来重要文献选编：上 [M]. 北京：人民出版社，2005.

[26] 十六大以来重要文献选编：中 [M]. 北京：人民出版社，2006.

[27] 十六大以来重要文献选编：下 [M]. 北京：人民出版社，2007.

[28] 十七大以来重要文献选编：上 [M]. 北京：中央文献出版社，2009.

[29] 十七大以来重要文献选编：中 [M]. 北京：中央文献出版社，2011.

[30] 十七大以来重要文献选编：下 [M]. 北京：中央文献出版社，2013.

[31] 十八大以来重要文献选编：上 [M]. 北京：中央文献出版社，2014.

[32] 十八大以来重要文献选编：中 [M]. 北京：中央文献出版社，2016.

[33] 十八大以来重要文献选编：下 [M]. 北京：中央文献出版社，2018.

[34] 十八大报告辅导读本 [M]. 北京：人民出版社，2012.

[35] 十九大报告辅导读本 [M]. 北京：人民出版社，2017.

[36] 中国共产党第十九次全国代表大会文件汇编 [M]. 北京：人民出版社，2017.

[37] 教育部思想政治工作司组. 加强和改进大学生思想政治教育重要文献选编（1978—2014）[M]. 北京：知识产权出版社，2015.

[38] 教育部社会科学司组. 普通高校思想政治理论课文献选编（1949—2008）[M]. 北京：中国人民大学出版社，2008.

[39] 用新时代中国特色社会主义思想铸魂育人　贯彻党的教育方针落实立德树人根本任务 [N]. 光明日报，2019-03-19（01）.

[40] 把思想政治工作贯穿教育教学全过程　开创我国高等教育事业发展新局面 [N]. 光明日报，2016-12-09（01）.

[41] 坚持中国特色社会主义教育发展道路　培养德智体美劳全面发展的社会主义建设者和接班人 [N]. 光明日报，2018-09-11（01）.

二、中文著作

[1] 中国共产党历史：第一卷 [M]. 北京：中共党史出版社，2011.

[2] 中国共产党历史：第二卷 [M]. 北京：中共党史出版社，2011.

[3] 马克思主义发展史［M］. 北京：中国人民大学出版社，2009.
[4] 马克思主义著作和学说史［M］. 昆明：云南大学出版社，1996.
[5] 中国社会科学院语言研究所词典编辑室. 现代汉语词典［M］. 北京：商务印书馆，2014.
[6] 左丘明. 国语［M］. 陈桐生译. 北京：中华书局. 2014.
[7] 孟子. 孟子［M］. 牧语译注. 南昌：江西人民出版社，2017.
[8] 朱熹. 四书集注［M］. 北京：中华书局，1983.
[9] 王阳明. 传习录［M］. 西安：三秦出版社，2018.
[10] 车文博. 弗洛伊德主义原理选辑［M］. 沈阳：辽宁人民出版社，1988.
[11] 陈鼓应. 老子今注今译［M］. 北京：商务印书馆，2003.
[12] 陈鼓应. 庄子今注今译［M］. 北京：商务印书馆，2016.
[13] 陈立思. 比较思想政治教育［M］. 北京：中国人民大学出版社，2011.
[14] 陈锡喜. 政治认同的理论思辨：与大学生谈实现中国梦的自信和自觉［M］. 上海：上海人民出版社，2013.
[15] 陈占安. 马克思主义大众化的历史经验研究［M］. 北京：北京古籍出版社，北京人民出版社，2012.
[16] 方旭光. 认同的价值与价值的认同［M］. 北京：中国社会科学出版社，2014.
[17] 费穗宇，张潘仕. 社会心理学辞典［M］. 石家庄：河北人民出版社，1988.
[18] 费孝通. 费孝通民族研究文集［M］. 北京：民族出版社，1988.
[19] 冯刚. 改革开放以来高校思想政治教育发展史［M］. 北京：人民出版社，2018.
[20] 冯友兰. 中国哲学简史［M］. 北京：北京大学出版社，2013.
[21] 高放. 国际共产主义运动别史［M］. 北京：中国书籍出版社，2002.
[22] 高放. 科学社会主义理论与实践［M］. 北京：中国人民大学出版社，1990.
[23] 葛永光. 文化多元主义与国家整合：兼论中国认同的形成与挑战［M］. 中国台北：正中书局，1991.
[24] 顾海良. 高校思想政治理论课程建设研究［M］. 北京：中国人民大学出版社，2009.
[25] 何博. 我国边疆少数民族的“中国认同”及其影响因素研究［M］. 北京：中国社会科学出版社，2014.
[26] 侯惠勤. 马克思的意识形态批判与当代中国［M］. 北京：中国社会科学出版社，2010.

[27] 胡绳．中国共产党的七十年［M］．北京：中共党史出版社，1991．
[28] 梁丽萍．中国人的宗教心理：宗教认同的理论分析与实证研究［M］．北京：社会科学文献出版社，2004．
[29] 刘建军．马克思主义信仰论［M］．北京：中国人民大学出版社，1998．
[30] 刘建军．寻找思想政治教育的独特视角［M］．北京：中国人民大学出版社，2017．
[31] 罗国杰．马克思主义思想政治教育理论基础［M］．北京：高等教育出版社，2002．
[32] 骆郁廷．高校思想政治理论课程论［M］．武汉：武汉大学出版社，2006．
[33] 宁骚．民族与国家：民族关系与民族政策的国际比较［M］．北京：北京大学出版社，1995．
[34] 沙莲香．社会心理学［M］．北京：中国人民大学出版社，2002．
[35] 佘双好．思想政治理论课教学法探析［M］．北京：中国人民大学出版社，2018．
[36] 沈壮海，王晓霞，王丹，等．中国大学生思想政治教育发展报告（2017）［M］．北京：北京师范大学出版社，2018．
[37] 沈壮海．教育学导论［M］．武汉：武汉大学出版社，2005．
[38] 沈壮海．思想政治教育有效性研究［M］．武汉：武汉大学出版社，2008．
[39] 石云霞．高校思想政治理论课程建设史研究［M］．武汉：武汉大学出版社，2006．
[40] 石之瑜．后现代的国家认同［M］．台北：世界书局，1995．
[41] 孙有余，钱学森，费孝通，等．论思想政治工作科学化［M］．太原：山西人民出版社，1981．
[42] 王成兵．当代认同危机的人学解读［M］．北京：中国社会科学出版社，2004．
[43] 王晓东．日常交往与非日常交往［M］．北京：人民出版社，2005．
[44] 吴学琴，等．当代中国日常生活维度的意识形态研究［M］．北京：人民出版社，2014．
[45] 夏征农．辞海：缩印本［M］．上海：上海辞书出版社，1989．
[46] 杨伯峻．论语译注［M］．北京：中华书局，2009．
[47] 叶浩生．西方心理学的历史与体系［M］．北京：人民教育出版社，1998．
[48] 宇文利．现代思想政治教育课程论［M］．北京：北京大学出版社，2012．
[49] 张岱年．中国伦理思想研究［M］．北京：中国人民大学出版社，2011．

[50] 张岱年. 中国哲学大纲 [M]. 北京：中国社会科学出版社，2004.
[51] 张海洋. 中国的多元文化与中国人的认同 [M]. 北京：民族出版社，2006.
[52] 张雷声. 思想政治理论课教学的境界 [M]. 北京：中国人民大学出版社，2018.
[53] 张立波. 阅读、书写和历史意识：对马克思的多重表述 [M]. 北京：北京大学出版社，2008.
[54] 张茂桂. 族群关系与国家认同 [M]. 台北：叶强出版社，1993.
[55] 张澍军. 德育哲学引论 [M]. 北京：中国社会科学出版社，2008.
[56] 张耀灿. 高校思想政治理论课教育教学质量监测体系研究 [M]. 北京：经济科学出版社，2014.
[57] 张耀灿. 中国共产党的思想政治工作史论 [M]. 北京：高等教育出版社，2008.
[58] 张云. 思想政治教育心理学 [M]. 上海：上海人民出版社，2001.
[59] 郑晓云. 文化认同与文化变迁 [M]. 北京：中国社会科学出版社，1992.
[60] 郑永廷. 人的现代化的理论与实践 [M]. 北京：人民出版社，2006.
[61] 郑永廷. 思想政治教育方法论 [M]. 北京：高等教育出版社，2010.
[62] 郑永廷等. 社会主义意识形态研究 [M]. 广州：中山大学出版社，1999.
[63] 中国近现代史纲要（2018 年版）[M]. 北京：高等教育出版社，2018.
[64] 中国马克思主义大众化研究历史进程和基本经验课题组. 中国马克思主义大众化研究——历史进程和基本经验 [M]. 北京：中国人民大学出版社，2013.
[65] 周晓虹. 中国中产阶层调查 [M]. 北京：社会科学文献出版社，2005.
[66] 周振甫. 诗经译注 [M]. 北京：中华书局，2013.

三、译著

[1] 安德鲁·文森特. 现代政治意识形态 [M]. 袁久红，等译. 南京：凤凰传媒集团，江苏人民出版社，2008.
[2] 黑格尔. 小逻辑 [M]. 贺麟，译. 北京：商务印书馆，1980.
[3] 尤尔根·哈贝马斯. 交往与社会化进化 [M]. 张树博，译. 重庆：重庆出版社，1989.
[4] 埃米尔·涂尔干. 社会分工论 [M]. 渠东，译. 北京：生活·读书·新知三联书店，2000.
[5] 查尔斯·泰勒. 自我的根源：现代认同的形成 [M]. 韩震，等译. 南京：译林出版社，2012.

[6] 埃里克森. 同一性：青少年与危机［M］. 孙名之，译. 北京：中央编译出版社，2015.

[7] 戴维·迈尔斯. 社会心理学［M］. 侯玉波，等译. 北京：人民邮电出版社，2016.

[8] 丹尼尔·贝尔. 资本主义文化矛盾［M］. 赵一凡，等译. 北京：生活·读书·新知三联书店，1989.

[9] 赫舍尔. 人是谁［M］. 隗仁莲，译. 贵阳：贵州人民出版社，1994.

[10] 夸梅·安东尼·阿皮亚. 认同伦理学［M］. 张容南，译. 南京：译林出版社，2013.

[11] 鲁恂·W. 派伊. 政治发展面面观［M］. 任晓，王元，译. 天津：天津人民出版社，2009.

[12] 罗德里克·麦克法夸尔. 剑桥中华人民共和国史［M］. 金光耀，译. 上海：上海人民出版社，1992.

[13] 曼纽尔·卡斯特. 认同的力量［M］. 曹荣湘，译. 北京：社会科学文献出版社，2006.

[14] 乔治·H. 米德. 心灵、自我与社会［M］. 赵月瑟，译. 上海：上海译文出版社，2008.

[15] 塞缪尔·亨廷顿. 谁是美国人?：美国国民特性面临的挑战［M］. 程克雄，译. 北京：新华出版社，2010.

[16] 约翰·麦克里兰. 西方政治思想史［M］. 彭淮栋，译. 海口：海南出版社，2003.

[17] 约翰·奈斯比特. 中国大趋势：新社会的八大支柱［M］. 北京：中华工商联合出版社，2009.

[18] 安东尼·吉登斯. 现代性与自我认同：晚期现代中的自我与社会［M］. 夏璐，译. 北京：中国人民大学出版社，2016.

[19] 戴维·莫利，凯文·罗宾斯. 认同的空间［M］. 司艳，译. 南京：南京大学出版社，2001.

[20] 赫·斯宾塞. 斯宾塞教育论著选［M］. 胡毅，王承绪，译. 北京：人民教育出版社，2005.

[21] 罗素. 西方哲学史及其与从古代到现代的政治、社会情况的联系：上卷［M］. 何兆武，李约瑟，译. 北京：商务印书馆，1963.

[22] 罗素. 西方哲学史及其与从古代到现代的政治、社会情况的联系：下卷［M］. 马元德，译. 北京：商务印书馆，1976.

[23] 特里·伊格尔顿. 马克思为什么是对的 [M]. 李杨，任文科，郑义，译. 北京：新星出版社，2012.

四、期刊论文

[1] 柏欣. 加强大学生党员马克思主义认同教育的探讨 [J]. 教育教学论坛，2017 (27)：43-45.

[2] 曾楠. 大学生政治认同与政治理论课教学：相关性分析 [J]. 教育学术月刊，2014 (3)：85-90.

[3] 曾水兵，檀传宝. 国家认同教育的若干问题反思 [J]. 中国教育学刊，2013 (10)：30-33.

[4] 曾长秋，李邦铭. 近五年关于马克思主义整体性研究述评 [J]. 当代世界与社会主义，2010 (4)：26-28.

[5] 陈臣. 社会主义核心价值观融入高校思想政治理论课教育教学路径论析 [J]. 辽宁师范大学学报（社会科学版），2015 (2)：161-165.

[6] 陈芳. 比较教育研究：自我与他者之间的认同向度 [J]. 天津市教科院学报，2009 (2)：17-19.

[7] 陈金龙. 马克思主义中国化的主体探析 [J]. 马克思主义研究，2010 (5)：117-123.

[8] 陈金龙. 习近平新时代中国特色社会主义思想形成的实践基础 [J]. 广东社会科学，2018 (3)：5-11，254.

[9] 陈文林. 思想政治理论课程中的核心价值认同：以“思想道德修养与法律基础”课为例 [J]. 西安政治学院学报，2016 (4)：43-47，103.

[10] 陈锡喜，刘伟. 论把握高校思想政治理论课“有力支撑”的三个维度 [J]. 马克思主义理论学科研究，2019 (2)：23-33.

[11] 陈锡喜，刘伟. 论高校思想政治理论课建设性和批判性的统一 [J]. 思想理论教育，2019 (5)：16-21.

[12] 陈锡喜，张濛. 推动高校思想政治理论课建设内涵式发展的要义和路径 [J]. 思想理论教育，2019 (11)：65-71.

[13] 陈锡喜. 论习近平新时代中国特色社会主义思想的创立根据 [J]. 思想理论教育，2018 (2)：4-9.

[14] 陈先达. 文化自信的本质与当代意义 [J]. 红色文化学刊，2018 (1)：106-108.

［15］陈颜，张志坚，陈金龙．民族高校大学生社会主义核心价值观认同教育模式研究［J］．西南民族大学学报（人文社会科学版），2013（10）：215－219.
［16］陈月霄．大学生中国特色社会主义理论认同教育的机理审视与路径选择［J］．思想理论教育导刊，2014（4）：125－128.
［17］程太生．社会主义核心价值体系教学实效性研究［J］．山西高等学校社会科学学报，2010（6）：68－69.
［18］杜兰晓．当代中国大学生国家认同教育的路径探析：基于文化自信的视角［J］．思想教育研究，2012（12）：99－102.
［19］房玫．关于中国在全球化进程中坚持并巩固马克思主义主流意识形态地位的思考［J］．当代世界与社会主义，2007（3）：60－64.
［20］高放．加强对马克思主义科学的整体研究［J］．马克思主义与现实，2005（2）：4－10.
［21］高立平．意识形态的策略与意识形态认同［J］．求索，2006（10）：125－127.
［22］郜馨．讲好中国故事　增强教育效果：高校思想政治理论课教学的新途径［J］．领导科学论坛，2018（5）：95－96.
［23］龚咏梅．“四个回到”：改进思想政治理论教育的路径选择［J］．思想政治课研究，2016（6）：13－16，21.
［24］顾海良．从“四个思想特征”看习近平新时代中国特色社会主义思想的理论境界［J］．中国纪检监察，2018（12）：6－8.
［25］郭彦森．建立有利于形成思想共识的合理利益关系［J］．郑州大学学报（社会科学版），2007（2）：9－11.
［26］何博．“中国近现代史纲要”课“四个选择”认同教育实效性探析［J］．思想理论教育导刊，2011（11）：121－123.
［27］何博．边疆少数民族“中国认同”意识缘起初探［J］．云南社会科学，2008（3）：66－70.
［28］何博．认同的本质及其层次性［J］．大理学院学报，2011（1）：61－65.
［29］何博．西南边疆少数民族马克思主义认同问题分析与培育路径［J］．思想理论教育，2017（9）：46－50.
［30］何博．中华民族的中国认同意识及其影响因素［J］．云南社会科学．2006（4）：92－96.
［31］何慧星，等．新疆高校民汉学生“五观”教育认同感研究［J］．当代青年研究，

2008 (5): 42-44.

[32] 贺新春. 论习近平新时代中国特色社会主义思想的逻辑向度 [J]. 马克思主义研究, 2018 (5): 28-35.

[33] 洪滔, 罗荣武. 基于“四个自信”教育视角下的高校思想政治理论课教学研究 [J]. 才智, 2018 (21): 42-43.

[34] 侯惠勤. 论科学发展观的重大意义 [J]. 马克思主义研究, 2006 (7): 18-23.

[35] 侯惠勤. 马克思的意识形态批判与哲学变革 [J]. 马克思主义研究, 2011 (12): 5-20, 27, 157.

[36] 侯惠勤. 意识形态话语权初探 [J]. 马克思主义研究, 2014 (12): 5-12, 157.

[37] 侯惠勤. 在社会主义核心价值观的概括上如何取得共识 [J]. 红旗文稿, 2012 (8): 9-13.

[38] 侯惠勤. 真理标准大讨论与邓小平理论的确立 [J]. 南京大学学报 (哲学. 人文科学. 社会科学版), 1998 (2): 15-21.

[39] 侯惠勤. 中国梦与中国特色社会主义共同理想 [J]. 红旗文稿, 2013 (12): 11-14, 1.

[40] 侯勇. “政治自觉”到“人本自觉”: 90 多年来中国共产党的思想政治教育主题转换 [J]. 学校党建与思想教育, 2012 (11): 8-11.

[41] 胡白云. 高校思想政治理论课教师讲好中国故事的基本要求 [J]. 思想理论教育导刊, 2021 (4): 116-120.

[42] 胡刚. 加强高校思想政治理论课教育教学实效性的探讨: 以社会主义核心价值体系认同为视角 [J]. 湖北理工学院学报 (人文社会科学版), 2014 (4): 78-81, 86.

[43] 胡晓敏. 全面从严治党条件下大学生政党认同教育与高校思想政治教育的融合研究 [J]. 改革与开放, 2018 (17): 63-66.

[44] 胡新峰, 李威娜. 以研究式教学加强大学生对社会主义核心价值体系的认同 [J]. 思想理论教育导刊, 2012 (3): 95-98.

[45] 黄河, 申来津. 习近平新时代中国特色社会主义思想的生成逻辑及重大意义 [J]. 理论月刊, 2018 (6): 14-21.

[46] 贾英健. 认同的哲学意蕴与价值认同的本质 [J]. 山东师范大学学报 (人文社会科学版), 2006 (1): 10-16.

[47] 蒋家胜, 邓礼娟. 论大学生社会主义核心价值体系的认同教育 [J]. 中国报业,

2011（12）：115－116.

［48］焦玉玲．我国主流意识形态认同困境探析：以马克思的主体性思想为视角［J］．理论与改革，2013（1）：135－138.

［49］金瑾，胡萍．社会主义核心价值观融入高校思政教育课全过程研究［J］．管理观察，2018（18）：129－131.

［50］康海轩．解码思想政治教育亲和力中的“力量密码”［J］．思想政治课研究，2020（2）：87－92.

［51］孔德永．当代我国主流意识形态认同建构的有效途径［J］．马克思主义研究，2012（6）：91－99.

［52］李东才，潘晔．价值认同视域下提升高校思想政治理论课教育实效性研究［J］．学校党建与思想教育，2014（5）：58－60，63.

［53］李笃武．社会转型期主流意识形态认同危机与对策［J］．河南师范大学学报，2006（2）：19－22.

［54］李梁．信息技术与思想政治理论课教学融合的若干问题辨析［J］．思想理论教育，2017（2）：69－73.

［55］李萍，林滨．试谈高校思想政治理论课教学实效性的三个基本维度［J］．思想理论教育导刊，2005（9）：61－64.

［56］李尚志．全球化背景下西方意识形态渗透的主要形式及危害［J］．理论与改革，2007（2）：123－126.

［57］李淑梅，杨郁巧．意识形态的变化与人的认同方式：马克思对1848年欧洲革命中意识形态的研究［J］．天津社会科学，2009（1）：16－21.

［58］李拓，杨昊杰．论习近平新时代中国特色社会主义思想的历史地位［J］．国家行政学院学报，2018（3）：8－12，152.

［59］李炎芳，郭明飞，杨磊．微时代的意识形态认同危机及其治理［J］．江西社会科学，2014（6）：194－198.

［60］李宗建．党的十八大以来习近平意识形态工作新思想［J］．社会主义研究，2016（2）：35－42.

［61］梁爱强．“慕课”背景下高校思想政治理论课教育实效性探讨［J］．学校党建与思想教育，2016（17）：71－73.

［62］梁建新．中国应对西方“意识形态终结论”思潮的路径选择［J］．探索，2007（1）：140－143.

[63] 梁树发．马克思主义者身份认同与马克思主义发展主体意识自觉［J］．马克思主义理论学科研究，2018（3）：76－83.

[64] 刘海英．加强少数民族大学生对社会主义核心价值观的认同［J］．教育与职业，2014（32）：72－73.

[65] 刘建军．全面把握思想政治理论课建设的基本规律［J］．思想教育研究，2017（4）：57－61.

[66] 刘丽敏．以高度的文化自信涵育坚定的政治信仰："中国近现代史纲要"课贯彻十九大精神的思考［J］．思想理论教育导刊，2018（1）：99－102.

[67] 刘林．"八个明确、十四个坚持"的逻辑内涵与新维度［J］．奋斗，2018（9）：51－52.

[68] 刘玫，邓瑾．从"物本"到"人本"：政治认同教育研究范式视角的转换［J］．教育评论，2017（10）：8－11.

[69] 刘娜．社会主义核心价值观融入民族院校思想政治理论课的意义、方法、路径［J］．山西高等学校社会科学学报，2018（10）：44－48.

[70] 龙献忠，陈方芳．新形势下高校主流意识形态认同教育：困境、契机与路径［J］．求索，2017（6）：74－79.

[71] 卢锋．教育叙事研究：高校思想政治理论课教学研究范式之转换［J］．常熟理工学院学报（教育科学），2010（12）：86－88.

[72] 陆树程，崔昆．论社会主义核心价值体系认同的元问题：基于对马克思主义意识形态观的一种理解［J］．马克思主义研究，2011（8）：75－81.

[73] 雒树刚．学习习近平总书记关于意识形态工作重要讲话精神的体会［J］．党建研究，2014（10）.

[74] 马福运，杨晓倩．"90后"大学生主流意识形态认同现状研究：基于河南省10所高校的调查［J］．思想教育研究，2017（11）：115－118.

[75] 马岩．意识形态与苏联解体［J］．马克思主义研究，1997（3）：12.

[76] 倪明胜．把握习近平新时代中国特色社会主义思想的四重向度［J］．理论探索，2018（3）：65－69.

[77] 聂立清．构建青少年主流意识形态认同的战略选择［J］．思想教育研究，2009（6）：38－41.

[78] 欧阳常青，苏德．学校教育视域中的国家认同教育［J］．民族教育研究，2012（5）：10－14.

[79] 秦书生，孙梅晓．论习近平新时代中国特色社会主义思想的整体性［J］．社会主义研究，2018（3）：8-16.

[80] 秦宣．新中国成立60年来高校思想政治理论课沿革及其启示［J］．思想理论教育导刊，2009（10）：23-32.

[81] 秋石．大力推进马克思主义中国化、时代化、大众化［J］．求是，2009（23）：18-21.

[82] 沈壮海，史君．推动思想政治教育与信息技术的高度融合［J］．国家教育行政学院学报，2017（1）：15-21.

[83] 施丽红，吴成国．高校思想政治理论课坚持灌输性与启发性相统一的实践路径分析［J］．思想教育研究，2021（3）：85-89.

[84] 汪信砚．全球化中的价值认同与价值观冲突［J］．哲学研究，2002（11）：22-26.

[85] 汪勇．和谐社会背景下的当代中国马克思主义认同［J］．长白学刊，2011（1）：22-26.

[86] 王成兵．略论理性与非理性在当代认同中的作用［J］．江淮论坛，2006（6）：57-60.

[87] 王成兵．认同危机：一个现代性问题［J］．新视野，2005（4）：54-56，68.

[88] 王桂兰．论增强主流意识形态影响力的理念更新［J］．首都师范大学学报，2009（1）：146-150.

[89] 王国敏，陈加飞．习近平新时代中国特色社会主义思想生成逻辑的四维解析［J］．观察与思考，2018（6）：5-10.

[90] 王国学，顾博．高校思想政治理论课积极互动教学方法研究［J］．学校党建与思想教育，2018（12）：50-52.

[91] 王伟光．全面理解、深入实践科学发展观［J］．马克思主义研究，2009（1）：5-11.

[92] 王向明，张廷广．高校思想政治理论课“翻转课堂”的理论与实践［J］．思想教育研究，2018（12）：76-80.

[93] 王亚鹏．少数民族认同研究的现状［J］．心理科学进展，2002（1）：102-107.

[94] 王易．高校思想政治理论课改革创新的多维解读［J］．马克思主义理论学科研究，2020（5）：142-150.

[95] 王永贵．意识形态领域新挑战与马克思主义大众化［J］．当代世界与社会主义，

2010 (6): 21-25.
[96] 韦诗业. 基于认同视角的高校思想政治理论课教学改革初探 [J]. 广西师范学院学报 (哲学社会科学版), 2012 (2): 24-27.
[97] 吴飞. 共情传播的理论基础与实践路径探索 [J]. 新闻与传播研究, 2019 (5): 59-76, 127.
[98] 吴细玲, 曾令超. 思想政治理论课与大学生对社会主义核心价值体系的认同 [J]. 思想政治教育研究, 2009 (4): 75-78.
[99] 吴晓斐. 新媒体视域下的文化意识形态功能分析 [J]. 理论与改革, 2013 (2): 156-158.
[100] 吴学琴. 日常生活的意识形态分析及其认同 [J]. 马克思主义研究, 2009 (3): 59-63.
[101] 吴学琴. 意识形态微观化发展态势下的安全研究 [J]. 江苏大学学报 (哲学社会科学版), 2014 (1): 40-43.
[102] 吴玉军, 吴玉玲. 新加坡青少年国家认同教育及其启示 [J]. 外国中小学教育, 2008 (7): 47-49, 13.
[103] 武东生. 思想政治理论课教学改革过程中应思考的若干问题 [J]. 清华大学学报, 2005 (增1刊).
[104] 武星亮. 增强"三个认同": 高校思想政治理论课教学改革的目标 [J]. 思想理论教育导刊, 2016 (2): 99-101.
[105] 夏甄陶. 论以人为本 [J]. 杭州师范学院学报 (社会科学版), 2003 (3).
[106] 项久雨, 陈涛. 高校思想政治理论课教师队伍建设的二重维度 [J]. 思想教育研究, 2013 (1): 69-72.
[107] 肖滨. 两种公民身份与国家认同的双元结构 [J]. 武汉大学学报, 2010 (1): 76-83.
[108] 肖映胜, 张耀灿. 高校思想政治理论课教学评价理念新探 [J]. 高校理论战线, 2011 (7): 62-64.
[109] 邢敏. "真实性评价"理论视阈下高校思想政治理论课学生评价探究 [J]. 成都航空职业技术学院学报, 2018 (2): 19-22.
[110] 许传红, 程雅. 高校思想政治理论课的教学困境与学情反思 [J]. 学校党建与思想教育, 2017 (7): 46-49.
[111] 薛金慧. 马克思主义在中国被认同与接受的历史经验及其启示 [J]. 宝鸡文理

学院学报（社会科学版），2009（5）：25－31.
[112] 杨周相. 民族院校马克思主义理论的培育功能和途径探析：以西藏高校的马克思主义信仰教育为例 [J]. 文教资料，2015（1）.
[113] 殷海鸿，丁秋玲. 政治认同视域下高校思政课有效教学路径探析 [J]. 理论观察，2018（9）：123－125.
[114] 张博颖，苗伟. 文化软实力与社会主义意识形态安全 [J]. 天津社会科学，2010（3）：40－44.
[115] 张骥，方晓强. 论网络文化对我国社会主义意识形态建设的影响 [J]. 求实，2009（2）：40－43.
[116] 张雷声. 马克思主义整体性的三个层次 [J]. 思想理论教育导刊，2008（2）：44－47.
[117] 张澍军. 试论思想政治教育学科前沿的若干重大问题 [J]. 马克思主义研究，2011（1）：128－135.
[118] 张树焕. 深化"中国近现代史纲要"课专题化教学的路径探析 [J]. 思想教育研究，2017（9）：71－74.
[119] 张文彦，魏建国. 国家意识形态认同探析 [J]. 理论学刊，2010（12）：67－70.
[120] 张文渊. 浅析信息技术与教育深度融合的理论与方法 [J]. 华夏地理，2014（7）.
[121] 张莹瑞，佐斌. 社会认同理论及其发展 [J]. 心理科学进展，2006（3）：475－780.
[122] 张志元. 高校各门课程与思想政治理论课同向同行研究 [J]. 思想理论教育，2019（2）：67－70.
[123] 张智. 习近平关于思想政治教育工作的五个比喻析论 [J]. 思想理论教育导刊，2017（5）：131－135.
[124] 赵国友. 高校思想政治理论课教育教学新范式的建构及其意义 [J]. 思想政治教育研究，2013（3）：50－54.
[125] 赵海峰. 意识形态领导权和文化认同：关于马克思主义中国化的思考 [J]. 马克思主义与现实，2012（5）：183－189.
[126] 郑杭生，郭星华. 中国社会的转型和转型中的中国社会：关于当代中国社会变迁和社会主义现代化进程的几点思考 [J]. 浙江学刊，1992（4）：51－57，49.
[127] 郑洁，陈一樟. 网络环境下大学生主流意识形态认同现状与路径 [J]. 高校辅导员，2017（3）：7－12.

[128] 郑永廷. 论社会主义意识形态的功能发展 [J]. 中山大学学报（社会科学版），2002（6）：91－98，121.

[129] 钟俊平. 习近平新时代中国特色社会主义思想的整体性探析 [J]. 中共南昌市委党校学报，2018（3）：13－17.

[130] 周平. 论中国的国家认同建设 [J]. 学术探索，2009（6）：35－40.

[131] 周晓虹. 认同理论：社会学与心理学的分析路径 [J]. 社会科学，2008（4）：46－53，187.

[132] 朱勤文，杜海坤. 试论大学生政治认同的形成机制及教育对策 [J]. 中国高教研究，2014（8）：93－95，101.

五、学位论文

[1] 蔡泉永. 新媒体环境下我国主流意识形态安全研究 [D]. 南昌：南昌大学博士学位论文，2016.

[2] 曹和修. 中国特色社会主义意识形态建设的人本取向研究 [D]. 北京：首都师范大学博士学位论文，2011.

[3] 段鹏飞. 全球化背景下中国共产党意识形态建设研究 [D]. 西安：陕西师范大学博士学位论文，2011.

[4] 胡春阳. 社会主义意识形态认同历程研究 [D]. 合肥：安徽大学博士学位论文，2016.

[5] 李晓虹. 新媒体环境下大学生思想政治教育实效性研究 [D]. 大连：大连理工大学博士学位论文，2016.

[6] 刘国普. 当代中国马克思主义意识形态话语权建设研究 [D]. 广州：华南理工大学博士学位论文，2014.

[7] 刘文革. 思想政治理论课教学实效性研究 [D]. 北京：首都师范大学博士学位论文，2011.

[8] 梅鲜. 高校思想政治教育第二课堂建设研究 [D]. 上海：复旦大学博士学位论文，2013.

[9] 唐小芹. 马克思主义大众化的途径与方法研究 [D]. 长沙：湖南师范大学博士学位论文，2016.

[10] 童贤成. 论马克思主义科学体系的整体性 [D]. 上海：华中师范大学博士学位论文，2011.

[11] 王桂菊．改革开放以来思想政治教育学科发展研究［D］．天津：南开大学博士学位论文，2013.

[12] 王双群．社会主义核心价值体系融入思想政治理论课教育教学研究［D］．武汉：武汉大学博士学位论文，2014.

[13] 吴玉荣．互联网与社会主义意识形态建设研究［D］．北京：中共中央党校博士学位论文，2004.

[14] 易如．“马克思主义”：从符号到大众化：传播的视角［D］．上海：复旦大学博士学位论文，2009.

[15] 元修成．我国多元文化背景下大学生政治认同教育研究［D］．大连：东北师范大学博士学位论文，2015.

[16] 原黎黎．新媒体背景下大学生理想信念教育有效路径研究［D］．天津：河北师范大学博士学位论文，2015.

[17] 张纲．多元文化场域背景下马克思主义意识形态话语权建设研究［D］．郑州：郑州大学博士学位论文，2016.

[18] 张志祥．社会主义意识形态建设研究［D］．苏州：苏州大学博士学位论文，2008.

[19] 赵欢春．高校推进马克思主义大众化的路径研究［D］．南京：南京师范大学博士学位论文，2011.

[20] 赵震．建国以来马克思主义大众化及其历史经验研究［D］．大连：东北师范大学博士学位论文，2013.

[21] 郑自立．当代中国马克思主义大众化视域中的大学生思想政治教育研究［D］．长沙：湖南师范大学博士学位论文，2011.

[22] 朱晨静．日常生活视域中社会主义核心价值体系认同研究［D］．苏州：苏州大学博士学位论文，2012.

六、报纸文章

[1] 用真理赢得青年的心：记年届九旬仍活跃在思政课堂的西南交大教授朱铃［N］．光明日报，2019-01-10（01）.

[2]“真、亲、深、活”是他的秘籍，紧跟时代是他的法宝，河北师范大学教授朱月龙：把思政课讲出理讲出味讲出彩［N］．中国教育报，2017-04-05（01）.

[3] 华东理工大学提升“形势与政策课”吸引力“漫灌”加“滴灌”，效果更明显

［N］. 人民日报，2017－06－01（18）.
［4］思政之“盐”化于课程之“水”［N］. 中国教育报，2020－06－23（01）.
［5］厦门大学“问题导向式专题教学”思政课让学生上得过瘾［N］. 光明日报，2017－05－09（04）.

七、外文文献

［1］Maslow H. A Theory of Human Motivation［M］. Washington，DC：Psychological Review，1943.
［2］Anthony S. National Identity［M］. London：University of Nevada Press，1991.
［3］Antony G. The Third Way and Its Crisis［M］. London：Polity Press，2000.
［4］Charles T. The Formation of National States in Western Europe［M］. Princeton：Princeton University Press，1975.
［5］Dikotter F. The Discourse of Race in Modern China［M］. London：Stanford University Press，1994.
［6］Ernest G. Nations and Nationalism［M］. Ithaca，NY：Cornell University Press，1983.
［7］Jenkins R. Social Identity［M］. London：Routledge Publishing Group，1996.
［8］John B. Nationalism and the State［M］. Chicago：The University of Chicago Press，1985.
［9］Joseph L. Confucian China and Its Modern Fate：A Trilogy［M］. Berkeley：University of California，1968.
［10］Sigmund F. Studies in Hysteria［M］. Penguin Books Ltd，2004.
［11］Sigmund F. The Interpretation of Dreams［M］. Random House Inc，1994.
［12］Will K. Liberalism，Community and Culture［M］. Oxford：Clarendon Press，1991.
［13］William B. Personal，Identity，National Identity and International Relations［M］. Cambridge：Cambridge University Press，1990.
［14］Preston P. W. Political，Cultural Identity：Citizens and Nations in a Global Era［M］. London：Sage Publications，1997.

附录一　大众马克思主义认同的生成机制与培育路径研究

马克思主义作为当代中国意识形态，其理论功能和实践指导作用的发挥以获得大众的普遍认同为前提，换言之，坚持和巩固马克思主义在我国意识形态领域的指导地位之根本，在于实现大众对马克思主义的普遍认同。之所以强调“大众”，是为了避免将精英视域下的个体马克思主义认同与大众的群体马克思主义认同相混淆。因为社会精英、领导干部、先进人物、道德模范等个体主体对马克思主义的认同路径，无法简单复制给大众，而马克思主义大众化所要实现的也不仅仅是精英认同，而是具有普遍意义的大众马克思主义认同。“大众”的普遍性和特殊性，决定了大众马克思主义认同问题的主要场域——大众的日常生活空间。

大众马克思主义认同是马克思主义中国化时代化大众化的前提。任何事物都无法抹去其产生和存在的时空环境烙印，马克思主义同样如此。马克思主义诞生于19世纪中叶资本主义上升时期的欧洲，特别是西欧这一特定的社会历史背景下。马克思主义要不断发展，至少要实现时空两个维度的突破：在时间维度上，把握时代脉搏，既为解决时代问题贡献力量，又在解决时代问题的实践中不断丰富、发展和完善自身，这是“与时俱进”；在空间维度上，把握不同地域的具体特点和问题，既为解决一定地域的突出问题贡献力量，又在地域问题的解决中不断汲取来自实践的养分，拓展自身的理论边界，这是“因地制宜”。一定程度而言，马克思主义中国化以解决“因地制宜”作为关键，马克思主义时代化以实现“与时俱进”作为要旨。而马克思主义大众化，则应包括马克思主义“化”大众和大众“化”马克思主义两层含义：一方面让马克思主义掌握大众，另一方面让大众掌握马克思主义。但马克思主义无论是中国化、时代化，还是大众化，都以获得大众的普遍认同为前提和归旨。

目前学界对马克思主义大众化问题的研究成果颇丰，既有以崔耀中①、陈占安②为代表的历史分析，又有以王永贵③、王华杰④、李燕⑤等为代表的区域分析；既有以秋石⑥、韩庆祥⑦等为代表的“三化”问题整体性及其内在关系分析，又有基于哲学、政治学、教育学等不同视域向度的分析。这些研究对马克思主义大众化所面临的现实问题进行了深入思考，并提出了很多建设性的对策和建议。然而，学者们对大众马克思主义认同及其生成机制的研究还有待加强。当前在日常生活视域下，马克思主义意识形态有被“误读”和“污名化”的现象，有被“庸俗化”的趋势，有被“抽象化”的危险，严重干扰大众马克思主义认同的生成，这是需要正视和亟须解决的问题。

一、大众马克思主义认同的内涵与本质

对大众马克思主义认同问题的研究，首先涉及大众马克思主义认同的内涵与本质分析，这是大众马克思主义认同问题研究的理论基础。对大众马克思主义认同生成机制的探析是大众马克思主义认同问题研究的关键环节。基于生成机制构建的培育路径则是实现大众马克思主义认同目标的必然选择。厘清大众马克思主义认同的内涵与本质，须明晰什么是认同、什

① 崔耀中．中国马克思主义大众化研究：历史进程和基本经验［M］．北京：中国人民大学出版社，2013.

② 陈占安．试论马克思主义大众化的历史经验［J］．学校党建与思想教育，2012（31）：6-9.

③ 王永贵，等．马克思主义大众化及其在江苏实践研究［M］．北京：人民出版社，2013.

④ 王华杰．青海藏区当代中国马克思主义大众化研究［D］．大连：大连海事大学，2016.

⑤ 李燕．西藏地区马克思主义大众化现实问题研究［D］．兰州：兰州大学，2016.

⑥ 秋石．大力推进马克思主义中国化、时代化、大众化［J］．求是，2009（23）：18-21.

⑦ 韩庆祥，陈远章．马克思主义中国化时代化大众化要论［J］．马克思主义与现实，2013（3）：176-185.

么是大众认同语境下的马克思主义，以及大众马克思主义认同所指为何、本质为何。

（一）认同与认同的最终目的

国内外学者关于认同问题的研究主要集中在心理学、社会学和哲学等领域。心理学上的认同凸显的是人格、自我的确定性和与外界的趋同性；社会学上的认同强调主体意识的觉醒、对自我身份合法性的确认和基于社会认同的群体构建；哲学上的认同，重视价值，是对个体生存意义和个体归属于群体的价值追寻。通过溯源和梳理国内外关于认同问题研究的理论成果，可将认同的内涵概括为：认同是主体在与客体的互动中，通过发觉自身与客体的“同一性”，而对客体产生的归属性认知、强烈的情感依附和相应的行为方式。

认同主客体之间的互动是认同生成的前提。没有互动，认同的生成便没有可能，正如两个没有任何交流的陌生人不可能成为知心朋友一样。主体在与客体的互动中逐步发觉的客体承载的意义与主体自身追求意义之间的“同一性”，是认同生成的基础。“同一性”可以是客观存在的相同或相似，也可以是主观构建的共同的价值追求。基于这样的“同一性”，“我”方可扩展为“我们”；“我们”再通过发觉自身与客体的“同一性”，建立起规模更加宏大的“我们”。

从认同生成的角度来看，认同可分为“授予”型认同和“选择”型认同两大类。“授予”型认同，指的是人们对健康、平安、幸福、美丽等与生俱来的、天然的价值诉求的认同，伴随历史的进步和人的自觉意识的发展，“授予”型认同的对象也会不断丰富和发展；“选择”型认同是指人们经过后天学习、选择或实践体验对某一对象产生的认同，如对意识形态的认同、对某一行业或某一社会群体的认同等。活生生的社会现实不可能一分为二，“授予”和“选择”两种不同的因素在认同生成过程中也会相互交织与碰撞，这便会产生两种截然相反的效果：倘若“授予”与“选择”两种因素相互促进，相辅相成，认同不仅具有生成的可能性，而且有可能实现认同程度的最大化；倘若“授予”与“选择”两种因素相互对抗，不断斗争，那么认同就将面临无法生成，甚至与生俱来的天然认同也逐步消弭或转移的结局。所以认同问题既包括认同与不认同的问题，即认同是如何历经时间的沉淀，不断发展，最终生成的问题；也包括认同时间的长短和认同程度的高低问题，即认同生成后的持续和强化问题。

认同主体为什么要选择认同客体？对这个问题的回答便触及认同的本质。首先是因为认同主体自身的利益需求与认同客体存在一定程度的契合，客体一定程度上满足了主体的利益需求。但这并不代表认同的生成，而只能说明主体认为客体有价值。决定主体是否认同客体的最重要的因素在于“归属感”，这种“归属感”是主体与客体的双向掌握，即主体归属于客体，成为客体的主体，同时客体也归属于主体，成为主体的客体。“归属感”既包括归属性认知，还包括归属性情感，以及由“归属感”而产生的一系列行为。认同的全部内涵都是围绕“归属感”展开的，“归属感”是认同的最终目的。要生成“归属感”，就必须促成“授予”和“选择”两种不同因素的相辅相成，相得益彰。

（二）大众认同语境下的“马克思主义”

在大众认同的语境下，“马克思主义”这一认同客体指的是什么？“人类思维活动的成果必须借助语言表达才能在社会中传播，被社会认同；思想也只有通过语言才能以符号化形式展现出来，才能为人们所理解和传播。从这个角度来理解，‘马克思主义’实际上就是一个符号。”① 作为认同客体的“马克思主义”，其能指和所指是不尽相同的。一方面，“马克思主义”的能指，是马克思和恩格斯创立并由他们的后继者所发展的科学理论体系，以资本主义为批判对象，以建设社会主义和实现共产主义为目标，是无产阶级和人类解放的科学世界观和方法论②；另一方面，在中国，“马克思主义”又所指为中国共产党带领全国人民为实现中华民族伟大复

① 易如．“马克思主义”：从符号到大众化［D］．上海：复旦大学，2009：5 -6.
② 徐光春．马克思主义大辞典［M］．武汉：崇文书局，2017：13.

兴，为追求社会物质财富极大丰富、人的自由而全面发展不懈奋斗的意识形态和强大精神力量。

作为概念而存在的“马克思主义”是能指，作为意义而存在的“马克思主义”是所指，在能指与所指之间形成了一个特定的语言符号，大众所认同的正是介于能指与所指之间的符号化了的“马克思主义”。也正是由于大众认同语境下的“马克思主义”是一种符号，经由“作者—文本—阅读者—阐释者—接收者”一系列传播和演绎，难免会出现偏差和误读。大众往往不是通过阅读马克思主义的经典文献来认同马克思主义，而是通过日常生活和各类媒体，所以才要大力推进以马克思主义为指导的意识形态建设，让“马克思主义”这一符号既符合其本身概念的能指，又充分彰显其价值和意义的所指。

因此，在大众认同语境下的“马克思主义”是当代中国意识形态的符号，这一符号既包含大众后天“选择”的因素，也内在地蕴含了一部分天然的“授予”因素。大众马克思主义认同能否生成的关键，就在于二者如何运动，如何相互作用。

（三）大众马克思主义认同

大众马克思主义认同是大众对马克思主义这一意识形态经过理性认知、情感积淀和实践体认而产生的归属性认知、情感和行为。认知认同、情感认同和行为认同是大众马克思主义认同由浅及深、由弱到强、由不稳定到渐趋稳定的三个层次。

首先，认知认同是前提。认知与认同是两个截然不同的概念，二者并不构成正相关的关系结构。认知不一定认同，但认同往往建立在科学、理性认知的基础上才能相对稳定。“一个成熟的马克思主义者一定是一个用马克思主义理论武装起来的人，并且是懂得马克思主义，甚至是精通马克思主义的人，而不是一个不懂得马克思主义或对马克思主义一知半解的人。”①能够激

---

① 梁树发．马克思主义者身份认同与马克思主义发展主体意识自觉［J］．马克思主义理论学科研究，2018（3）：76－83．

发大众对马克思主义的认知兴趣与热情，在于马克思主义与大众生存发展的内在需求之间的“同一性”，即马克思主义满足大众生存发展需求的状况。此时，马克思主义非但不能“缺席”，还要发挥应有的作用。

其次，情感认同是中介。情感认同是大众在理性的认知认同的基础上，通过进一步互动，逐步对马克思主义在一定程度上满足自身需求而产生满意、喜爱或依赖的心理。能够激发大众对马克思主义的情感，在于马克思主义在现实生活中不断履行对大众的承诺，其意义和价值能够随着时间的推移不断得以体现和彰显，大众对马克思主义的“归属感”便会日趋增强。

最后，行为认同是结果。认同培育、生成、持续和强化的任何一个环节都离不开实践。大众马克思主义认同如果只停留在课堂上、会议中、书本上，在生活中却不懂得运用马克思主义基本原理分析和处理具体问题，这样的马克思主义认同就成了“纸上谈兵”，不能称之为完整意义上的认同。能够激发大众对马克思主义的行为认同，在于大众在与马克思主义的互动实践中不断提升的参与感和成就感。认同并不意味着绝对服从，却可以使大众在实践中自觉以“马克思主义者”的要求来规范自己的行为，将马克思主义视为行为准则和行动指南，矢志不渝地为之奋斗。同时，大众在实践中也会激发起对马克思主义进一步学习和研究的兴趣，增进对马克思主义的情感，对认知认同和情感认同形成一定的反哺。因而，大众普遍对马克思主义产生“归属感”是大众马克思主义认同生成的标志。大众在对马克思主义归属性认知的基础上，产生归属性情感，并以此指导自己的行为。

二、大众马克思主义认同的生成机制

大众马克思主义认同是如何生成的呢？有无规律可循呢？对大众马克思主义认同生成机制的探析是大众马克思主义认同问题研究的关键环节。论证大众马克思主义认同的生成机制，离不开对大众马克思主义认同生成的可能性、要素和运动机理的深度探究。

（一）大众马克思主义认同生成的可能性

大众马克思主义认同是否具备生成的可能性，这一问题关系到马克思主义能否，以及在多大程度上被大众所认同和接受。作为符号的马克思主义，对大众而言有两种价值体现：一方面，体现在人类基本价值上，如追求无产阶级和人类解放、物质财富和精神财富的提升、人与自然和谐相处、社会公平正义等；另一方面，体现在意识形态价值上，如学习贯彻马列主义、毛泽东思想和中国特色社会主义理论体系，特别是习近平新时代中国特色社会主义思想，培育和践行社会主义核心价值观，弘扬以爱国主义为核心的民族精神和以改革创新为核心的时代精神等。前者是大众天然的、普遍的价值诉求，属于“授予”型认同对象；后者则是大众通过接受外部灌输或通过后天的学习、选择和实践才能获取的价值，属于“选择”型认同对象。而意识形态价值可能不那么容易被感知，因而作为意识形态的马克思主义被大众理解与认同的难度也许比较大，甚至能够引发大众马克思主义认同能否生成的质疑。

意识形态作为“观念的科学”，其身上始终刻有“阶级”的烙印。正如马克思和恩格斯在《德意志意识形态》中所言：“统治阶级的思想在每一时代都是占统治地位的思想。这就是说，一个阶级是社会上占统治地位的物质力量，同时也是社会上占统治地位的精神力量。”[①] 虽然意识形态代表一定阶级的利益诉求，但马克思主义作为无产阶级和人类解放的科学，其代表的无产阶级的阶级利益在指向上是具有特殊性的——以人民为中心、人民利益至上。所以马克思主义旨在维护的阶级利益一定是与大众的普遍利益相一致的。现实生活中即使存在无产阶级利益与大众利益的实践偏差，也是朝着有利于全体人民利益的方向发展的，并最终无限接近人类基本价值的实现。在这个意义上，以马克思主义为指导的意识形态在维护与发展人民利益的基础上实现意识形态价值与人类基本价值的趋同与合一。

---

① 马克思恩格斯文集：第1卷［M］．北京：人民出版社，2009：550.

大众马克思主义认同的生成过程，实际上就是大众不断运用马克思主义的立场、观点和方法观察、分析和解决日常生活中一系列具体问题的过程，同时也是马克思主义结合中国实际和时代主题不断进行理论创新的过程。马克思主义从传入中国起，就一直在大众日常生活空间发挥强大的理论指导作用，也在“因地制宜”和“与时俱进”中展现出自身强大生机活力，实现了三次“伟大飞跃”，成为中国的意识形态。在马克思主义的指导之下，中国不断解决革命、建设与改革中的问题，实现了经济发展与社会稳定并行，大众的物质利益与精神利益不断得到满足，在这个过程中马克思主义也不断得到大众的认同。因而，以马克思主义为指导的意识形态，无论在理论上还是在实践上，均具备获得大众普遍认同的可能性。

（二）大众马克思主义认同生成的要素

大众马克思主义认同的生成具备可能性，并不意味着大众认同马克思主义这一必然结果。要达到认同的最终目的，一方面需要我们在马克思主义指导之下不断满足大众的利益诉求，使大众在内心深处接受马克思主义，生成“选择”型认同；另一方面也需要加强马克思主义的大众宣传，推进马克思主义大众化，提升大众接受与认同马克思主义的可能性。这就涉及大众马克思主义认同的问题之源和关键所在——大众马克思主义认同的生成机制。

大众马克思主义认同是大众对以马克思主义为指导的意识形态的价值认同。价值是客观事物对于人的需求的满足程度。既然认同的主体是全体人民大众，那么就需要从大众的立场来反观马克思主义作为意识形态在什么样的状态下能够被大众所认同。对大众而言，意识形态满足大众的需求越多，对人类基本价值实现的越多，显然就越容易被大众所认同和拥护；反之，意识形态体现的统治阶级利益满足的范围越小，对人类基本价值关照得越少，就不可避免地会与大众相疏离，也就难以获得大众的认同。

从历史来看，马克思对意识形态问题的研究是从批判开始的，其批判的对象就是资产阶级虚假意识形态。在资本主义社会里，资产阶级凭借其生产资料的占有权和支配权，创造出一套意识形态的观念体系，用于麻痹和控制无产阶级的精神世界，维护资产阶级统治地位。但是，资产阶级意识形态因其阶级立场的局限性，并不是以人民的根本利益和长远利益为中心的，在本质上不可能与人类基本价值追求相一致。马克思主义自诞生以来，以无产阶级和人类解放为己任，代表最广大人民的根本利益，追求实现物质财富极大丰富、社会关系高度和谐、每个人自由而全面发展的共产主义社会。在马克思主义的指导下，20 世纪以来世界上不断掀起社会主义革命的浪潮，马克思主义也被许多国家的民众所认同。尽管经历过重大挫折，但马克思主义仍然在一些国家的大众中得到拥护与坚持。在认同与坚持的背后，其基本原理既在于马克思主义的科学性与规律性，代表人民的根本利益与人类的长远利益，又在于马克思主义和马克思主义执政党领导人民不断建设社会主义国家，发展人民民主，改善人民生活水平，满足人民日益增长的美好生活需要。

从现实来看，马克思主义作为意识形态的指导思想，需要在不断解决经济政治社会文化生态等领域的主要问题来推进国家与社会发展，满足人民群众日益增长的物质文化生活需要，来实现大众的马克思主义情感认同与行为内化。如果我们不能明辨大众马克思主义认同的本质是大众对以马克思主义为指导的意识形态的归属性认知、情感和行为，不能把握意识形态价值和人类基本价值在认同生成中的作用机理，马克思主义就有可能被大众边缘化，即马克思主义在政治生活中频繁出现，而在大众日常生活中却难觅踪影。而当马克思主义在大众的日常生活中出现了某种程度的“缺席”，就有可能在某种程度上被大众所“遗忘”。在这个维度上，马克思主义就有可能被视为在特殊场合、特殊领域才具有意义的特殊工具。这不仅会进一步遮蔽马克思主义的本质，也会造成其与大众日常生活更为严重的“隔离”，阻碍大众对其认同的生成。因而，人类基本价值和马克思主义意识形态价值是大众马克思主义认同生成的两大要素，二者相互作用，缺一不可。

（三）大众马克思主义认同的生成机制

在大众马克思主义认同的生成过程中，人类基本价值和马克思主义意识形态价值在大众日常生活空间不断运动，相互博弈，可能会产生四种不同的结果：第一，人类基本价值追求单边突进。当大众对自身物质生活和精神生活的需求不断增长时，马克思主义意识形态为获取大众的认同，必须着眼于大众生存和发展的基本需求的满足，为大众生活水平的提升服务。一旦大众经由马克思主义意识形态实现了自身需求的满足，对马克思主义的认同感便会生成。而这种情况可能会引发的问题是，如果马克思主义意识形态一味地去满足大众的利益需求，不仅难以长期为继，更重要的是会导致意识形态的“庸俗化”，即意识形态异化为大众满足自身利益的工具。比如，单纯为了求学、入党、升职、加薪、补偿等利益诉求，难以真正实现对马克思主义的认同。第二，马克思主义意识形态价值单边突进。纯粹的马克思主义研究与思想宣传，虽然能够实现马克思主义的理论进步与宣传的大众覆盖，但可能会将马克思主义引入抽象的境地，与大众的日常生活相疏离，并可能在一定程度上引发大众的反感。“抽象化”的马克思主义不仅不接地气，难以被大众所认同，还会成为大众“最熟悉的陌生人”。第三，人类基本价值与意识形态价值都陷入颓废状态。这显然是最糟糕的一种情况，但在社会主义运动史上也出现过。东欧剧变和苏联解体，一方面在大众的物质文化生活需求方面没有得到与时俱进的改善，即在人类基本价值追求的问题上没有及时充分地回应，另一方面马克思主义意识形态宣传也陷入空洞和僵化，没有强有力的意识形态引领，大众在精神层面陷入空虚，甚至出现信仰危机。第四，人类基本价值与马克思主义意识形态价值交互上升。大众既能够在日常生活空间得到基本价值满足，又能在马克思主义意识形态的引领下不断提升获得感、幸福感、安全感，大众马克思主义认同便自然而然地生成了，而且认同在这种环境下还会随着时间的推移，不断持续和增强。

因此，大众马克思主义认同的生成，遵循的是人类基本价值认同和马克思主义意识形态认同两条线路“双螺旋式交互上升”的机制。“双螺旋”指的是在大众马克思主义认同生成过程中，人类基本价值认同是原生线，马克思主义意识形态认同是选择线，两条线螺旋缠绕，一张一弛，不可分割；“交互上升”指的是二者的运动规律呈相互牵引、不断向前发展的趋势。一方面，人类基本价值认同每前进一步，意识形态认同必然伴随向前，例如，当人类意识到自然环境的破坏将威胁自身生存与发展时，意识形态就要关照到人类基本价值需求，增加并强调生态文明和环境保护的相关内容。另一方面，意识形态以现实为基础，但其呈现的理论图景往往又高于现实，留有一定的发展空间，赋予大众以理想和追求，所以它会引领社会思潮，凝聚社会力量，不断朝着更有利于人类基本价值实现的方向努力，不断接近人的自由而全面发展的终极价值目标。大众马克思主义认同正是在这种人类基本价值认同和马克思主义意识形态认同“双螺旋式交互上升”的运动中生成的。“双螺旋”在大众马克思主义认同生成的运动过程中始终保持适度的张力，既有一致和重合的情况，又有矛盾和差异存在，相互促进，螺旋上升，从而达到人类基本价值伴随历史的进步和人的自觉意识的发展而不断提升，意识形态价值也与之相伴地不断丰富、发展和完善，二者同向运行并无限趋同。

三、大众马克思主义认同的培育路径

在日常生活视域下，大众马克思主义认同的诸多问题看似纷繁复杂，究其原因主要有以下三种：一是生成要素不全，要么大众对马克思主义缺乏了解或存在误解，要么马克思主义与大众的日常生活相疏离，导致认同生成的“双螺旋”结构长期处于一方缺席的状态。二是互动不好，马克思主义意识形态价值与人类基本价值没有建立联系，导致“双螺旋”结构不仅没有交互缠绕，反而呈现松散的态势。三是动力不足，马克思主义意识形态没有及时兑现承诺，导致认同生成的“双螺旋交互上升”机制缺乏“造血”功能，无法持久发力。基于大众马克思主义认同的生成机制，我们应该本着“有利于促进大众马克思主义认同生成”的原则，围绕以下六个方面来构建大众马克思主义认同的培育路径：

（一）理论阐释：增进大众对马克思主义的理性认知

马克思主义博大精深、内涵深邃，大众一般不会以科学精密的理论思维来判定该不该对马克思主义产生认同，因此，必须进行理论阐释，运用教育的手段将马克思主义从外部传导和灌输给大众。马克思早在《黑格尔法哲学批判》导言中就曾指出："哲学把无产阶级当做自己的物质武器，同样，无产阶级也把哲学当作自己的精神武器。思想的闪电一旦彻底击中这块素朴的人民园地，德国人就会解放成为人。"① 说明无产阶级革命需要科学理论的指导，无产阶级要用先进的理论来武装自己的头脑。而先进的理论不会自发产生，共产党人必须加强对无产阶级和大众的马克思主义教育，所以"哲学不消灭无产阶级，就不能成为现实；无产阶级不把哲学变成现实，就不可能消灭自身。"② 列宁在其著作《怎么办？（我们运动中的迫切问题）》中进一步强调了"教育灌输"的理论："我们说，工人本来也不可能有社会民主主义的意识。这种意识只能从外面灌输进去。"③ 无论哪一种认同客体，不管这一客体与主体之间的"同一性"是客观存在的，还是需要主观构建的，教育都要参与其中，并起到价值引导的作用。于客观存在的"同一性"而言，教育的主要任务是唤醒主体对客体的原生的认同意识；于主观构建的"同一性"而言，教育则要发挥更为重要的灌输和引导作用，为主客体铺设认同的桥梁。因此，对马克思主义进行充分的理论阐释，再通过认同教育将其传导给大众，是培养和塑造大众马克思主义认同的必由之路。

作为历史唯物主义的组成部分，意识形态必须在历史唯物主义的框架中确证自己的意义。马克思主义意识形态也必须通过阐释自身作为概念而存在的能指，论证和彰显自身作为意义而存在的所指，让大众通过接受有

---

① 马克思恩格斯文集：第1卷［M］. 北京：人民出版社，2009：17－18.
② 马克思恩格斯文集：第1卷［M］. 北京：人民出版社，2009：18.
③ 列宁专题文集：论无产阶级政党［M］. 北京：人民出版社，2009：76.

效的马克思主义认同教育，了解到一个介于能指与所指之间的科学准确的“马克思主义”符号，在理性认知的基础上建立起对马克思主义的理性认同。

（二）环境熏陶：濡化大众对马克思主义的情感共鸣

环境是人赖以生存和发展的各种因素的总和。“人创造环境，同样，环境也创造人。”[①] 环境熏陶对大众马克思主义认同的生成具有重要影响。当前，百年未有之大变局与中国的新时代不期而遇，西方资本主义的政治观点、价值观念趁机涌入中国，一些敌对势力诋毁马克思主义，攻击中国共产党的领导和中国特色社会主义制度，鼓吹西方的宪政民主、极端个人主义价值观等。新旧价值观念的不断碰撞和多元意识形态的相互激荡，影响大众对马克思主义的认同程度和认同效果。当马克思主义不再是意识形态领域唯一的焦点时，就会有一部分人选择背离马克思主义，去信仰西方社会思潮、宗教迷信等等。可见，环境营造和舆论引导对认同生成的重要性。

营造环境就是为了给大众马克思主义认同的生成培育沃土，确保人类基本价值与马克思主义意识形态价值的“双螺旋”结构要素齐备，认同生成氛围良好。而不是一些人致力于向大众正面灌输马克思主义，另一些人则通过言论和实践来诋毁马克思主义，将精心培育起的大众马克思主义认同全部清洗掉。马克思主义这一认同客体不仅要回归大众的日常生活空间，还要始终发挥其实践指导作用，贴近实际，贴近群众，切近生活，让大众在面对困惑时能及时获取正面的解答，面对困难时能及时得到帮助，面对压力时能及时感受到关怀和理解，以真实的生活体验濡化大众对马克思主义的深厚情感。有了情感的催化，大众对马克思主义的认同程度会更高，马克思主义对大众日常生活的指导作用也会更加明显。

---

① 马克思恩格斯文集：第1卷［M］. 北京：人民出版社，2009：545.

（三）双向互动：构建大众与马克思主义之间的“同一性”

正面阐释和环境熏陶是为大众马克思主义认同的生成提供条件和保障，而“双螺旋”能否缠绕并交互运动的关键则在于马克思主义能否在与大众的互动中彰显自身价值。而目前的问题是，大众对马克思主义还存在一定的“误解”，认为马克思主义作为意识形态，属于上层建筑的范畴，政治化、学术化有余而亲切度不足，与日常生活关联性不强，不知如何使用，等等。唯有大众与马克思主义的双向互动，才可以将这些“误解”消除；也唯有通过互动，大众才能逐步构建起自身与马克思主义之间的“同一性”。

大众与马克思主义的互动可以在多个维度、多种层次和多种方式下展开。于大众而言，要编织自己的意义世界，就必须与自我、他人和社会进行互动。面对马克思主义这一特殊的认同客体，大众可以通过阅读、学习、思考等方式与马克思主义进行心灵对话；可以借助其他人的思想观点或新闻媒介手段增进对马克思主义的了解；可以通过考察社会现实来检验马克思主义的基本观点。于马克思主义而言，获取大众认同的关键在于能否把马克思主义与大众日常生活相关联的故事讲好，能否将琐碎的日常生活融汇到马克思主义的宏大叙事之中，塑造马克思主义亲切生动鲜活的形象。此外，光有外在的形式还不够，还必须打破大众头脑中对马克思主义的思维定式，消除各种既有的误读和偏见。“有效发挥社会主义意识形态的战略作用，建设意识形态大众认同的保障机制，构筑马克思主义意识形态的大众认同途径，就必须找到社会主义意识形态与日常生活中大众认同契合点”①，深度分析大众的心理、情感及安全需求，在马克思主义与大众的日常生活需求上建立“同一性”，既实现马克思主义在形式上的大众化，又实现其在本质上的大众化。

---

① 吴学琴．日常生活的意识形态分析及其认同［J］．马克思主义研究，2009（3）：59－63．

（四）需求满足：提升大众对马克思主义的归属意识

在“同一性”的基础上，认同主体会对认同客体进行价值判断，无论是“授予”型认同还是“选择”型认同，只有在与客体的互动中，主体自身的需求得到一定程度的满足，认同才能够生成和维系。“‘思想’一旦离开‘利益’，就一定会使自己出丑”①，大众对马克思主义的认同也是从马克思主义在某种程度上满足大众的利益需求开始的。对大众的需求避而不谈或谈而不做，必然会导致认同的流失。正如邓小平同志所言：“我们要想一想，我们给人民究竟做了多少事情呢？我们一定要根据现在的有利条件加速发展生产力，使人民的物质生活好一些，使人民的文化生活、精神面貌好一些。”② 当前，针对大众普遍关注的社会热点问题，如贫困问题、教育问题、医疗问题、住房问题、就业创业问题等，要正面回答，积极应对，力求实效。充分发挥马克思主义的实践指导作用，用它来解决大众的现实问题，不断满足人民群众日益增长的美好生活需要，增进人民福祉。事实证明，通过帮助一批贫困户彻底脱贫致富、处理好一次公共事务、严厉惩治不正之风等实际行动传递给大众对马克思主义的理性认同和归属性情感，远比言之无物的空洞说教来得具体和深刻。大众一旦获得需求的满足，便会将自身归属于马克思主义，重视和珍惜“马克思主义者”或“马克思主义支持者”的身份，并将马克思主义的立场、观点和方法落实到实际行动中。也只有这样，马克思主义与大众的双向掌握才真正落到实处。

（五）实践体认：培育大众马克思主义认同的“造血”功能

马克思主义在实践中形成，为实践服务，实践性是马克思主义的生命力之所在。大众在与马克思主义的互动实践中体会到的参与感和获得感，将不断巩固和强化对马克思主义的认同效果。一方面，可以利用重大时间节点、重大活动的社会关注度和特定仪式感，形成大众马克思主义认同的

---

① 马克思恩格斯文集：第 1 卷［M］. 北京：人民出版社，2009：286.

② 邓小平文选：第 2 卷［M］. 北京：人民出版社，1994：128.

实践场域，“建立和规范礼仪制度，组织开展形式多样的纪念庆典活动，传播主流价值，增强人们的认同感和归属感。”① 另一方面，还可以为大众搭建不同层次的实践平台，精心设计和开展主题鲜明、内容丰富、形式多样的实践活动。

大众马克思主义认同生成的“双螺旋”结构要想在矛盾张力中不断发展、不断向前，必须以兑现一个个承诺为基础。一种意识形态想要引领社会思潮，往往要描绘出一幅未来社会的美好图景，以此作为对大众的承诺，激发起大众齐心协力、共同奋进的强大力量。这一未来图景在现实中兑现得越多，得到的拥护和认同就会越多，因而承诺的不断兑现便成了大众马克思主义认同持续和强化的动力源泉。回顾马克思主义来到中国的百年历程，它先后带领大众进行艰苦卓绝的革命、热火朝天的建设和锐意进取的改革，兑现了让中华民族和全体中国人民“站起来—富起来—强起来”的庄严承诺。然而，共产主义尚未实现，我国社会主义还将长期处于初级阶段的基本国情，导致了马克思主义描绘的蓝图与现实的人类基本价值追求还存在相当大的偏差，无论是物质财富极大丰富，还是人的自由而全面发展，都离我们尚远。这时出现的与人类基本价值追求相悖的一些社会问题，便成为影响大众马克思主义认同能否维系的关键问题。站在人民的立场上，我们必须大刀阔斧地进行改革，逐步兑现承诺，逐步提升认同的“造血”功能，让人类基本价值追求与马克思主义的终极价值不断接近，不断趋同。

（六）长远规划：补给大众马克思主义认同的发展动力

在大众马克思主义认同生成和发展的过程中，人类基本价值和马克思主义意识形态价值两条线必须相辅相成，形成合力。这正如物理学的“共振”概念，当两个振动频率相同的物体其中一个发生振动时，便会引起另一个物体随之振动。人类基本价值和马克思主义意识形态价值任何单一因

① 中共中央宣传部．习近平总书记系列重要讲话读本［M］．北京：学习出版社，人民出版社，2016：192．

素的单边突进，都会对大众马克思主义认同产生不可预料的结果。有两个历史事件可作为佐证：一是“大跃进”和“人民公社化”运动，二是“文化大革命”。二者都背离了党一贯坚持的实事求是的马克思主义思想路线，没有经过调查研究和科学论证，就从主观愿望出发，提出超越历史发展阶段的目标，不仅没有改善人民群众的生活水平，也影响了人民群众包括部分党员干部对马克思主义的认同。

党的十九大报告做出了我国社会主要矛盾转化的重要判断：“中国特色社会主义进入新时代，我国社会主要矛盾已经转化为人民日益增长的美好生活需要和不平衡不充分的发展之间的矛盾”①。为解决这一主要矛盾，党的十九大明确了从2020年到21世纪中叶“分两步走”全面建成社会主义现代化强国的战略安排。清晰的时间表、路线图，一步一个脚印地阔步前进，为大众马克思主义认同的生成、持续和强化注入了不竭的动力。可见，只要同时关注人类基本价值和马克思主义意识形态价值，让人类基本价值不断牵引马克思主义意识形态价值，让马克思主义意识形态价值不断丰富和满足人类基本价值，形成二者“双螺旋式交互上升”的态势，就能凝聚起中华民族伟大复兴的人民伟力。

四、结论

建构主义有一个基本观点：意识决定身份，身份影响利益的内容与边界，利益影响行为。当今国际国内社会的深度变革，一方面激发起人们对“我是谁”“我们是谁”的自我追问，另一方面也导致了各种社会思潮、主义和学说的风起云涌及其对大众的争夺。那么，在大众的认知世界里，人们认识的马克思主义形象、知识谱系与客观的马克思主义本身和知识体系相符多少？在大众的情感世界里，人们如何评价马克思主义，它是否只是一个给我们带来巨大帮助的“外人”？在大众的生活实践中，马克思主义

① 中共中央宣传部．习近平新时代中国特色社会主义思想学习纲要［M］．北京：学习出版社，人民出版社，2019：17.

如何破除“高大上”的樊篱，在日常生活空间真正和大众打成一片？这些反映的就是大众马克思主义认同问题。大众马克思主义认同是彰显马克思主义理论功能和指导地位的根本前提，是建设具有强大凝聚力和引领力的社会主义意识形态的重要条件，也是实现马克思主义中国化时代化大众化的必然要求。因此，大众马克思主义认同问题是值得深入探讨的理论问题和现实问题，“内涵本质—生成机制—培育路径”是大众马克思主义认同问题研究的逻辑进路。

大众马克思主义认同是马克思主义中国化时代化大众化的出发点和落脚点。强调“大众”，是为了将马克思主义认同问题中的精英视域与大众的群体视域相区分，让马克思主义回归广大人民群众日常生活的现实场域。“马克思主义”能指为由马克思和恩格斯创立，并由他们的后继者所发展的关于无产阶级和人类解放的科学理论体系；所指为中国共产党带领全国人民为实现中华民族伟大复兴，为追求社会物质财富极大丰富、人的自由而全面发展不懈奋斗的意识形态。大众认同视域下的“马克思主义”是介于能指与所指之间的马克思主义符号，既有大众后天“选择”的因素，也蕴含了一部分天然的“授予”因素。大众马克思主义认同的本质是大众对以马克思主义为指导的意识形态在价值认同的基础上，将自身归属于马克思主义的认知、情感和由此产生的行为方式。

马克思主义具备获得大众普遍认同的可能性，却也存在一定难度，因为大众是具有广泛性意义的群体集合，马克思主义是一部叙事恢宏、内涵深邃的庞大理论系统，认同是一个多学科交互的抽象的复杂问题，大众马克思主义认同往往又在理论与实践、历史与现实中纵横交错。这其中对大众马克思主义认同生成机制的分析，是问题的关键所在。大众马克思主义认同的生成，遵循人类基本价值认同和马克思主义意识形态认同两条线路“双螺旋式交互上升”的机制，“双螺旋”既有矛盾张力，又有一致重合，二者相互促进，引导人类基本价值伴随历史的进步和人的自觉意识的发展而不断提升，意识形态价值也与之相伴地不断丰富、发展和完善，大众马克思主义认同正是在这种“双螺旋”的矛盾运动中得以生成。

基于生成机制的原理，我们应该本着“有利于促进大众马克思主义认同生成”的原则来构建大众马克思主义认同的培育路径：通过“理论阐释+环境熏陶”，保障认同生成的“双螺旋”结构要素齐备，增进大众对马克思主义的理性认知和情感共鸣，避免马克思主义被“误读”和“庸俗化”；通过“双向互动+需求满足”，保障“双螺旋”结构交互缠绕，提升大众对马克思主义的价值认同和归属情感，避免马克思主义被“教条化”和“抽象化”；通过“实践体认+长远规划”，保障“双螺旋”结构持久发力，补给大众马克思主义认同的“造血”功能和发展动力，解决马克思主义与大众双向掌握的持久度和强度的问题。

认同是信仰的根基，任何一种思想、理论、学说想要发挥其指导作用和实践功能，都离不开大众的认同。大众马克思主义认同问题，无论在理论上还是现实中，都应引起高度的重视。根据生成机制的原理，精心培育起大众对马克思主义的普遍认同，既是时代发展的呼声，也符合大众自身的利益需求。

附录二　高校思想政治理论课课前学生认同状况调查问卷

——以“中国近现代史纲要”课为例

亲爱的同学，这是一个旨在提升高校思想政治理论课认同教育效果的调查问卷，您的任何选择对我们来说都是宝贵的参考意见。本调查采取不记名方式，您的信息将被严格保密，所有调查数据仅用于科学研究和教学改革。请您在忙碌的学习之余，帮助我们完成这个问卷。谨表诚挚感谢！

（一）您的基本情况

1. 您的性别［单选题］

○ 男

○ 女

2. 您的政治面貌［单选题］

○ 中共党员（含预备党员）

○ 入党积极分子

○ 共青团员

○ 群众

○ 其他

3. 您目前就读（或毕业）的高校［填空题］

____

4. 您的专业所属学科类别［单选题］

○ 文科

○ 理科

○ 工科

○ 其他

5. 您的年级［单选题］

○ 专科生

○ 本科一年级

○ 本科二年级

○ 本科三年级

○ 本科四年级

○ 硕士或博士研究生

○ 已毕业离校

（二）您修读高校思想政治理论课之前对马克思主义的认同情况

6. 您对高校思想政治理论课的哪一门或哪几门更感兴趣［多选题］

□ 马克思主义基本原理概论

□ 毛泽东思想和中国特色社会主义理论体系概论

□ 中国近现代史纲要

□ 思想道德修养与法律基础

□ 形势与政策

□ 当代世界经济与政治

□ 其他

□ 对任何一门课都不感兴趣

7. 您对高校思想政治理论课重要性的认识［单选题］

○ 高度重视

○ 比较重视

○ 一般

○ 不太重视

○ 很不重视

8. 您修读“中国近现代史纲要”课之前，对“四个选择”是什么的了解情况［单选题］

○ 非常了解

○ 比较了解

○ 一般

○ 不太了解

○ 完全不了解

9. 您修读“中国近现代史纲要”课之前，在日常生活中是否会与亲朋好友讨论马克思主义的相关问题［单选题］

○ 经常

○ 有时

○ 偶尔

○ 很少

○ 完全不会

10. 您修读“中国近现代史纲要”课之前，对历史和人民做出“四个选择”的历史必然性的了解情况［单选题］

○ 非常了解

○ 比较了解

○ 一般

○ 不太了解

○ 非常不了解

11. 您修读“中国近现代史纲要”课之前，对“四个选择”与“两大历史任务”的逻辑关系的了解情况［单选题］

○ 非常了解

○ 比较了解

○ 一般

○ 不太了解

○ 非常不了解

12. 您修读“中国近现代史纲要”课之前，运用马克思主义的基本观点分析和解决现实问题的能力情况［单选题］

○ 非常好

○ 较好

○ 一般

○ 基本做不到

○ 完全做不到

13. 您修读“中国近现代史纲要”课之前，对“四个选择”的情感认同情况［单选题］

○ 有深厚的感情

○ 有一定的感情

○ 一般

○ 基本没有感情

○ 非常反感

14. 近现代的中国，无数民族英雄和革命先烈为了民族和国家献出了自己宝贵的生命，每每学习到相关内容，您是否会产生强烈的情感共鸣［单选题］

○ 非常强烈

○ 比较强烈

○ 一般

○ 基本没有

○ 完全没有

15. 您认为中国近现代史与您个人成长、发展的关系如何［单选题］

○ 紧密相关

○ 有较大关系

○ 有影响，但关系不大

○ 没多大关系

○ 与我无关

16. 您修读“中国近现代史纲要”课之前，对“四个选择”是否有归属感［单选题］

○ 产生了强烈的归属感

○ 产生了较强烈且较稳定的归属感

○ 产生了归属感，但不强烈也不稳定

○ 基本没有归属感

○ 完全没有归属感

17. 您修读“中国近现代史纲要”课之前，对马克思主义的行为认同状况［单选题］

○ 能理论联系实际，以一名“马克思主义者”的身份严格要求自己

○ 能较好地将马克思主义落实到实际行动中

○ 理论联系实际情况一般

○ 基本不会将马克思主义落实到实际行动中

○ 理论与实践完全脱节

18. 您修读“中国近现代史纲要”课之前，参加社会实践、志愿服务等实践锻炼活动情况［单选题］

○ 经常参加

○ 有时参加

○ 偶尔参加

○ 很少参加

○ 完全不参加

19. 您修读“中国近现代史纲要”课之前，对“新时代的青年应该勇敢肩负起时代赋予的重任，努力在实现中华民族伟大复兴中国梦的生动实践中放飞青春梦想”的态度［单选题］

○ 高度认同，坚定执行

○ 比较认同，认真执行

○ 认同并执行

○ 不太认同，也不太会去执行

○ 不认同，也不会执行

20. 您修读“中国近现代史纲要”课之前，认为影响您对马克思主义认同的最重要的因素是［多选题］

□ 任课教师

□ 教学内容

□ 教学方法

□ 社会环境

□ 其他因素________

21. 您修读“中国近现代史纲要”课之前，对自己的马克思主义认同状况（含认知认同、情感认同和行为认同）的总体评价［单选题］

○ 高度认同

○ 比较认同

○ 基本认同

○ 不太认同

○ 不认同

附录三　高校思想政治理论课课后认同教育效果调查问卷

——以“中国近现代史纲要”课为例

亲爱的同学，这是一个旨在提升高校思想政治理论课认同教育效果的调查问卷，您的任何选择对我们来说都是宝贵的参考意见。本调查采取不记名方式，您的信息将被严格保密，所有调查数据仅用于科学研究和教学改革。请您在忙碌的学习之余，帮助我们完成这个问卷。谨表诚挚感谢！

（一）您的基本情况

1. 您的性别［单选题］

○ 男

○ 女

2. 您的政治面貌［单选题］

○ 中共党员（含预备党员）

○ 入党积极分子

○ 共青团员

○ 群众

○ 其他

3. 您目前就读（或毕业）的高校［填空题］

____

4. 您的专业所属学科类别［单选题］

○ 文科

○ 理科

○ 工科

○ 其他

5. 您的年级［单选题］

○ 专科生

○ 本科一年级

○ 本科二年级

○ 本科三年级

○ 本科四年级

○ 硕士或博士研究生

○ 已毕业离校

（二）您修读高校思想政治理论课之后对马克思主义的认同情况

6. 您目前已经修完了高校思想政治理论课的哪一门或哪几门［多选题］

☐ 马克思主义基本原理概论

☐ 毛泽东思想和中国特色社会主义理论体系概论

☐ 中国近现代史纲要

☐ 思想道德修养与法律基础

☐ 形势与政策

☐ 当代世界经济与政治

☐ 其他

7. 您对高校思想政治理论课的哪一门或哪几门更感兴趣［多选题］

☐ 马克思主义基本原理概论

☐ 毛泽东思想和中国特色社会主义理论体系概论

☐ 中国近现代史纲要

□ 思想道德修养与法律基础

□ 形势与政策

□ 当代世界经济与政治

□ 其他

□ 对任何一门课都不感兴趣

8. 您修读高校思想政治理论课之后，对高校思想政治理论课重要性的认识［单选题］

○ 高度重视

○ 比较重视

○ 一般

○ 不太重视

○ 很不重视

9. 您修读“中国近现代史纲要”课之后，对“四个选择”是什么的了解情况［单选题］

○ 非常了解

○ 比较了解

○ 一般

○ 不太了解

○ 完全不了解

10. 您修读“中国近现代史纲要”课之后，在日常生活中是否会与亲朋好友讨论马克思主义的相关问题［单选题］

○ 经常

○ 有时

○ 偶尔

○ 很少

○ 完全不会

11. 您修读“中国近现代史纲要”课之后，对历史和人民做出“四个选择”的历史必然性的了解情况［单选题］

○ 非常了解

○ 比较了解

○ 一般

○ 不太了解

○ 非常不了解

12. 您修读“中国近现代史纲要”课之后，对“四个选择”与“两大历史任务”的逻辑关系的了解情况［单选题］

○ 非常了解

○ 比较了解

○ 一般

○ 不太了解

○ 非常不了解

13. 您修读“中国近现代史纲要”课之后，运用马克思主义的基本观点分析和解决现实问题的能力情况［单选题］

○ 非常好

○ 较好

○ 一般

○ 基本做不到

○ 完全做不到

14. 您修读“中国近现代史纲要”课之后，对“四个选择”的情感认同情况［单选题］

○ 有深厚的感情

○ 有一定的感情

○ 一般

○ 基本没有感情

○ 非常反感

15. 近现代的中国，无数民族英雄和革命先烈为了民族和国家献出了自己宝贵的生命，每每学习到相关内容，您是否会产生强烈的情感共鸣［单选题］

○ 非常强烈

○ 比较强烈

○ 一般

○ 基本没有

○ 完全没有

16. 您认为中国近现代史与您个人成长、发展的关系如何［单选题］

○ 紧密相关

○ 有较大关系

○ 有影响，但关系不大

○ 没多大关系

○ 与我无关

17. 您修读“中国近现代史纲要”课之后，对“四个选择”是否产生了归属感［单选题］

○ 产生了强烈的归属感

○ 产生了较强烈且较稳定的归属感

○ 产生了归属感，但不强烈也不稳定

○ 基本没有归属感

○ 完全没有归属感

18. 您修读“中国近现代史纲要”课之后，对马克思主义的行为认同状况［单选题］

○ 能理论联系实际，以一名“马克思主义者”的身份严格要求自己

○ 能较好地将马克思主义落实到实际行动中

○ 理论联系实际情况一般

○ 基本不会将马克思主义落实到实际行动中

○ 理论与实践完全脱节

19. 您修读“中国近现代史纲要”课之后，参加社会实践、志愿服务等实践锻炼活动情况［单选题］

○ 经常参加

○ 有时参加

○ 偶尔参加

○ 很少参加

○ 完全不参加

20. 您修读“中国近现代史纲要”课之后，对“新时代的青年应该勇敢肩负起时代赋予的重任，努力在实现中华民族伟大复兴中国梦的生动实践中放飞青春梦想”的态度［单选题］

○ 高度认同，坚定执行

○ 比较认同，认真执行

○ 认同并执行

○ 不太认同，也不太会去执行

○ 不认同，也不会执行

21. 您修读“中国近现代史纲要”课之后，认为影响您对马克思主义认同的最重要的因素是［多选题］

□ 任课教师

□ 教学内容

□ 教学方法

□ 社会环境

□ 其他因素________

22. 您修读“中国近现代史纲要”课之后，对自己的马克思主义认同状况（含认知认同、情感认同和行为认同）的总体评价［单选题］

○ 高度认同

○ 比较认同

○ 基本认同

○ 不太认同

○ 不认同

23. 您修读“中国近现代史纲要”课之后，对马克思主义的认同是否会随着时间的推移不断持续和强化［单选题］

○ 一定会

○ 应该会

○ 不确定

○ 应该不会

○ 一定不会

24. 您修读“中国近现代史纲要”课之后，对这门课的大学生马克思主义认同教育效果是否满意［单选题］

○ 非常满意

○ 比较满意

○ 基本满意

○ 不太满意

○ 完全不满意

（三）您的意见和建议

25. 您对加强和改进高校思想政治理论课教学实效性，提升大学生马克思主义认同度的意见和建议［填空题］

____

后　记

千淘万漉虽辛苦，吹尽黄沙始到金。

这本书稿是基于我的博士学位论文和海南省哲学社会科学规划课题（思政专项）的研究成果集结而成，也是我多年从事一线思政课教学的思考和感悟。高校思想政治理论课问题、大众马克思主义认同问题始终是我的研究重点，在研究过程中我越发深刻地体会到这些问题的重要理论价值和现实意义。

回顾这几年的求学生涯和从事科研工作的经历，内心感慨万千，尤其感恩于诸多业界泰斗、专家、学者和老师们的帮助与支持。在此，特别感谢海南师范大学马克思主义学院陈红教授、郭根山教授、杨英姿教授、杨威教授、何博教授、文长春教授、丁匡一副教授、兰岚副教授、黄忆军副教授给予我学术上的指导；感谢在博士研究生经典原著考核中给予我建议和指导的陈锡喜教授、欧阳康教授、徐俊忠教授；感谢在博士学位论文开题答辩中给予我论文选题指导的张雷声教授、骆郁廷教授、韩喜平教授、孙道进教授、孙武安教授、刘玉侠教授；感谢在博士学位论文预答辩和答辩中给予我论文修改意见的徐晓风教授、欧阳恩良教授、张波教授、王习明教授；感谢我曾经工作过的海南师范大学团委的全体同人；感谢我如今工作的海南师范大学马克思主义学院的全体教师，尤其是“纲要”教研室的同事们；感谢 2017 级博士研究生班 7 位与我同舟共济的伙伴；感谢师妹唐英毅、师弟蒙一鸣协助我反复校对文稿……

感谢海南省哲学社会科学规划办、海南省教育厅、海南师范大学的课题经费支持！感谢海南师范大学马克思主义学院马克思主义理论学科建设经费的出版资助！感谢知识产权出版社兰涛编辑为著作顺利出版所付出的辛劳！

家人的鼓励和支持始终是我求学路上的强大动力。感动于父亲双鬓斑白却依然默默关注我，并无条件支持我的每一个决定；感动于母亲为了解除我的后顾之忧，含辛茹苦，日复一日地无私奉献和疼爱；感动于女儿小小年纪却懂事贴心，她经常挂在嘴边的“妈妈永远是我的榜样”给了我巨大的鼓励；感动于亲朋好友对我始终如一的关注和信任；感恩所有……

谨以此部著作作为我攻读博士学位期间拼搏、奋斗的见证，也作为我前行之路的起点。在以后的学术生涯中，我将不忘初心，不负厚爱，踔厉奋发，求索不止。

张　妍

2022年8月于海口